DUMONT
Reise-Taschenbuch

gran canaria

Izabella Gawin

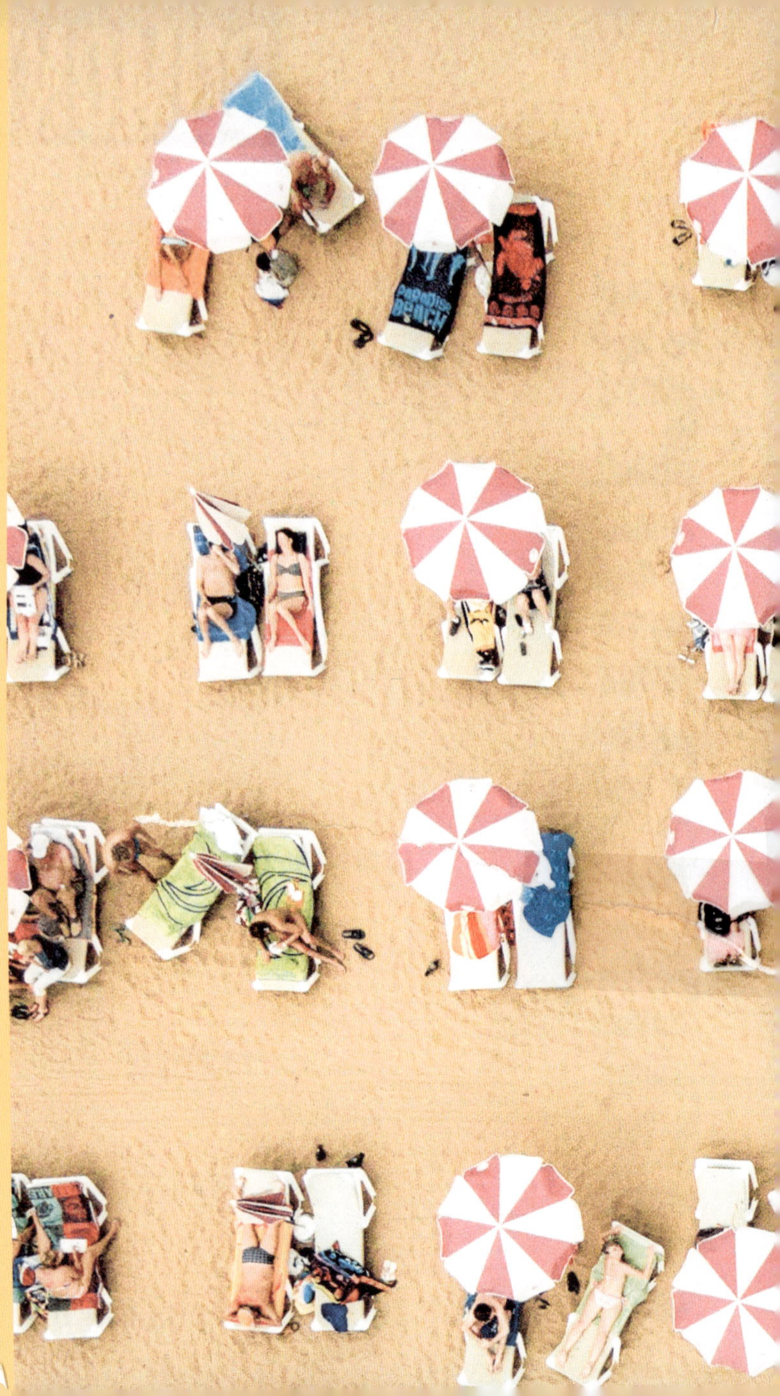

Überflieger

Klein und fein: DER Strand des Nordens. Am Wochenende fallen Canarios in die Fischlokale ein.

Gleich ins historische Herz vorstoßen

Galdár

Sardina del Norte

Grün!

Puerto de las Nieves • Agaete — **Angenehm verschlafen**

Barranco de Agaete

Fisch essen im ›Schneehafen‹

»Kennst du das Land, wo die Zitronen blühn, im dunkeln Laub die Goldorangen glühn …«

Wilde Klippen im wilden Westen

Wandern

Artenara

Eins der schönsten Dörfer Spaniens

Wo Tomaten für ganz Europa reifen • Puerto de la Aldea

Tejeda

Barranco de la Aldea

Großartiger Canyon!

Roque Nublo

Schweißtreibender Fußmarsch zu abgeschiedenen Stränden

Playa de Güigüí

So viel Einsamkeit ist selten

Tiefe Schluchten, kleine Strände und eine Handvoll Dörfer

Mogán

Hier ist die Zivilisation erst einmal zu Ende

Ein Resort der besseren Art – mit weit ins Wasser gebautem Hafen

• Puerto de Mogán

Fantastischer Küstenweg zum ›karibisch‹ weißen Strand

Playa Amadores

• Puerto Rico

Patalavaca

Nur am Wasser schön!

Im Boot von Hafen zu Hafen

Fugendicht vollgebaute Felshänge, vielseitige Häfen

Arguineguin

Kleine Sandstrände, versteckte Felsbuchten

Senkrechtstarter

Sonnenschirme bunt wie Lutschbonbons, pudriger Sand – süßes Nichtstun am Strand! Der klassische Sehnsuchtsort kältegeplagter Europäer hat nichts von seiner Ausstrahlung eingebüßt, auch wenn die Liegen in Reih und Glied stehen und das Braten in der Sonne alles andere als gesund ist. Sei's drum: Die Wärme kriecht in jede Pore der Haut und das Rauschen des Meeres lullt angenehm ein …

Gran Canaria — vom Atlantik umbrandet! Viel Meer und viel Strand, aber auch viel Gebirge mit Schluchten, Palmenoasen und Lorbeerwald.

Keine Schönheit auf den ersten Blick, aber das pralle Leben

Las Palmas — Toller Sandstrand

Arucas — Alle lieben die filigrane ›Kathedrale‹

Firgas — Wo das Wasser in die Flasche kommt

Teror — Die Kiefernjungfrau grüßt an jeder Ecke

Bandama — **Bilderbuchvulkan**

Durchatmen im kolonialen Kern

Telde

2000 Meter — Pico de las Nieves

Mein liebstes Stück Gran Canaria! — San Bartolomé de Tirajana

Höhlen und nochmals Höhlen
Barranco de Guayadeque

Die Ankunft: Von wegen subtropische Gärten und paradiesische Strände! Stellen Sie sich einfach das Gegenteil vor.

• Flughafen Las Palmas (LPA)

Santa Lucia

Agüimes

Bildschön!

Im Schatten der Kirche schieben die Einheimischen eine ruhige Kugel

Gut zum Fischessen
Arinaga

Gran Canarias Düse: Wind- und Kitesurfer's Paradise
Pozo Izquierdo

Filetstück der Costa Canaria, mit Lagune & Leuchtturm

Die Goldgrube müsste mal überholt werden ...
• Playa del Inglés

• Maspalomas

Meloneras — **Strände, Strände, Strände, dahinter eine Mini-Sahara**

Sonnige Mega-Ferienzentren

Querfeldein

Fundstücke — zwischen Stadt und Land, zwischen Meer und Bergen: Abschalten und Aufladen, Schnorcheln und Sternegucken, Wandern und Whale Watching, Kolumbus und Karneval.

Erst einmal an den Strand!

Den schönsten findet man im Süden an der Costa Canaria: 6 km Strandlauf und landeinwärts herrliche Dünen! Halb so lang, dafür durch ein Riff geschützt ist die Playa von Las Palmas im Norden. Zwischen Nord und Süd gibt es viele weitere Sand- und Felsbuchten – nie ist es weit zur nächsten Bademöglichkeit.

HOCH HINAUS! **H**

Egal welche Straße Sie nehmen, um in die Berge zu fahren – jede ist fantastisch. Wo Gran Canaria wild und einsam ist, wurde es zum UNESCO-Weltnaturerbe. Das ist fast die Hälfte der Inselfläche vom Zentrum bis zur Westküste. Dramatisch ausgesetzt liegen Dörfer wie Tejeda und Artenara, tief im Tal versenkt Fataga und San Bartolomé. Und natürlich gibt es jede Menge spektakulärer Wanderwege.

Alles, aber im Kleinen

Die Palette der Landschaften reicht von der Wüste bis zum Wald, von der Palmenoase bis zum Hochgebirge. Morgens stapfen Sie durch eine Mini-Sahara und mittags wandern Sie über sattgrüne Almen zum ›Schneegipfel‹ … Schnell wird einem bewusst, weshalb man Gran Canaria einen Kontinent im Westentaschenformat nennt!

Auf einer Atlantikinsel möchte man Frisches aus dem Meer. Spaß macht es, Fisch dort auszuwählen, wo er gefangen wurde: dicht am Atlantik, mit der Salzgischt auf der Haut und der Brise in der Nase. Fischlokale gibt es in allen Küstenorten, z. B. in Aringa, Arguineguín, Playa de Tasarte, Puerto de las Nieves, Sardina und El Roque.

Sightseeing anders

Sie können mit Shuttle-Schiffen die Südwestküste erkunden und nebst rötlichen Klippen die Bausünden der letzten Jahrzehnte inspizieren. Oder Sie starten zum Whale Watching aufs offene Meer. Flora kompakt erleben Sie in Spaniens größtem Botanischen Garten. Oder wollen Sie doch lieber in die freie Natur? Dann besuchen Sie die ›Schlucht der Turmfalken‹, den Lorbeerwaldhain Los Tilos oder die Kiefernwälder des Tamadaba. An der Wetterscheide sehen Sie, wie Wolken wasserfallartig über den Kamm schwappen.

Gran Canaria schmecken
So vielfältig wie die Landschaften sind die einheimischen Produkte. Da gibt es herben Blütenkäse und Berg-Bienenhonig, Mandelspezialitäten, Gofio-Mehl aus geröstetem Getreide, Olivenöl virgen extra, Papaya-, Kaktusfrucht- und Mango-Marmelade, Europas einzigen Kaffee, Rum und Wein mit 500-jähriger Tradition – lassen Sie sich die Insellandschaften auf der Zunge zergehen!

Kultur? Nicht nur Felszeichnungen der Ureinwohner, sondern moderne Kunsttempel, Festivals von World Music bis Klassik, von Gay Pride bis Fashion & Friends. Immer ist was los!

Atlantisches Lebensgefühl

Die Canarios haben eine offene Art. Sie schauen sich Fremde neugierig an, schenken ihnen gleich einen Sympathiebonus. Da ist kein Misstrauen, keine Skepsis. »Das Leben ist zu kurz, um es sich mit schlechter Laune zu verderben«, lautet ihr Alltagsmotto. Die Leichtigkeit ist das Erbe der Karibik, mit der sich die Kanarier verbunden fühlen. Von dort kommen Salsa, Merengue und der Singsang der Sprache. Lassen Sie sich von der tropischen Herzlichkeit anstecken!

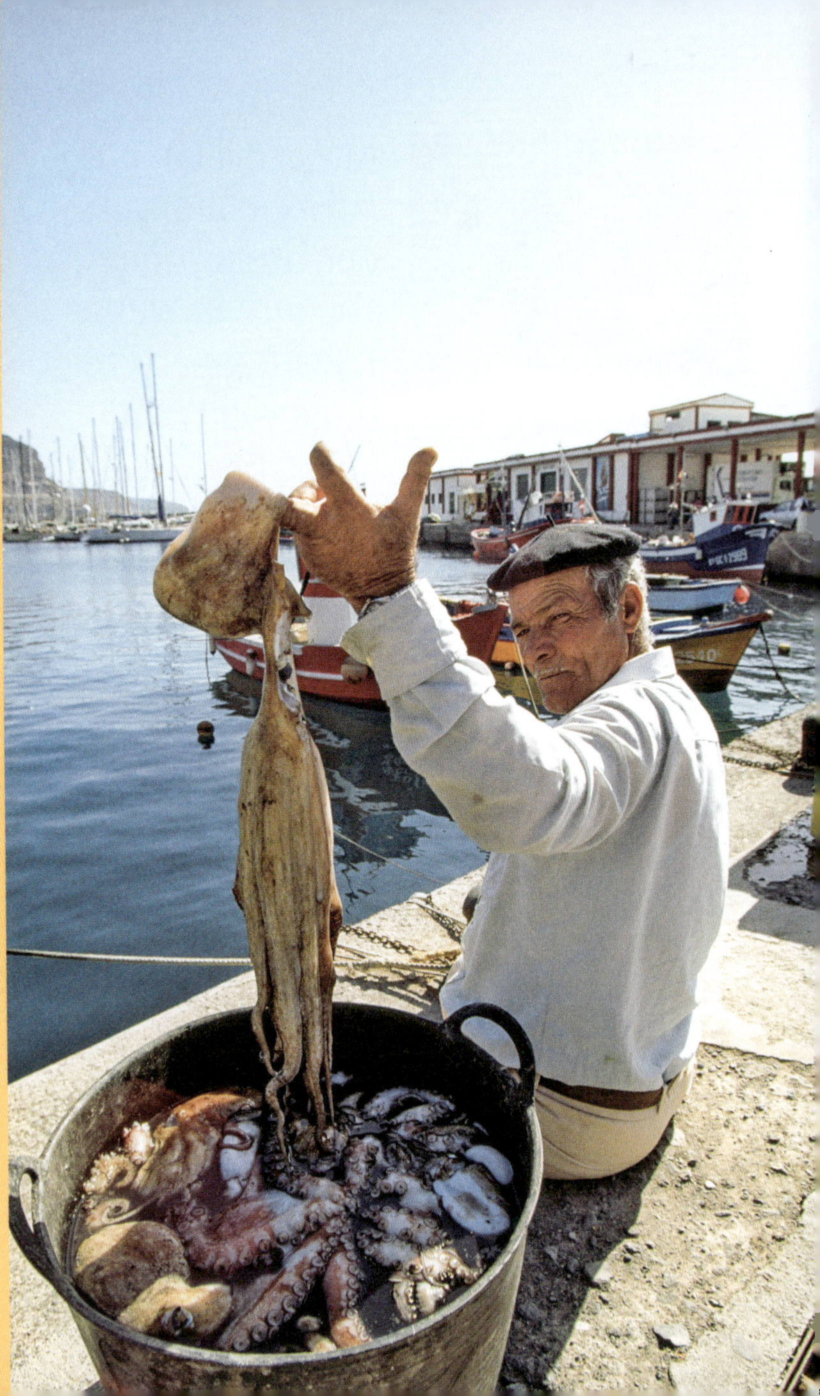

Inhalt

2 *Senkrechtstarter*
4 *Überflieger*
6 *Querfeldein*

Vor Ort

Las Palmas 14

17 Altstadt
22 *Tour* *Einmal Amerika und zurück*
26 *Tour* *Belle Époque und junge Kunst*
33 Ciudad Jardín
35 Santa Catalina
42 *Lieblingsort* *Parque Apolinario*
44 *Tour* *Ein Meeresgedicht*
50 *Tour* *In die Berge von Las Palmas*
55 *Zugabe* *Vom Journalismus zum Tourismus*

Der Osten 56

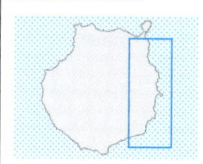

59 Telde
61 *Lieblingsort* *Barranco de los Cernícalos*
62 Strände im Osten
63 La Atalaya, Bandama
64 *Tour* *Krater im Doppelpack!*
66 Valsequillo
67 Cuatro Puertas, Ingenio
68 Agüimes
70 *Tour* *Höhlen-Hopping*
73 Arinaga
74 Vecindario, Pozo Izquierdo
75 Juan Grande, Castillo de Romeral
76 *Zugabe* *Cuatro Puertas*

Der Süden 78

81 San Agustín
86 Playa del Inglés
90 *Tour* *So viel Wildheit so nah*
95 Maspalomas
97 Dunas de Maspalomas
98 *Tour* *Durch die Mini-Sahara*
101 Meloneras
106 *Lieblingsort* *Paseo de las Meloneras*

Pulpo – die Krake – gilt als hochintelligent. Trotzdem wird sie gern verspeist, hier in Puerto de Mogán.

108 Los Palmitos
109 *Lieblingsort* La Charca
110 Ayagaures, Pasito Blanco, Salobre
111 *Zugabe* Mehr als nur Apollo

Der Südwesten: Costa Mogán 112

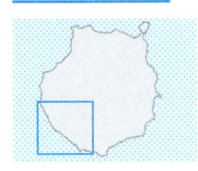

115 Santa Águeda
116 Arguineguín
117 *Lieblingsort* El Perchel
118 *Tour* Mal kurz auf den Kultberg
119 Barranco de Arguineguín
120 Patalavaca/Anfi, Puerto Rico
121 *Tour* Lust auf Meer?
123 Playa Amadores
124 *Tour* Zu Walen und Delfinen
126 Tauro
127 Playa del Cura, Taurito
128 Puerto de Mogán
133 *Zugabe* Begegnungen 1976

Der Westen 134

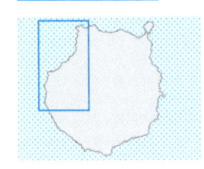

137 Mogán
138 Veneguera, Playa de Tasarte
139 Tasartico, Playa del Asno
140 *Tour* Hoch und runter, dann retour
142 La Aldea de San Nicolás
145 Puerto de la Aldea
146 Andén Verde, El Risco, Guayedra
147 Puerto de las Nieves
148 *Lieblingsort* Mirador del Balcón
151 Agaete
154 *Tour* Zu Buchten nahebei
155 Barranco de Agaete
157 *Lieblingsort* El Hornillo
158 *Tour* Europas einziger Kaffee
160 Sardina del Norte
162 *Zugabe* Wasser in der Halbwüste

Der Norden 164

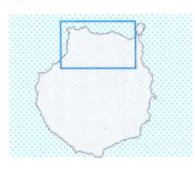

167 Gáldar
168 Cueva Pintada
170 *Tour* Zeitreise zu den Ureinwohnern
172 Santa María de Guía
173 Cenobio de Valerón
174 El Roque, San Felipe
175 Moya
176 Fontanales
177 Firgas, Arucas
178 *Tour* Durchs grüne Dickicht
182 Teror
186 *Tour* Heilige Bäume und betrunkene Ratten

188 Valleseco, Tafira, Santa Brígida
190 *Tour Bei kanarischen Winzern*
192 Vega de San Mateo
193 *Zugabe Kanaren-Klassiker*

Das Zentrum 194

197 Cruz de Tejeda
198 *Tour Zu den Höhlen des Herrn*
200 Tejeda
202 *Tour Makronen, Marzipan und Mus*
206 Artenara
209 *Tour ›Hohe Sicht‹ in alle Himmelsrichtungen*
211 *Lieblingsort Vega de Acusa*
212 Barranco de la Aldea
212 El Juncal
213 Ayacata, Roque Nublo
213 Pico de las Nieves
214 *Tour Wo die Ureinwohner zu ihren Göttern sprachen*
216 Presa Cueva de las Niñas
216 Presa de Chira
217 *Lieblingsort Presa Cueva de las Niñas*
218 San Bartolomé de Tirajana
220 *Tour Streifzug durch die Kiefernwälder des Südens*
222 Santa Lucía
223 Temisas
224 *Tour Die Welt aus der Vogelperspektive*

226 Fataga
228 *Zugabe Versteckt im Tal*

Das Kleingedruckte

230 Reiseinfos von A bis Z
246 Sprachführer
248 Kulinarisches Lexikon

Das Magazin

252 *Filmset Gran Canaria*
255 *Aus Feuer geboren*
258 *Das zählt*
260 *Wasser – ein edler Tropfen*
264 *Blütenkäse*
267 *Endstation Sehnsucht*
269 *›Wilde‹ Fremde*
272 *Die kanarischen ›Wölfe‹*
274 *Curanderos und Santeros*
277 *Reise durch Zeit & Raum*
280 *Isla Mundi*
284 *Back to the Roots*
286 *WOMAD — World of Music and Dance*
290 *»Das Meer heilt alles …«*
293 *Immer neue Höhenflüge*
296 *Mit dem Passat von den Kanaren in die Karibik*

298 *Register*
303 *Autorin & Impressum*
304 *Offene Fragen*

Vor

Nein, Gran Canaria hat keine Fjorde! Das, was da im Tal so hell schimmert, sind die ausgedehnten Tomatenplantagen von La Aldea, durch Plastikplanen vor dem Wind geschützt.

Ort

Las Palmas ⭐

Mögen Sie Urlaub in einer Großstadt? — Las Palmas ist mit 400 000 Einwohnern das urbane Zentrum der Kanaren, 500 Jahre alt und quicklebendig. Es überrascht mit einem langen Paradestrand, einer schönen Altstadt und viel Kultur.

Eintauchen

Seite 22
Einmal Amerika und zurück – Casa de Colón

Hätten Sie's gewusst? 1492 brach Kolumbus von Gran Canaria aus in den unbekannten Atlantik auf. In einem kolonialen Prunkbau können Sie mit ihm reisen.

Viva la música! In Bars, auf Plätzen und Promenaden

Seite 24
Durch das Triana-Viertel bummeln

Auf der Flaniermeile Triana und in ihren Seitenstraßen ist Originelles zu entdecken – auch für die Pause zwischendurch, z. B. rings um die Plaza Cairasco und die Plaza de las Ranas.

Seite 26
Belle Époque und junge Kunst in der Altstadt

Spanischer Jugendstil in schönster Form: Kein Wunder, dass an dem Platz so manch ein Spielfilm gedreht wurde! Werfen Sie einen Blick ins Gabinete Literario und genießen Sie einen Kaffee im Hotel Madrid!

Seite 32
Vegueta: Altstadt zum Feiern

Beim Tapas-Hopping donnerstags in der Vegueta treffen sich alle – Bewohner und Besucher.

Seite 39
Sonnenuntergang am Strand

Oft gibt es auf dem Paseo de las Canteras ein gewaltiges Farbspektakel zu sehen – im Hintergrund grüßt der Teide von der Nachbarinsel Teneriffa!

Seite 39, 40
La Barra und El Confital

Natur in der Stadt: bei Ebbe zum La-Barra-Riff schwimmen oder die wilde Bucht am Nordende der Canteras-Promenade genießen.

Seite 41
Surf-Mekka Playa de las Canteras

Am Südende des Canteras-Strandes werfen sich die Surfer in die Wellen – großartig zum Zuschauen und zum Mitmachen! Wer's etwas meditativer mag, stellt sich aufs SUP-Brett.

&

Seite 47
Gastroszene Mercado del Puerto

Beste Stimmung herrscht in der Markthalle am Freitag- und Samstagabend! Tapas von Sushi bis Scandic, und dazu können Sie Wein von der Insel genießen.

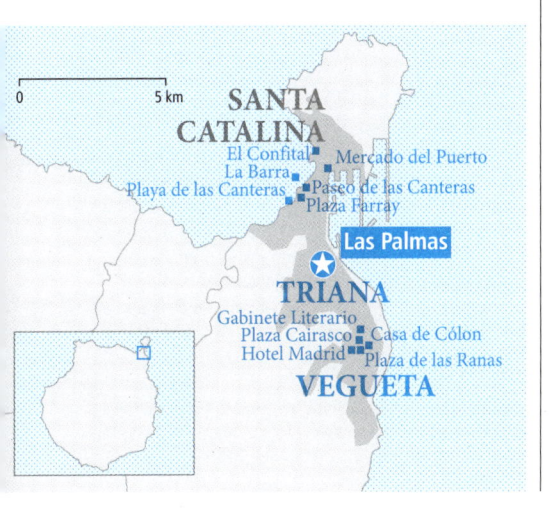

Eine Großstadt mit so viel Meer drumherum hat Seltenheitswert.

Lust, die Stadt von oben zu erleben? Rooftop-Bars bieten Cocktails mit Vogelperspektive.

erleben

Stadt der Palmen?

Der Name ist so schön: Las Palmas – das muss eine Stadt voller Palmen sein! Leider nein. Den Mangel an Grün empfinden vor allem jene, die vom Land in die Metropole kommen. Für sie ist Las Palmas ein Moloch, ihr Urteil: »Zu viel Verkehr und zu wenig Parkplätze, zu viel Hektik und Lärm.« Und auch das Wetter, meinen sie, ist alles andere als optimal: Oft schieben sich Wolkenbänke vor die Sonne, es ist feuchter und fast immer ein paar Grad kühler als im Süden.

Las-Palmas-Aficionados halten dagegen: »Wo sonst gibt es das? Schwimmen und Surfen das ganze Jahr, Alltag *open air* und dazu eine kosmopolitische Szene!« Wer sich für Las Palmas begeistert, empfiehlt die romantische Altstadt und das Hafenviertel, den Strand mit seiner kilometerlangen Promenade. Auch kulturell ist jede Menge los: Erstklassige Kunstzentren und Museen, Theater- und Konzertsäle sowie eine rührige Universität sorgen für spannende Unternehmungen. So viel Action kommt nicht von ungefähr: Las Palmas ist nicht nur die Hauptstadt Gran Canarias, sondern auch die der Ostprovinz und teilt sich mit Santa Cruz de Tenerife den Hauptstadtstatus der Kanaren.

ORIENTIERUNG

Internet: www.lpavisit.com
www.grancanaria.com
Stadtbus: Altstadt und Strandviertel sind durch die gelben Busse 1, 2 und 12 (Schnellbus) verbunden. Wichtige Haltestellen für 1 und 12 sind Catalina-Park und Parque San Telmo; Linie 2 verkehrt zwischen Catalina-Park und Alameda de Colón. Der rote Touristenbus mit offenem Hochdeck (*guagua turística*) startet mehrmals tgl. am strandnahen Catalina-Park und fährt in die Altstadt; mit dem einmal gelösten 24-Std.-Ticket kann man nach Belieben aus- und einsteigen (Tickets beim Fahrer, ab 22 €, www.city-sightseeing.com).
Auto: Parken ist in Las Palmas schwierig. An der Avenida Marítima, hinter dem Mercado de la Vegueta, befindet sich ein gebührenpflichtiger Parkplatz. Im Strand- und Hafenviertel empfehlen sich die Parkplätze (bzw. -häuser der Einkaufszentren El Muelle und Las Arenas).
Fahrrad: 400 Bikes an 40 Stationen können für 1,50 €/30 Min. gemietet werden; daneben gibt es Wochen- und Monats-Abos (Sitycleta).

Altstadt

♀ Karte 4, H–K 13–15

In der **Vegueta,** der ›alten‹ Altstadt, fühlt man sich an Südamerika erinnert: Gassen und Plätze sind mit grobem Kieselstein gepflastert und von herrschaftlichen Häusern gesäumt. Steht ein Portal offen, fällt der Blick in einen kleinen Paradiesgarten. Seit der Conquista leben in der Vegueta Adelige, hohe Kleriker und Insel-VIPs. Alle Anwälte, die auf sich halten, haben hier ihre Kanzlei. Während es tagsüber einigermaßen geschäftig zugeht, werden nach Geschäftsschluss die Bürgersteige hochgeklappt – dann fühlt man sich leicht ins 15. Jh. zurückversetzt. Damals, genauer: 1478, wurde die ›Königliche Stadt der Palmen‹ gegründet – ein Erfolgsmodell, das die spanischen Eroberer wenig später in die Neue Welt exportierten. Am lebendigsten präsentiert sich das Viertel donnerstags während der Tapas-Nacht, wenn in den stimmungsvoll beleuchteten Gassen gut gelaunte Besucher von einer Bar zur nächsten ziehen.

Die **Triana,** von der Vegueta durch den heute asphaltierten Barranco de Guiniguada getrennt, ist die ›jüngere‹ Altstadt. Sie wurde im 16. Jh. von andalusischen Siedlern gegründet und nach einem Viertel ihrer Heimatstadt Sevilla benannt. Stets war sie das Revier der Kaufleute und Handwerker. Statt feudaler Paläste sieht man hier Bürgerhäuser im Jugendstil, statt stiller Gassen quirlige Einkaufsstraßen. Kleine Läden und Boutiquen verlocken zum Stöbern, im Gewusel der Cafés und Bars erlebt man kanarische Lebensart.

Am Donnerstag kommen viele zur Tapas-Nacht in die Altstadt: Erst ein Happen im Triciclo, dann weiter zu Très Jolie … Am meisten los ist in den Straßen Pelota und Mendizábal bei der alten Markthalle.

Map: Triana / La Vegueta

Atlantischer Ozean

Parque San Telmo

TRIANA

LA VEGUETA

Plaza de Stagno

Plaza del Mercado

Plaza Cairasco

Plaza Alameda de Colón

Plaza de las Ranas (Plaza Méndoza)

Plaza San Antonio Abad

Plaza de Santa Ana

Plaza del Espíritu Santo

Plaza Santo Domingo

Palacio de Justicia

Santuario Santa Rita

Streets and Landmarks

- Muelle de las Palmas
- Avenida Marítima
- Bravo Murillo
- Busbahnhof
- Petojo
- Viera y Clavijo
- Triana
- Buenos Aires
- Rafael Cabrera
- Domingo Navarro
- Pérez Galdós
- Perdomo
- Lezuretas
- Francisco Gourie
- Munguía
- Constantino
- Arena
- San Bernardo
- Villavicencio
- Dr. Juan de Padilla
- Avenida Primero de Mayo
- Domingo Guerra del Río
- Travieso
- General Bravo
- Torres
- Cano
- Mateses
- Buñuel
- San Pedro
- Losero
- Dr. Deniz
- Remedios
- San Diego de Acalá
- San Nicolás
- San Justo
- Ferrero
- Muro
- Calvo Sotelo
- Herrera
- Pelota
- Mendizábal
- Botas
- Carretera del Centro
- Juan de Quesada
- Obispo Codina
- S. Marcial
- Colón
- Montes de Oca
- Balcones
- Espíritu Santo
- Agustín Millares
- San Agustín
- Castillo
- Espíritu Santo
- Relej
- Calle Dr. Chil
- Luis Millares
- Dr. Verneau
- López Botas
- Juan E. Doreste
- Doctor Pasteur
- Ramón y Cajal
- San José
- Pedro Díaz
- Paseo de San José
- Hernán Pérez
- Toledo
- Reyes Católicos

Directions

- Puerto (Hafen), Santa Catalina, La Isleta
- Tafira, Santa Brígida, Cruz de Tejeda
- San Cristóbal, Flughafen, Costa Canaria

Scale: 0 — 100 — 200 m

Altstadt

Ansehen
1. Casa Consistorial
2. Casa Regental
3. Palacio Episcopal
4. Kathedrale Santa Ana
5. Ermita del Espíritu Santo
6. Kirche Santo Domingo
7. Fundación Juan Negrín
8. Casa de Colón
9. Ermita de San Antonio Abad
10. Gabinete Literario
11. Kulturzentrum CICCA
12. Iglesia de San Francisco
13. Kapelle San Telmo
14. Jugendstil-Kiosk
15. Centro Atlántico de Arte Moderno (CAAM)
16. Museo de Bellas Artes
17. Museo Canario
18. Castillo de Mata
19. Museo Pérez Galdós
20. Casa de África

Schlafen
1. Boutique Hotel Plaza Mayor Santa Ana
2. La Casa de Vegueta
3. Madrid

Essen
1. Casa Montesdeoca
2. Bevir
3. Los 5 Sentidos
4. El Monje de Santa Ana
5. Dorotea
6. La Travesía de Triana
7. Los Botes

Einkaufen
1. Mercado de Vegueta
2. Sabor a Canarias
3. Fedac
4. Librería del Cabildo

Ausgehen
1. El Monje
2. Teatro Guiniguada
3. Teatro Pérez Galdós
4. Teatro Cuyás
5. Alboroto
6. Belvédère Peregrina
7. La Azotea de Benito
8. Belvédère Plaza Mayor Santa Ana

La Vegueta

Platz der Hunde

Hier gibt es sie: Palmen! Die lang gestreckte, ringsum von Palästen gesäumte **Plaza de Santa Ana** ist der herrschaftliche Mittelpunkt der Vegueta, hier zeigen geistliche und weltliche Macht Flagge. Doch zunächst fällt der Blick auf mehrere in Bronze gegossene Vierbeiner, die stoisch Richtung Kathedrale blicken. Sie erinnern an eine Legende, die bis heute gern als Wahrheit verkauft wird: Der römische Historiker Plinius hatte behauptet, der Name der Insel (Canaria) leite sich ab vom lateinischen *canis* (= Hund). Tatsache ist aber, dass es vor der spanischen Eroberung gar keine Hunde auf der Insel gab – der Name verdankt sich in Wirklichkeit dem Berberstamm der Canarii, der ab dem 5. Jh. v. Chr. die Kanarischen Inseln besiedelte. Viele scheinen zu glauben, die Antike mache sich für die Ahnengalerie besser als Afrika …

Spazieren Sie hinüber zum nördlichen Kopfende des Platzes, wo das ehemalige Rathaus, die **Casa Consistorial** 1, mit neoklassizistischer Fassade auftrumpft. Haben Sie Glück, ist die Touristen-Info geöffnet. Gleich daneben steht die **Casa Regental** 2 mit schönem Renaissance-Portal. Hier residierten einst die Generalkapitäne, militärische und politische Statthalter der spanischen Krone in einer Person. Die dargestellten Löwen und Burgen symbolisieren die Macht der Könige. Vom Balkon des **Palacio Episcopal** 3, dem Bischofspalast schräg gegenüber der Kirche, spendet der höchste Geistliche an hohen Festtagen bis heute seinen Segen.

Schlanker Stamm, weit ausladende Krone: Die Säulen in der Santa-Ana-Kathedrale erinnern an Palmen. Vielleicht ließen sich die Architekten von der kanarischen Dattelpalme inspirieren …

Mit Weitblick

Die **Kathedrale Santa Ana** ❹ mit ihrer wuchtigen Doppelturmfassade verkörpert den Willen zur Macht: Gleich nach der Eroberung (1483) legten die Konquistadoren den Grundstein und gaben der Kirche den Namen ihrer Schutzpatronin. Viele Jahrhunderte wurde an ihr gebaut – erst im 19. Jh. war sie fertiggestellt.

So abweisend der graue Koloss von außen wirken mag, so großartig ist sein Innenleben: Der fünfschiffige Raum, durch Säulen gegliedert, trägt ein gotisches Rippengewölbe, das sich an der Decke palmenartig auffächert. Imposant ist auch die Vierung vor dem Hauptaltar, überwölbt von einer Kuppel. Zur Zeit ihrer Entstehung war eine so große Kuppel derart revolutionär, dass die Bauarbeiter argwöhnisch verlangten, der Architekt solle während der Arbeiten unter ihr sitzen. Von Luján Pérez, dem auf den Kanaren allgegenwärtigen barocken Bildhauer, stammen die reichen Schnitzdekorationen der beiden Kanzeln im vorderen Hauptschiff; den vergoldeten Aufsatz des Altars schufen im 16. Jh. Künstler auf dem spanischen Festland.

In den Seitenkapellen sind berühmte Persönlichkeiten der Insel beigesetzt: der Dichter Bartolomé Cairasco de Figueroa, der Historiker José Viera y Clavijo und der Begründer des Hafens von Las Palmas, Fernando León y Castillo. Einen recht ungewöhnlichen Platz für die Ewigkeit hat Bischof Codina gefunden:

Seine durch natürliche Mumifizierung gut erhaltene Leiche ist in einem Glassarg zu besichtigen.

Spaß macht es, per Lift zur **Aussichtsplattform** auf einen der Türme zu fahren. Die Plaza Santa Ana und das Dächergewirr der Altstadt liegen Ihnen hier zu Füßen! Zugang zur Kathedrale erhält man auch über das **Museo Diocesano** rechts an der Kirche. In den Sälen um den romantischen ›Orangenhof‹ wird religiöse Kunst aus dem 16. bis 18. Jh. gezeigt: kostbare Gewänder geistlicher Würdenträger, Kultgegenstände und geschnitzte Heiligenfiguren. Im ersten Stock, vor dem Kapitelsaal mit seinem schönen Keramikfußboden, hängen in einem Gang die Porträts einflussreicher Bischöfe.

Catedral de Santa Ana: Mo–Fr 10–16, Sa 10–15.30, Lift Mo–Fr 11–14, Sa–So 10–14 Uhr, Eintritt 3 € (Zugang über das Diözesanmuseum in der Calle Espíritu Santo 20), Turm zusätzlich 1,50 €; freier Eintritt zur Morgen- und Sonntagsmesse, www.catedral santaana.com

Grüße vom Heiligen Geist

Folgen Sie von der Plaza Santa Ana dem Gässchen aufwärts, kommen Sie zur kleinen Plaza del Espíritu Santo, dem ›Platz des Hl. Geistes‹. Sein Blickfang ist ein von einem Drachenbaum beschatteter Brunnen. Leicht übersieht man die **Ermita del Espíritu Santo ❺**, die dem Platz ihren Namen gab. Hier knieten die Sklaven zum Gebet nieder – fein säuberlich getrennt von ihren Herren in der Kathedrale.

Die **Galería Manos Azul** zeigt kanarische Kunst in einem Herrenhaus. Schräg gegenüber kann man einen weiteren Adelspalast von innen sehen. In prachtvollen Sälen zeigt die Galerie der **Fundación Mapfre Guanarteme** zeitgenössische Kunst.

Wo Scheiterhaufen brannten

Tief in die Inselgeschichte taucht man im **Museo Canario** (s. S. 28) ein. Davor oder danach lohnt ein Blick auf die stimmungsvolle **Plaza de Santo Domingo** mit Indischen Lorbeerbäumen. Ihr Name geht auf die Dominikanermönche zurück, die hier ab 1524 ein Kloster besaßen. Da der Orden traditionell mit der Ketzerverfolgung beauftragt war, wurden auf dem Platz die Scheiterhaufen der Inquisition errichtet. Vom Kloster ist die im 17. Jh. errichtete **Kirche Santo Domingo ❻** erhalten: Unter einem blau bemalten Sternenhimmel erstrahlen goldene Altäre und ausdrucksvolle Heiligenfiguren des Barockbildhauers Luján Pérez.

NACHGESCHAUT

Das größte Inselkrankenhaus ist nach ihm benannt – und dennoch wird er oft totgeschwiegen. **Juan Negrín** wurde 1892 in der Triana geboren, studierte Medizin in Kiel und Leipzig, forschte dann an der Madrider Universität über menschliches Gewebe. Doch bald interessierte ihn mehr das soziale Gewebe, sodass er nicht als Wissenschaftler, sondern als Politiker berühmt wurde. Der Sozialist wurde 1937 – mitten im Bürgerkrieg – Regierungschef, der letzte Kämpfer für Spaniens Demokratie. 1939 musste er nach Paris fliehen, wo er 1956 starb. Bis heute verzeiht ihm Spaniens Rechte nicht, dass er die nationalen Goldreserven Moskau übereignete, um Waffen für die Republik kaufen zu können. Schrift-, Ton- und Filmdokumente in der **Fundación Juan Negrín ❼** erinnern an die Zeit des Spanischen Bürgerkriegs (Calle Reyes Católicos 30, www.fundacionjuannegrin.com).

TOUR
Einmal Amerika und zurück

Eine Reise durch das Zeitalter der Entdeckungen

Infos

Casa de Colón ❽:
Calle Colón 1,
T 928 31 23 84,
www.casadecolon.com, Mo–Sa 10–18,
So 10–15 Uhr,
Eintritt 4 €

Ermita de San Antonio Abad:
Plaza San Antonio Abad 4

Cityplan: s. S. 19

Folgen Sie dem Geschrei der Papageien! Kaum sind Sie eingetreten, werden Sie mit einem krächzenden »Hola, hola« begrüßt. Die knallbunt Gefiederten schauen Sie schräg an, als wollten sie fragen: »Was ist denn das schon wieder für ein Vogel…?« Chicho (der Rote) und Yaiza (die Gelbblaue) gehören zur Familie der Aras, jener Gattung von Papageien, die in Mittel- und Südamerika verbreitet ist. Sie sind hier dank der Entdeckung Amerikas durch Kolumbus (span. Colón). 1492 startete der Seefahrer von den Kanaren, damals letzter Vorposten der bekannten Welt, in die unerforschten Weiten des Atlantiks. Nach seiner Fahrt war nichts mehr wie zuvor: Ein neuer Kontinent war entdeckt und die Globalisierung begann. Vieles kam damals von Amerika nach Europa: nicht nur exotische Vögel, sondern auch Kakao, Kaffee und Kartoffeln … In der **Casa de Colón ❽** werden die Expeditionen vorgestellt – und Sie werden hineinkatapultiert in die Zeit der großen Entdeckungen. Dabei ist allein schon der Prachtbau den Besuch wert!

Kolonialhaus aus dem Bilderbuch
Just hier residierte im ausgehenden 15. Jh. der Inselgouverneur. Zwar ist heute kaum etwas original, doch das Haus spiegelt perfekt den Geist jener Epoche: In die Portale sind exotische Ornamente gemeißelt, die Holzbalkone sind so hoch, dass sie als Piratenausguck dienten. Hinter fast fensterlosen Fassaden verbergen sich grüne Innenhöfe mit Galerien. Dort spielte sich der Alltag ab, fern der Außenwelt und ihren Blicken.

Die Reise des Kolumbus
Am 6. September 1492 stach Kolumbus von Las Palmas in See. Ein originalgetreuer Nachbau seiner Kajüte zeigt, wie gemütlich es der Seefahrer hatte. Sie ist vom Boden bis zur Decke holzverkleidet; auf dem Schreibtisch stehen Kompass und Sextant. Kolumbus' Plan war

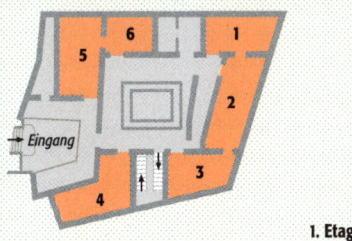

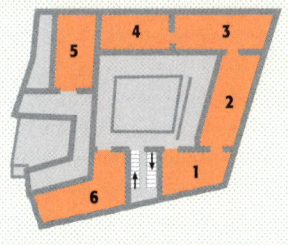

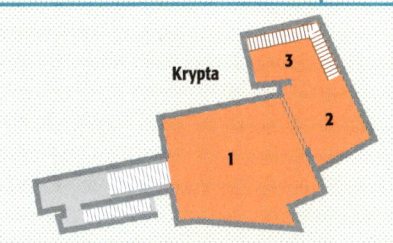

1. Etage:
Säle 1–2: Kolumbus und seine Reisen
Säle 3–4: Die Kanarischen Inseln und die Entdeckung
Säle 5–6: Karten und Navigationsinstrumente

2. Etage:
Säle 1–4: Gemälde 16. bis 20. Jh.
Saal 5: Die Insel Gran Canaria
Saal 6: Die Stadt Las Palmas de Gran Canaria

Krypta
1. Kulturen Ecuadors
2. Mexikanische Kulturen
3. Yanomami Kultur

Grundriss Casa de Colón

so einfach wie genial: Segelte man von den Kanaren westwärts, so müsse man zwangsläufig Indien erreichen, das Land unermesslicher Reichtümer. Was Kolumbus nicht wissen konnte: Zwischen Afrika und Asien lag ein für die Europäer unbekannter riesiger Kontinent, der später den Namen Amerika erhielt. Endlich, am 12. Oktober 1492, sichtete Kolumbus Land und stieß auf Inseln, die er ›Las Nuevas Islas de las Canarias Indianas‹ (die neuen Kanarischen Inseln Indiens) nannte. Ihre mit Goldschmuck behängten Bewohner taufte er ›Indios‹ – ein Irrtum, der sprachlich bis in unsere Zeit überdauert hat. Bereits wenig später wusste man, dass Kolumbus nicht Indien, sondern die Inseln der Bahamas erreicht hatte. Was danach folgte, ist bekannt: Die ›Wilden‹ wurden unterworfen, die ›Heiden‹ missioniert und ihre Reichtümer ins Herz eines spanischen Imperiums verfrachtet, das bald so groß war, dass ›in ihm die Sonne nie unterging‹. In der dämmrigen Krypta der Casa de Colón wird daran erinnert, welche Kulturen mit dem Kommen der Europäer dem Untergang geweiht waren. 160 Originalstücke der Mayas und Oaxacas, Azteken und Zapoteken zeigen, wie hoch entwickelt ihre Kunst war.

Kolumbus' Kniefall

Ein paar Schritte hinter der Casa de Colón rankt eine violette Bougainvillea wasserfallartig an einer Fassade hinab. Fast überwuchert sie eine Tafel, auf der geschrieben steht, Kolumbus habe an der **Ermita de San Antonio Abad** ❾ für das Gelingen seiner Atlantikfahrt gebetet – doch verbürgt ist das nicht.

Die **Karavelle Niña,** mit der Kolumbus gesegelt ist, soll genauso ausgesehen haben wie das Schiff, das heute im Catalina-Park vor dem **Museo Elder** (s. S. 43) steht.

Einem ganz anderen »Orden« gehört das schöne Haus schräg gegenüber: Im **Orden del Cachorro,** dem »Welpenorden«, einer Art Verein traditioneller kanarischer Lebensfreude, treffen sich Folk-Fans zum Musikmachen – Außenstehende sind im rustikalen Lokal willkommen (Plaza de Santo Domingo 6).

Schlemmen bei der Markthalle

Die Flaniergassen **Calle Mendizábal** und **Calle Pelota** haben sich mit ihren teils rustikalen, teils trendigen (Terrassen-)Lokalen zur angesagten Ausgehmeile entwickelt. Hier befindet sich auch die älteste Markthalle der Stadt, genannt **Mercado de Vegueta** 1 (s. S. 31).

Triana

Nördlich der breiten Carretera del Centro, die auf einem zugeschütteten Barranco angelegt wurde, beginnt das Viertel Triana. An jeder Ecke wartet ein Laden oder ein Lokal – und stets ist die Stimmung gut. Zur Siesta-Zeit und am Sonntag herrscht allerdings auch in Triana ›tote Hose‹.

Trianas Herz

An der **Plaza de Cairasco,** schräg gegenüber dem Hotel Madrid, steht das Gebäude des **Gabinete Literario** 10, das dem Besitz- und Bildungsbürgertum ab Ende des 19. Jh. als Treffpunkt diente (s. S. 26). Nur durch die Straße getrennt, weitet sie sich zu einem zweiten Platz, der **Alameda de Colón.** An deren Westseite öffnet in einem alten Palast das **Kulturzentrum CICCA** 11 (s. S. 26). Hinter einem Kolumbus-Denkmal steht die **Iglesia de San Francisco** 12: außen schlicht, innen mit üppig vergoldeten, holzgeschnitzten Mudéjar-Decken und Goldaltären.

Kunst an Wand und Decke

Den Namen eines Dichters trägt das **Teatro Pérez Galdós** 5, das Anfang des 20. Jh., damals noch unmittelbar am Meer, errichtet wurde. Pérez Galdós war von der Lage des Gebäudes wenig begeistert und drückte seine Kritik durch eine Zeichnung aus, auf der Fische durch das Theaterfoyer schwimmen. Heute würde er wohl anders urteilen …

Das Theater wurde von dem Japaner Higini Arau umgestaltet, der sich als Architekt des Londoner Covent Garden und der neuen Mailänder Scala einen Namen gemacht hat. Bei einem Konzert sieht man aber nicht sein Werk, sondern die exotisch-erotisierenden Wand- und Deckenmalereien von Néstor Martín Fernández de la Torre, dem wohl bedeutendsten Maler der Kanarischen Inseln. Er will die Theaterbesucher aus der schnöden Wirklichkeit heraus in eine ›höhere‹ Sphäre entführen. Einen Saal widmete er dem Komponisten Camille Saint-Saëns, der die Insel während mehrerer Winter besuchte und hier Teile seiner Oper »Samson und Dalila« komponierte.

> **NACHGEHAKT – GALDÓS** G
>
> 1843 wurde er in Las Palmas geboren und verließ als 20-jähriger die Insel – nie wieder kehrte er zurück. In seinen Romanen geißelt er ein Spanien, das in religiösem Fatalismus erstarrt ist und der vermeintlichen Herrlichkeit seines untergegangenen Weltreichs nachtrauert. Sein bekanntestes Werk, »Fortunata y Jacinto«, wurde mit Tolstois »Krieg und Frieden« verglichen; die Romane »Nazarín« und »Tristan« wurden von Luis Buñuel kongenial verfilmt. Benito Pérez Galdós starb 1920 in Madrid (s. S. 29).

Zu Recht heißt das Café ›La Bohème‹ – lässiges Nichtstun ist angesagt! Die Stunden verstreichen schnell vor der imposanten Biblioteca Insular, gleich um die Ecke von der Plaza de Cairasco.

Jugendstil & Kaufrausch

Zentrum des Viertels ist die Fußgänger- und Einkaufsmeile **Calle Mayor de Triana,** kurz Triana genannt. Hinter prachtvollen Jugendstilfassaden verbergen sich Läden angesagter Modelabels von Desigual bis Zara, hier und da hält ein Traditionsladen die Stellung. Schauen Sie auch in die verkehrsberuhigten Seitenstraßen – besonders schön die Parallelstraße Calle Cano –, wo Boutiquen und urige Lokale zum Abtauchen einladen. Das Nordende der Triana-Straße markiert die spektakuläre Riesenspirale von Martín Chirino (s. S. 38), durch die der Wind pfeift.

Dreh- und Angelpunkt

Hier stoßen Sie auf den geräumigen **Parque San Telmo** mit einem Musikpavillon und der kleinen, dem Patron der Fischer und Seeleute geweihten **Kapelle San Telmo** ❸. Werfen Sie ruhig einen Blick hinein, denn ihr vom Boden bis zur Decke holzgeschnitzter Altarraum ist ein Prachtstück und glänzt vor Gold. An der gegenüberliegenden Ecke des Parks lockt ein farbenfroher **Jugendstil-Kiosk** ❹ mit einem Terrassencafé – ein netter Ort für eine Pause.

An der Ostseite des Platzes führen im Halbrund angelegte Freitreppen zum unterirdischen Zentralbusbahnhof *(estación de guaguas)* hinab, und nahe der Avenida Marítima erhebt sich die moderne Staatsbibliothek (Biblioteca del Estado).

Museen

Palastrevolution

❺ **Centro Atlántico de Arte Moderno:** Das CAAM, wie es kurz genannt wird, steht in einer Reihe mit Spaniens großen

TOUR
Belle Époque und junge Kunst

Spaziergang rund um die Plaza Cairasco

Infos

**Gabinete Literario
10:** Plaza de Cairasco 1,
T 928 36 91 46,
www.gabineteliterario.com

**Kulturzentrum
CICCA 11:**
Alameda de Colón
1, T 928 36 86 87,
www.fundacionlacajadecanarias.es

Hotel Madrid 3:
s. S. 30

Ein Haus zum Schwelgen

Hier kommt Leichtigkeit auf: Schlanke Palmen recken ihre Kronen in die Höhe, ein heller Palast mit vielen Fenstern, Türmchen und Ornamenten zieht alle Blicke auf sich. Es ist das **Gabinete Literario** 10, ein Paradebeispiel des spanischen Jugendstils. Man sieht sie förmlich vor sich, die Herren im weißen Leinenanzug und die Damen im Spitzenkleid, die zum rauschenden Fest eintreffen … Die altehrwürdigen Señores, die heute unter den Arkaden sitzen, scheinen allerdings zu ahnen, dass die Zeit, da dies einzig und allein ›ihr‹ Club war, zu Ende geht. Seit die Inselregierung das Gabinete übernommen hat, werden neue Kulturinitiativen gestartet. Mit Kunst, Dokumentarfilmen und elektronischer Musik versucht man, eine neue Klientel zu gewinnen.

Es lohnt sich, einen Blick in die glasüberdachte Halle zu werfen, in der eine Freitreppe schwungvoll zu den oberen Galerien hinaufführt. Im ersten Stock öffnen sich Glastüren zum Goldenen Salon *(salón dorado),* einem Ballsaal mit Brokatvorhängen und viel Stuck. Im Roten Salon *(salón rojo)* sind die Porträts einstiger Berühmtheiten aufgereiht, darunter auch der erste ›Präsident‹ des Hauses, der britische Konsul Richard Houghton. Ausstellungen finden meist im Saal links hinter der Freitreppe und im Kellergewölbe statt. Spaß macht die Fahrt im musealen Mahagoni-Fahrstuhl, der in den dritten Stock rattert, wo

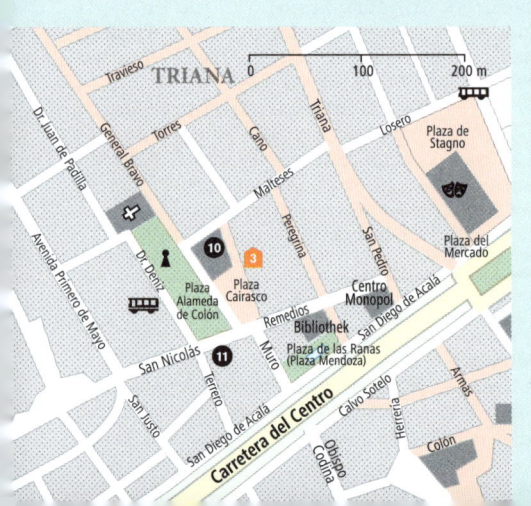

Das Gabinete Literario ist ein Haus der Kunst und Kultur – und ein Paradebeispiel des spanischen Jugendstils.

weitere Kunst gezeigt wird. Falls Sie den Lift nicht finden, fragen Sie den livrierten Portier! Hunger bekommen? Im hauseigenen Restaurant gibt es Mo–Fr ein erschwingliches Menü.

Gute Aussichten

Eine Alternative ist das gegenüberliegende Terrassenlokal des **Hotels Madrid** 3, das keine Konzession an den Zeitgeist macht und damit sehr erfolgreich ist. Unter Palmen bietet es spanische Hausmannskost mit Blick auf den Palast. Wie das Gabinete ist es ein altehrwürdiger Bau. Historische Fotos zeigen all jene Berühmtheiten, die hier im Laufe der letzten 100 Jahre Quartier bezogen. Darunter befindet sich ein Bild von Generalíssimo Franco, der just hier – in Zimmer Nr. 3 – die Nacht vom 17. auf den 18. Juli 1936 verbrachte, die Nacht seines Putsches gegen Spaniens demokratische Regierung. Tags darauf flog er in die spanischen Kolonien Nordwestafrikas und setzte von dort mit ihm ergebenen Truppen auf die Iberische Halbinsel über. Damit provozierte er einen dreijährigen Bürgerkrieg, auf den 36 Jahre Diktatur folgten – erst mit seinem Tod 1975 ging diese zu Ende.

An der Südseite des Platzes hat in einem gleichfalls prachtvoll restaurierten Jugendstilbau das traditionsreiche **Kulturzentrum CICCA** 11 seinen Sitz. Es beherbergt zwei Galerien sowie einen Konzertsaal, in dem von Klassik bis Latino-Pop jede Musikrichtung gespielt wird.

Quak quak …

Nur einen Katzensprung entfernt liegt die **Plaza de las Ranas,** der ›Platz der Frösche‹. Diese sitzen frech auf einem Springbrunnen unter Indischen Lorbeerbäumen. Zwischen einer großen, altehrwürdigen Bibliothek und dem Kino Monopol öffnen Terrassencafés, die beliebte Treffpunkte sind. Vom Restaurant Manso und der Cocktailbar La Azotea de Benito auf dem Dach genießen Sie den Platz aus der Vogelperspektive. Und auch von der Dachterrasse der Bibliothek bietet sich ein toller Blick!

Achtung: Die Galerien sind von 14 bis 17 Uhr und sonntags geschlossen!

Mal poppig mit Promi-Faktor, mal total abgedreht – das Centro Atlántico de Arte Moderno (CAAM) ist immer für eine (Kunst-) Überraschung gut.

Kunstzentren. Und es hat eine Mission. Es will – wie es sich bei der trikontinentalen Lage der Kanaren anbietet – die Kunsteinflüsse zwischen Europa, Amerika und Afrika beleuchten. Originalgetreu erhalten ist die Fassade aus dem 18. Jh., während sich das komplett entkernte Innere als lichtdurchfluteter, mehrstöckiger Kubus mit umlaufenden Galerien zeigt. Gezeigt wird alles, was spannend und verstörend ist, vom farbgewaltigen deutschen Expressionismus bis zu den neuesten Strömungen auf Kuba.

Auf Kontrast setzen drei weitere Galerien in der unmittelbaren Umgebung: Im Palast nebenan zeigen Kanarier rings um traditionelle Innenhöfe neue Werke, im Centro de Artes Plásticas gibt's Grafik (Calle Colón 8) und in San Antonio Abad Installationen (Plaza San Antonio Abad s/n).
Calle Los Balcones 9–11, www.caam.net, Di–Sa 10–21, So 10–14 Uhr, Eintritt frei (auch in den Galerien)

Krankenhaus = Kunstmuseum
❶⁶ Museo de Bellas Artes: Im ehemaligen Krankenhaus, einem Monumentalbau anno 1786, erinnert nichts an Pest und Cholera. Stattdessen wird rings um zwei palmenbestandene Innenhöfe, die durch eine Kapelle miteinander verbunden sind, kanarische Kunst vom 17. bis 21. Jh. gezeigt – allein schon die Architektur lohnt einen kurzen Abstecher!
Calle Ramón y Cajal 1/Sor Jesús (Eröffnung für 2024 geplant)

Mumien der Ur-Canarios
❶⁷ Museo Canario: Woher kamen die ersten Insulaner, wie lebten und wie dachten sie? Hier wird eine Annäherung versucht. So erfährt man, dass die Canarii aus Nordwestafrika auf die Inseln kamen und ihre mitgebrachten Alltagsriten der neuen Umgebung anpassten. Sie wohnten gern in Höhlen, wie die Nachbildung

der Cueva Pintada, der »Bemalten Höhle«, zeigt, kleideten sich in Ziegen- und Schafsfelle, schmückten sich mit Ketten und Stirnbändern. Ihre mit geometrischen Mustern verzierte Keramik ebenso wie ihre meist weiblichen Idolfiguren zeugen von einem hochentwickelten ästhetischen Sinn. Aus Afrika brachten die Canarii auch die Technik der Mumifizierung mit. Mehrere relativ gut erhaltene Mumien sind zu sehen, außerdem Hunderte in Höhlen und Tumuli-Gräbern gefundene Schädel und Skelette (s. S. 269, einige Mumien sind auf der Website des Museums in 3-D zu sehen).

Calle Dr. Verneau 2/Ecke Dr. Chil 25, www.elmuseocanario.com, Mo–Fr 10–20, Sa–So 10–14 Uhr, Eintritt 5/3 €, an ausgewählten Tagen ab 17 Uhr frei (s. Website)

Geschichtsburg
[18] Castillo de Mata: Folgen Sie vom Parque San Telmo der Calle Bravo Murillo bergauf, erblicken Sie jenseits der Kreuzung eine 1611 erbaute, wuchtige Festung. Sie beherbergt ein Museum zur Stadtgeschichte – von der Conquista bis zur Gegenwart.

Calle Domingo Guerra del Rio 147, www.castillodemata.es, Mo–Fr 10–14, Sa 11–14 Uhr, Eintritt frei

Einer der größten Literaten
[19] Museo Pérez Galdós: Das Museum pflegt die Erinnerung an den aus Las Palmas stammenden Dichter und versteht sich als Zentrum für spanisch-kanarische Literatur. Galdós' Wiege, die selbst entworfenen Möbel und sein Schreibtisch illustrieren die Wohnkultur im 19. Jh. Modern inszeniert sind die Ausstellungen in den hellen Sälen nebenan, in denen von Galdós beeinflusste Literaten vorgestellt werden.

Calle Cano 2–6, www.casamuseoperezgaldos.com, Di–So 10–18 Uhr, Führungen (meist spanisch) zu jeder vollen Stunde, Eintritt frei

Hommage an den Nachbarn
[20] Casa de África: In Arenales, dem im 19. Jh. entstandenen, nördlich an Triana grenzenden Viertel, in dem kanarische Regierung und Marinekommandantur ihren Sitz haben, eröffnete 2007 das Afrika-Haus in einem kolonialen Prachtbau. In eleganten Sälen, die sich rings um einen Innenhof gruppieren, wird daran gearbeitet, Afrikas negatives Image durch Kunst- und Fotoausstellungen, Konzerte und Filmschauen zu verbessern. Vom spanischen Außenministerium und dem Europäischen Entwicklungsfonds für Afrika finanziert, gewährt das Afrika-Haus Unterstützung bei Projekten auf dem Nachbarkontinent.

Calle Alfonso XIII 5, www.casafrica.es, Mo–Fr 9–18.30 Uhr, Eintritt frei

Schlafen

In der Altstadt entstanden etliche Boutique-Hotels (z. B. www.becordial.com). Weitere Unterkünfte gibt es im Viertel Santa Catalina Canteras (s. S. 43).

In Bestlage
[1] Boutique Hotel Plaza Mayor Santa Ana: In einem Jugendstilpalast schräg gegenüber von Kathedrale und Rathaus wohnen Sie mit historischem Charme. Hohe Decken und Retro-Mobiliar, originale Holz- und Fliesenböden kontrastieren mit frischen Farben und Mustern. Subtil wird mit Las Palmas' Symbolen gespielt und dezent daran erinnert, dass das Gebäude einst der Apothekerzunft gehörte. Schöner Frühstücksraum mit Palmenblick, per Panoramalift geht es zum tollen Dachgarten hinauf – (s. Rooftops, s. S. 32)!

Plaza Santa Ana 5, T 928 72 11 47, www.becordial.com, 20 Zi, €€

Ihr Zuhause in der Vegueta
[2] La Casa de Vegueta: Wer das Haus betritt, fühlt sich sofort daheim.

Seine Seele ist Ana Betancor, die Bed & Breakfast der feinen Art anbietet. Es gibt nur fünf Zimmer, die wenigen Gäste teilen sich einen eleganten Essraum, zwei Salons und einen Innenhof, in dem es immerzu plätschert. Das Wasser lockt Kanarienvögel an, die Sie mit melodischem Gesang gegen 8 Uhr wecken. Dann serviert Ana ein fürstliches Frühstück, jeden Tag mit anderen Zutaten und auf einem anderen Geschirr. Dabei erfahren Sie, welche Ausflüge und Events lohnen und was auf Gran Canaria gerade passiert. Ana, von Beruf Journalistin, hat eine mitreißende Art sich mitzuteilen (Zugabe s. S. 55).
Calle Pedro Díaz 5, T 696 46 89 82, www.lacasadevegueta.com, €€, s. S. 55

Evergreen
3 Madrid: Die 18 Zimmer (mit Bad) sind einfach und etwas hellhörig. Dafür wohnt man am schönsten Platz der Altstadt mit Blick auf die Prachtfassade des Gabinete Literario, mitten im Zentrum des kulturellen Lebens. Im Terrassencafé kann man entspannen und deftig-kanarisch essen; drinnen ist fast alles noch so wie 1936, als hier General Franco abstieg, bevor er zum Bürgerkrieg aufrief.
Plaza de Cairasco 4, T 928 36 06 64, www.cafemadrid.com.es, €

Essen

In der Altstadt **Vegueta** trifft man sich rund um die Markthalle (Mercado) und in den ›Fressgassen‹ Calle Mendizábal und Calle La Pelota. In **Triana** zieht es die Hungrigen zur Alameda de Colón, in die Calle Las Lagunetas und in die Calle Pérez Galdós.

Romantischer Patio
1 Casa Montesdeoca: Wunderschön ist der grüne Innenhof des Altstadtpalasts. Zum Patio passt die kanarische Küche von gebratener Ziegenkäse über Thun-Tartar bis zu Calamares.
Calle Montesdeoca 10, T 928 20 86 43, außer Mo–Di mittags und abends, €€

Hoher Anspruch
2 Bevir: Die Latte ist hochgesteckt, denn das elegante Lokal will nichts weniger als »Ihre Abkürzung zum Glück«. Um dies zu erreichen, werden zwei wechselnde Degustationsmenüs angeboten, die jeweils in mehr als einem Dutzend Gängen sinnliche Erlebnisse vermitteln. Die Gerichte kommen in perfektem Service als kleine Kunstwerke daher – mal schauen, ob es Sie glücklich macht.
Calle Pérez Galdós 43, T 35 85 48, www.restaurantebevir.com, Mi–Sa 13.30–16.30, 20–23 Uhr, €€€

Nicht nur für Weintrinker
3 Los 5 (Cinco) Sentidos: Das kleine, stylische Lokal in einer Seitenstraße der ›Fressgasse‹ La Pelota bietet internationale Klassiker wie Foie Gras mit Mango-Chutney, Beef-Tartar und Quiche Lorraine, Thai-Veggie-Curry und Ceviche, auch der Thunfisch mit Räucher-Humus schmeckt. Und hinterher ein Mojito-Sorbet! Große Auswahl guter Weine. Michelle aus Korsika sorgt für gemütlich-geselliges Ambiente.
Calle Armas 13, T 928 09 82 53, www.los5sentidos.eu, €€

Nostalgisch
4 El Monje de Santa Ana: Kanarische Tapas auf schöner Plaza – im nostalgischen Innenraum, noch besser auf der Terrasse! Auch gut für Kaffee & Kuchen zwischendurch.
Plaza Santa Ana 2, T 928 33 77 01, www.elmonjelpa.es, tgl. 10–23 Uhr, €

Tasca-Feeling
5 Dorotea: Einer jener Orte, den man zu jeder Tageszeit gern besucht. Informelles Ambiente mit Bistrotischen

und Seitensofas in Pastell, dazu eine große Terrasse. Ana Fernández bietet ihren Gästen Fusion-Küche aus feinen Zutaten, pfiffig arrangiert auf ausgefallenem Geschirr. Morgens üppig belegte Brötchen (z. B. mit Calamares), mittags divers gefüllte Algen- und Teigtäschchen (Onigris, Gyozas), Salate und Tortillas, abends Aufwendigeres wie Schweinebäckchen und Königsgarnelen … und zwischendurch ein Tiramisù oder eine Crème Brûlee.

Calle General Bravo 14, T 663 28 73 28, Mo–Sa 9–23.30 Uhr, €

Versteckt in einer Passage
6 La Travesía de Triana: In einer parallel zur Triana verlaufenden Passage öffnen gleich mehrere Lokale, die Fr–Sa abends brechend voll sind. Eines davon ist das urige Travesía, in dem man zu spanischem Wein iberische Tapas bekommt.

Calle Las Lagunetas 11, T 928 36 01 93, www.latravesiadetriana.com, So geschl, €

Treff zu jeder Tageszeit
3 Madrid: Nicht so sehr das Essen, sondern der Ort ist hier der Renner: kanarisch-mediterrane Küche auf der Terrasse (oder im historischen Innenraum) an Las Palmas' schönstem Platz.

Plaza de Cairasco 4, T 928 36 06 64, www.cafemadrid.com.es, €–€€

Einkaufen

In der Vegueta gibt's nette Souvenir-Shops (z. B. in den Museen Casa de Colón und CAAM). Im Triana-Viertel findet man in der gleichnamigen Fußgängermeile und den verkehrsberuhigten Seitenstraßen originelle Boutiquen. Ein kleiner Kunsthandwerksmarkt wird im Winter sonntags von 11 bis 14 Uhr hinter der Kathedrale abgehalten (Plaza Pilar Nuevo).

IM ABSEITS

Das alte **Fischerviertel San Cristóbal** am Südeingang von Las Palmas wird von Touristen selten besucht. Dabei hat es eine Meerespromenade mit guten Fischlokalen und Blick auf ein- und auslaufende Schiffe. Der Renner ist **Los Botes** 7. Seit 1999 serviert Kikos Familie Frisches aus dem Meer, dazu *gofio* und *papas arrugadas,* als Finale frittierten Ziegenkäse mit Preiselbeeren *(queso asado).* Am Wochenende ist es so voll, dass man Nummern ziehen muss (Calle Timonel 43, T 928 33 27 28, So-Abend und Mo geschl., Gerichte €–€€).

Älteste Markthalle der Stadt
1 Mercado de Vegueta: Schon seit über 200 Jahren gibt es hier Obst- und Gemüsestände und einen Bioladen.

Calle Mendizábal 1, Mo–Sa 7–15 Uhr

Insel-Souvenirs
2 Sabor a Canarias: Kunsthandwerk und Kulinaria – von handgemalten Postkarten bis zu pikanten Mojo-Soßen, die typisch für die kanarischen Inseln sind.

Calle Reloj 4

Einheimisches Kunsthandwerk
3 Fedac: Der Laden untersteht der Inselregierung und bietet nur an, was auf der Insel hergestellt worden ist, von traditioneller Stickerei bis zu trendigem Schmuck. Darunter sind herrliche Seidentücher und Webarbeiten von Ulitas Loom, witzige Filzfiguren von Monerias, skurrile Keramik von Miriam u. v. m.

Calle Domingo Navarro 7, www.fedac.org

Exklusiv kanarisch
4 Librería del Cabildo: Man mag es nicht glauben, aber in diesem schönen

ROOFTOPS IN DER ALTSTADT R

Von der Dachterrasse des Hotels **Peregrina** 6 blicken Sie über das Wasser eines Pools auf pompöse Fassaden (Calle Peregrina 2, ab 16 Uhr). Ähnliche Aussicht bietet nebenan die Lounge-Bar **La Azotea de Benito** 7 (C. C. Monopol, 2. Stock, www.lazoteadebenito.com, ab 18 Uhr). Kaum zu toppen ist der Blick vom **Belvédère** 8, dem Dachgarten des Hotels Plaza Mayor Santa Ana. Über Las Palmas repräsentativsten Platz schauen Sie auf die mächtigen Türme der Kathedrale, hinter denen das Meer schimmert. Beide Hotel-Rooftops stehen explizit allen offen, bieten Cocktails, Weine und feines Essen in Chillout-Ambiente.

Buchladen gibt es ausschließlich Gedrucktes, das sich auf die Kanaren bezieht.
Calle Cano 24, www.libreriadelcabildo.com

Bewegen

Von der Altstadt kommt man schnell nach Bandama und in den Jardín Canario, wo tolle Wander- und Radtouren möglich sind (s. S. 64, 186).

Ausgehen

Konzerte und Theater beginnen in der Regel gegen 20 Uhr, zu dieser Zeit füllen sich auch die Bars an der Plaza de las Ranas. Das kanarische Nachtleben (rund um die Straße Pelota) beginnt Do gegen 20 Uhr, Fr und Sa allerdings erst gegen 23 Uhr. Wichtig für alle, die im Catalina-Viertel wohnen: Die Nachtbusse verkehren nur stündlich!

Romantischer Treff
1 **El Monje:** Schön ist's, beim ›Mönch‹ hinter der Kathedrale unter Bäumen zu sitzen auf einen Drink und eine Tapa. Eine Filiale befindet sich vor der Kathedrale.
Calle Espíritu Santo 27 & Calle Santa Ana 2, T 928 33 77 01

Klein & fein
2 **Teatro Guiniguada:** Kino, Tanz und Musik im intimen Rahmen eines restaurierten Jugendstiltheaters.
Calle Herrería/Ecke Pelota, www.gobiernodecanarias.org/teatroguiniguada

Große Oper
3 **Teatro Pérez Galdós:** Konzerte, Ballett und Oper in prächtigem Rahmen (s. S. 24).
Plaza de Stagno 1/Calle Lentini 1, www.teatroperezgaldos.es, Tickets online und an der Kasse Mo–Fr 10–13 Uhr

Bühne im Ex-Kino
4 **Teatro Cuyás:** Viel Theater, auch Ballett und Musical.
Teatro Cuyás 1: Calle Viera y Clavijo s/n, T 928 43 21 81, www.teatrocuyas.com

Nicht nur Latino-Sound
5 **Alboroto:** Eine endlos lange Bar und ein tropisch-grüner Innenhof, DJs legen ›tropische‹ Musik wie Salsa & Merengue auf.
Calle Remedios 10, www.alborotolaspalmas.es, Do-Sa 23–6 Uhr

Feiern

• **Semana Santa:** Ostern. Das alte Spanien feiert seine Auferstehung: Männer im Bußgewand ziehen der Prozession voran. Ihnen folgen die an die Inquisition erinnernden Bruderschaften mit Spitzhut und langer Kutte, Frauen tragen die *mantilla*, eine an einem Riesenhaarkamm festgesteckte Schleppe. Prozessionen am

Palmsonntag, am folgenden Mittwoch und am Karfreitag.
- **Festival de la Ópera:** März–Mai. Hochkarätiges im Teatro Pérez Galdós (www.operalaspalmas.org).
- **Corpus Christi:** Fronleichnam. Vor der Kathedrale werden riesige Teppiche aus gefärbtem Sand und Blumen ausgelegt.
- **Weitere Feste:** s. S. 53

Infos

- **Patronato de Turismo:** Stylishe Zentrale in der Calle Triana, mit einer Filiale im alten Rathaus (s. S. 19) und Info-Pavillons an der Plaza de las Ranas (am Centro Monopol) und am Parque San Telmo (Calle Triana 93, T 928 21 96 00, www.grancanaria.com, Mo–Fr 8.30–14.30 Uhr).

Ciudad Jardín

♀ Karte 4, F–G 8–10

Die ›Gartenstadt‹ *(ciudad jardín)* entstand Ende des 19. Jh. zwischen Altstadt und Hafen auf Initiative britischer Kaufleute (s. S. 280). Bis heute ist das Villenviertel bevorzugte Wohngegend betuchter Grancanarios. Sehenswert sind das ›Kanarische Dorf‹, das Hotel Santa Catalina, der Doramas-Park und der Jachthafen.

Dorf in der Stadt

Das »kanarische Dorf« wurde nach Vorlagen des Malers Néstor de la Torre (1887–1938) von dessen Bruder Miguel ab 1939 erbaut. Wer die Nachbildung eines typischen *pueblos* erwartet, wird

Seit Jahrzehnten on stage und noch immer nicht aus der Mode gekommen: Männer und Frauen tanzen im Pueblo Canario zu kanarischer Folkmusik. Das Gratis-Spektakel beginnt sonntags Punkt 11.30 Uhr.

allerdings enttäuscht. Was man im **Pueblo Canario** zu sehen bekommt, ist eher eine Fantasy-Version kanarischer Architektur, eine beliebte Kulisse für Hochzeitspaare, die sich hier am Freitagnachmittag das Jawort geben, und für Folklore-Ensembles, die jeden Sonntag um 11.30 Uhr auftreten – und das nun schon seit mehr als 50 Jahren! Mittelpunkt des ›Dorfes‹ ist ein kopfsteingepflasterter Platz, den eine Kapelle, eine Bodega, kleine Läden, die Casa del Turismo und das Museo Néstor säumen. Alles schön gestaltet mit Naturstein, Holz und weißen Fassaden.

Eros & Pathos

Eine weitere Spielart des schönen Scheins erlebt man im **Museo Néstor de la Torre** (Karte 4, G 10). Der Künstler, der zunächst Porträts der kanarischen Haute Volée malte, wandte sich bald der Darstellung erotisch aufgeladener Träume zu. Da in diesen Männer – oftmals als Paar – die Hauptrolle spielen, wurde Néstor von Schwulen als ›ihr‹ Maler entdeckt.

Im Museum beeindruckt ein runder, von einer Kuppel überwölbter Raum, in dem Néstor auf acht Plafonds eine ›atlantische Ode‹ malte. Unter einem kosmischen Sternenhimmel vereint sind die vier Jahreszeiten und die vier Elemente, die vier Tageszeiten (Sonnenaufgang, Mittag, Sonnenuntergang, Nacht) und die vier Stadien des Meeres (Ebbe, Flut, Sturm und Stille). Menschliche Körper schweben im und auf dem Wasser, wirken verzückt, entrückt und nicht ganz von dieser Welt. In den übrigen Sälen sieht man weitere ineinander verschlungene Leiber, dralle Kinder, die von Fischen gejagt werden – dies alles in fulminanten Farben, dynamisch und bizarr.

Pueblo Canario, Wiedereröffnung nach Renovierung für 2025 geplant

Die Stadt stellt Stühle, Tische und Spiele bereit, auf dass sich die Bürger am Parque Santa Catalina näherkommen – ein Unikum in Spanien. Noch immer sind es vor allem Männer, die das Angebot nutzen, doch wie man sieht: Frauen sind willkommen!

High Snobility
Nach Néstors Entwürfen errichtete Bruder Miguel nebenan das **Hotel Santa Catalina,** ein Prunkpalast mit Arkaden, langen Holzbalkonen, Erkern und Türmchen. Es ist ein Grand Hotel alten Stils – gern steigt hier das spanische Königspaar ab. Auch Nicht-Hotelgäste können es sich im Santa Catalina etwa auf der großen Terrasse bei einem Kaffee oder in der gediegenen Bar gut gehen lassen.

Freitod in die Freiheit
Eingebettet ist das Hotel in den großen **Parque Doramas,** der nach einem der letzten altkanarischen Herrscher benannt ist. Doramas zog den Freitod einem Leben in spanischer Sklaverei vor. Sein Sprung in den Tod ist auf einem Springbrunnen dargestellt. Um ihn herum wachsen Drachenbäume, Palmen, Lorbeer- und Wolfsmilchgewächse. Hinter dem Hotel setzt sich die üppige Pracht um Wasserspiele angereichert fort. Abends sind sie effektvoll beleuchtet. Eine zur Straße Pio XII emporführende Freitreppe wurde zu einer Freilichtbühne gestaltet – oft finden Livekonzerte von Jazz bis Folk statt. Auch hier öffnet ein Café.

Hoch die Schoten!
Dem Park vorgelagert ist der **Jachthafen** von Las Palmas. Hunderte schnittiger Jachten liegen an den Stegen, dazu kommen die Segelboote all jener, für die die Insel ein Zwischenstopp auf dem Weg in die Karibik ist (s. S. 296). Zwischen den Jachten macht es Spaß zu flanieren, anschließend kann man in einem der schicken Lokale einkehren.

Essen

Ein Unikat
Sailor Bar: erster Anlaufpunkt aller Seefahrer! In informellem Ambiente bietet Signore Peppino mediterrane Küche: hausgemachte Pasta (köstlich Gnocchi in cremiger Nuss-Pilz-Soße), leckere Pizza und Torten von Signora Manuela – schon ist der Tag rund! Beste Stimmung rund um die ARC (s. S. 296).
tgl. ab 12 Uhr, www.sailorbar.com, €

Santa Catalina
♀ Karte 4, C–F 3–7

›Puerto‹ nennen die Kanarier die Viertel nördlich des Boulevards Mesa y López. Hier liegt nicht nur der Hafen, der die Stadt groß gemacht hat, sondern auch der Strand, der den Vergleich mit der Copacabana in Rio de Janeiro nicht zu scheuen braucht. Das Publikum ist internationaler als in der Altstadt, außer Touristen aus Mittel- und Nordeuropa sieht man Marokkaner in langen Gewändern sowie Chinesen und Inder, Schwarzafrikaner und Südamerikaner, Seeleute aus Russland, Korea und Japan. Sie mischen sich mit den Finanz- und Kaufleuten, die gleichfalls im »Puerto« ihr Revier haben. Auch zum Shoppen kommt man gern hierher, außer dem Boulevard Mesa y López mit dem Großkaufhaus El Corte Inglés gibt es weitere attraktive Einkaufszentren. Der Kontrast zwischen Spiel am Strand und knallhartem Geschäft sowie das bunte Völkergemisch machen den besonderen Reiz des »Puerto« aus. Da nimmt man in Kauf, dass die schachbrettartig angelegten Straßen von funktionalen, nicht unbedingt schönen Häusern gesäumt sind …

Action!
Herzstück des Stadtteils Santa Catalina ist der weite **Parque de Santa Catalina.** Man chillt in Terrassencafés unter

Palmen und lässt die Menschen an sich vorbeiziehen. Schuhputzer bieten ihre Dienste an, hin und wieder lässt sich ein fliegender Händler blicken. Unter einem Segeldach sind Schach- und Dominospieler postiert, denen die Stadt Stühle und Spiele stellt. Diese in Spanien einmalige Einrichtung nutzen vor allem pensionierte Herren, die so den ganzen Tag in geselliger Runde verbringen.

Die Ostseite des Platzes verwandelt sich mehrmals im Jahr in eine große

Santa Catalina

Ansehen
1. Mercado del Puerto
2. Castillo de la Luz
3. Museo Elder
4. La Regenta
5. Parque Apolinario
6. Poema del Mar

Schlafen
1. Reina Isabel
2. BEX
3. Hotel Fataga
4. Bed & Chic Las Palmas
5. Apartmentvermittlung Clarissa

Essen
1. El Amigo Camilo
2. La Oliva

3. Bioloco
4. La Bikina
5. Bululú/Bululú La Cícer
6. La Perpleja
7. El Gallo Feliz
8. La Bodega Extremeña
9. Cervecería/Bodega
10. Casa Suecia
11. Muxgo (s. S. 52)

Einkaufen
1. Mercado Central
2. C.C. El Muelle
3. C.C. Las Arenas
4. Las Canteras Beach Store
5. Re-Read

Bewegen
1. Oceanside
2. 7 Mares Las Canteras

3. Mojo Surf
4. Bike Station Las Palmas 24
5. Power Yoga
6. World Language Center

Ausgehen
1. Auditorio Alfredo Kraus
2. Motown
3. Bodegón Pachichi
4. Tiramisú
5. Terraza Aloe
6. Casa Blanca
7. El Tendedero
8. SkyBar LUMM
9. Ibex

Bühne: Hier finden lautstark der Karneval-, Jazz- und Worldmusik-Konzerte statt – nicht immer zur Freude der Anwohner. Die beiden lang gestreckten Gebäude hinter der ›Bühne‹, die nach den ehemals britischen Kontor- und Lagerhallen ›Elder & Miller‹ heißen, haben unterschiedliche Funktionen: Das rechte (Miller) dient als Riesengalerie und Aufführungsraum, das linke (Elder) als Wissenschaftsmuseum.

Zwischen den beiden Gebäuden führt eine Passage zu einem weiten Platz mit einer Replik von Kolumbus' historischer Karavelle. Rechts davon, von einem riesigen Segeldach überspannt, befindet sich der unterirdische **Busbahnhof** (Intercambiador). Angrenzend startet ein breiter, von Flamboyant-Bäumen beschatteter Boulevard, auf dem sonntags der Flohmarkt *(rastro)* abgehalten wird. Geradeaus, an der Catalina-Mole, legen im Winter Kreuzfahrtschiffe an, darunter Riesen wie die Queen Mary II. Den besten Blick auf die Schiffe hat man von den Cafés in den oberen Stockwerken des poppig gestylten Einkaufszentrums El Muelle.

Las Palmas' Taille
Markant ist die Landenge **Istmo,** die an ihrer schmalsten Stelle gerade mal 200 m misst und den Hafen- vom Strandbereich trennt. Früher wurde sie bei starker Flut überspült, sodass sich die vorgelagerte Halbinsel **La Isleta** in eine ›kleine Insel‹ verwandelte. Durch Aufschüttungen wurde die Landbrücke verbreitert und befestigt, sodass Neuland für Häuser und

Hafenbüros geschaffen wurde. Hier entstand Ende des 19. Jh. nach Entwürfen der Firma Eiffel, die auch den Eiffelturm in Paris baute, der **Mercado del Puerto** ❶, eine Markthalle mit eiserner Dachkonstruktion (s. S. 47).

Mittelalter meets Moderne

Ein Stück weiter östlich liegt in einer Grünfläche der **Castillo de la Luz** ❷. Die ›Festung des Lichts‹ ist mit den Jahrhunderten gewachsen: vom einfachen Turm, den die spanischen Könige 1494 kurz nach der Konquista zur Abwehr von Piraten errichten ließen, bis zur heutigen ummauerten Festung. Über Stufen geht es hinauf und hinab, wobei man durch Glasböden und -decken auf nacktes Gestein schaut.

Heute beherbergen die meterdicken Steinmauern die schwebenden Eisenskulpturen des 1925 in Las Palmas geborenen Starbildhauers Martín Chirino – ein fantastischer Kontrast zwischen Alt und Neu! Der Bildhauer ist hier sozusagen »nach Hause« gekommen: »Ich lebte nahe dem Castillo de la Luz, nahe dem Stapelplatz, wo mein Vater arbeitete. Er hat mich öfters auf die Werft mitgenommen. Ich war glücklich, zwischen den riesigen Schiffen umherzuspazieren, und wurde dort Stammgast. Schweres Werkzeug zu sehen, eine Drehbank – das war für mich normal. Das machte aus mir den Schmied, der ich heute bin, der Mann, der mit Eisen zeichnen will …«

Juan Rejón s/n, www.fundacionmartinchirino.org, Mi–Sa 10–19, So 10–14 Uhr, Eintritt 4 €

Angehendes Szeneviertel

Auf der Halbinsel **La Isleta** lebte stets die ärmere, mit dem Hafen verbundene Bevölkerung, dazu viele Inder und Chinesen, die in den Straßen Juan Rejón und La Naval ihre Läden haben.

In den kommenden Jahren könnte sich hier einiges ändern. Die Stadtverwaltung plant, Teile der Isleta, deren Hinterland militärischer Sperrbezirk ist, in ein schräg-schickes Wohnquartier zu verwandeln. Noch ist davon wenig zu sehen, aber schon jetzt steigen die Immobilienpreise …

Atlantische Tankstelle

Industriell geprägt ist der **Hafen,** der mit vollem Namen Puerto de Nuestra Señora de la Luz (Hafen der hl. Jungfrau des Lichts) heißt. Im 19. Jh. entstanden, ist er mit fast 2 Mio. umgeschlagenen Containern pro Jahr Spaniens viertgrößter Hafen und eine große atlantische ›Tankstelle‹. Jährlich fließen mehr als 3 Mio. Tonnen Treibstoff durch kilometerlange Pipelines zu den Schiffen – 100 000 legen jährlich an den langen Molen an. Auch eine große internationale Fischereiflotte ist dort stationiert. Wer sich einen Eindruck verschaffen will, geht von der Bus-Endhaltestelle an der Plaza Manuel Becerra zur Muelle de la Luz.

Wunderbarer Strand

Vom Parque de Santa Catalina gelangt man in wenigen Minuten zur **Playa de**

MÜLL IM MEER

Bei Nordwind, der glücklicherweise nicht allzu oft weht, wird an den Strand Mikroplastik angespült: Dosen und Tüten, in Amerika und Europa ins Meer geworfen, werden von der Brandung zerkleinert und mit der Strömung an die Playa de Las Canteras geschwemmt. »Eine alarmierend hohe Konzentration«, meint May Gómez vom Uni-Institut EcoMar. »Sie ist so hoch wie in Hongkong: 5,4 g/m^2«. Auch Plastik in den Mägen von Fischen macht ihr Sorgen. Sie fand es in 78 % der hier gefangenen Meerestiere.

Gibt es etwas Schöneres als einen Spaziergang am Strand? Knöchel im Wasser, Salzbrise in der Nase und das große Rauschen im Ohr … Hier geht es Richtung Auditorio.

las Canteras mit ihrer kilometerlangen, von Cafés und Restaurants gesäumten Promenade. Zwar sieht die Bebauung nicht gerade umwerfend aus, doch der Blick über den hellen Sand aufs leuchtende Meer ist unschlagbar. Bei klarer Sicht erkennt man am Horizont die Nachbarinsel Teneriffa mit dem fast 4000 m hohen Teide. Als sein kleineres Spiegelbild ragt links von ihm der Kegel des Pico de Gáldar auf. Wenn Las Palmas ein Zentrum hat, dann ist es der fast rund um die Uhr belebte Canteras-Bereich. Am frühen Morgen kommen die Jogger und Strandläufer, dann die ersten Schwimmer und (nördlich der Playa Chica) die Fischfütterer. Im Laufe des Tages ergießen sich ganze Schiffsbesatzungen über die Promenade, oft auch Reisende, die mit einem Kreuzfahrtschiff eingetroffen sind. Im Sommer lassen sich spätabends auch Grüppchen bunt gewandeter marokkanischer Frauen auf einer der Bänke nieder. Sie unterhalten sich prächtig, während ihre Kinder umhertoben.

Das dem Strand vorgelagerte, bei Ebbe begehbare Naturriff **La Barra** schützt vor den gewaltigen Atlantikbrechern und verwandelt die Bucht in eine riesige Badewanne, in der man rund ums Jahr schwimmen kann. Der Strand wird täglich gereinigt, Baywatcher werfen ein wachendes Auge aufs Wasser und hissen die rote Fahne, wenn das Meer auch einmal wild wird oder wenn sich eine Quallen-Armada hierher verirrt.

Kleines Kap in der ›heißen Ecke‹
Das Nordende des 4 km langen Strandes markiert **La Puntilla,** das ›kleine Kap‹.

Unmittelbar davor, wo der Strand endet, werden noch alte Traditionen gepflegt: Kleine Boote sind aufgebockt, mit denen die Fischer hinausfahren, nachdem sie sich zuvor den Segen ihrer Schutzheiligen eingeholt haben – ihre Figur haben sie in eine Felswand gemauert. Auch manch ein Jogger, der den Strand abgelaufen ist, bekreuzigt sich bei der Jungfrau, bevor er die nächste Strecke in Angriff nimmt. Nicht nur die Vulkane von La Isleta, auch die Häuserfluchten halten den kühlen Nordostpassat fern, sodass es hier fast immer ein paar Grad wärmer ist. Wenn Sie leicht frieren, ist das Ihre Ecke!

Nördlich von La Puntilla liegen durch kein Riff geschützte Felsbuchten, in die das Meer wild seine Wellen wirft. Ein paar Restaurants öffnen hoch über der Gischt.

Wildwest-Feeling

Der Blick fällt hinüber zur hellen, naturbelassenen Sandbucht **El Confital.** Sie liegt im Schutz der Klippen von La Isleta. Es ist kaum zu glauben, dass sich hier bis zur Jahrtausendwende ein großes Slum-Viertel befand! Nach dem Abriss aller Baracken wurde die windgeschützte, fast immer sonnige Bucht in ein Naturschutzgebiet verwandelt: Auf Holzplanken kann man sich sonnen und in Felsbecken plantschen – ganz fern sieht von hier die Stadt aus!

Mit kleinen Aquarien

Eine weitere Landmarke am Canteras-Strand ist **Playa Chica,** der ›kleine Strand‹ auf halber Höhe der Canteras-Promenade. Hier ist der Strand so weit ausgebuchtet, dass sich gern Verleiher von SUP-Boards und Kajaks

Im Süden des Canteras-Strandes, wo das vorgelagerte Riff unterbrochen ist, rollen ungehindert Atlantikbrecher an den Strand. Hier treffen sich Surfer zum wilden Ritt auf den Wellen.

postieren. Bei starker Ebbe bildet sich angrenzend eine bizarre Felslandschaft.

Walking on the wild side
Das dem Strand vorgelagerte Riff können Sie nur schwimmend, auf dem SUP-Brett oder im Boot erreichen – eine Erkundung ist nur bei Ebbe möglich. Auf dem Weg zur **Barra** sehen Sie Unterwasserwiesen, die Algen als Nahrung und Fischen als Laichplatz dienen. Vor dem Riff bilden sich bei ablaufendem Wasser seichte Tümpel, die die Tiere auf eine harte Probe stellen. So müssen sie stundenlang sengende Sonne, aufgewärmtes Wasser und einen höheren Salzgehalt überstehen. In kleinen Lachen entdeckt man den regenbogenfarbenen Meerpfau und den dunkelblauen Neon-Riffbarsch; graubraune Grundeln warten darauf, bei Flut ins offene Meer getragen zu werden.

Und auch über der Meeresoberfläche ist einiges los: Eine Hundertschaft von Weißkopfmöwen sonnt sich auf dem Fels, in gebührendem Abstand stakst ein weißer Seidenreiher mit langem Schnabel vorbei – Tausende von Kilometern hat er zurückgelegt, um in Las Palmas zu überwintern.

Surfer-Hot-Spot
Ganz im Süden des **Canteras-Strandes**, wo das Riff unterbrochen ist und große Wellenstaffeln anrollen, liegt **Cicer**, der Treff der Waver-Szene – tagsüber zum Wellenreiten, abends zum Après-Surf. Spaß macht es, sie bei ihrer Akrobatik zu beobachten! Vor allem diesem Strandabschnitt verdankt Las Palmas seinen Ruf, eine Surf-Hochburg zu sein. Die Promenade schwebt hier wie ein Laufsteg über dem Strand, landeinwärts führt eine großzügige Freitreppe zu ›Go Fit‹, einem Mega-Fitness-Zentrum. Davor wird an dem hier meist dunklen Strand auch Beach-Volleyball gespielt. Die Straßen dahinter gehören zum Viertel

CAMINO AZUL

… nennt sich der knapp 6 km lange, mit Schautafeln versehene ›Blaue Weg‹. Er führt von der Bucht El Confital längs des Canteras-Strandes über das Auditorio Alfredo Kraus hinaus – immer am Meer entlang, vorbei an Klippen, weißem und schwarzem Sand. Nur die letzten 10 Min. verlaufen neben der Straße, dafür lockt schon das Ziel: **El Atlante**, die aus Lavabrocken erbaute Skulptur eines Giganten, der sich mit ausgestreckten Armen Himmel und Meer entgegenwirft. In seinem Schatten öffnet eine Bar.

Guanarteme – architektonisch unattraktiv, aber mit vielen Surf-Läden und Szene-Lokalen.

Meeresfestung
Am Südende von Strand und Promenade (El Rincón) steht das **Auditorio Alfredo Kraus** 🔷 (s. S. 52), das mit seinen wuchtigen Natursteinmauern an eine Meeresburg denken lässt. Auch drinnen soll man nie vergessen, dass man sich am Atlantik befindet: Den Hintergrund der Bühne bildet ein riesiges Panoramafenster, das Ausblick auf Wellenstaffeln eröffnet. Und wenn man in der Konzertpause die Terrasse betritt, fühlt man sich wie an Deck eines Ozeanriesen. Im Auditorium finden das Internationale Musik- und das Filmfestival statt, dazu übers Jahr verstreut hochkarätige Konzerte von Jazz bis Klassik. Vor dem Auditorium erhebt sich die fast 9 m hohe Bronzefigur des in Las Palmas geborenen Tenors Alfredo Kraus; hinter ihm liegt die **Plaza de la Música**, wo oft Open-Air-Konzerte stattfinden. Gegenüber steht das Einkaufszentrum **Las Arenas** mit seinen kleinen, pyramidenförmigen Dächern.

Lieblingsort

Urban Gardening

Auf halber Höhe der Promenade, wo **Peña La Vieja,** der ›alte Fels‹, aus den Fluten ragt, öffnet die gleichnamige Eisdiele. Ein paar Schritte weiter empfiehlt sich ein Blick landeinwärts in die Calle Kant: Auf einem Grundstück, auf dem eine Kunstschule abgerissen wurde, schufen Anlieger in Windeseile einen Garten. Mittlerweile heißt er **Parque Apolinario** ❺: Kinder spielen vor einem Graffito, auf Bänken verträumen ältere Herrschaften den Tag. Hinter einem Zaun wurden kleine Parzellen gezogen, auf denen mitten in der Stadt Papaya-Bäumchen, Zitronen und Tomaten-Sträucher wachsen. Arbeitslose erhielten die Parzellen gratis, um hier für den Eigenbedarf anpflanzen zu können. Und natürlich kommen die Gärtner einander rasch näher …

Museen

Bling, bling …
❸ **Museo Elder:** Hier heißt es ›Anfassen erwünscht‹. Durch aktive, spielerische Teilnahme werden Lernprozesse in Gang gesetzt. Besucher lassen künstliche Riesenherzen pulsieren, simulieren im Cockpit eine (Bruch-)Landung, lassen einen japanischen Roboter Befehle ausführen und beobachten, wie in einem Brutkasten Küken schlüpfen. Auf mehreren Stockwerken trifft man auf historische Eisenbahnen, Dampfmaschinen und Sonnenuhren, Skelette, Fossilien und Dioramen.
Parque Santa Catalina, www.museoelder.org, Di–Do 9.30–19.30, Fr–So 10–20 Uhr, Eintritt 6/2 €

Statt Tabak Kunst
❹ **La Regenta:** Eine Überraschung für Kunstfreunde nahe dem Catalina-Park. Das Kulturzentrum befindet sich in einer ehemaligen Tabakmanufaktur, ist gleißend hell und präsentiert auf dreigeschossigen Galerien wechselnde Ausstellungen von Gegenwartskunst.
www.laregenta.org, Di–Fr 10–14, 17–21, Sa 11–14 Uhr, Eintritt frei

Schlafen

Am schönsten wohnt man am Canteras-Strand mit Meerblick. Über Airbnb & Co. werden viele Unterkünfte vermietet, die sich werbewirksam ›Beach House‹ nennen und sich meist in dunklen, wenig attraktiven Seitenstraßen befinden!

Der Klassiker
❶ **Reina Isabel:** Nur durch die Promenade ist das Vier-Sterne-Hotel vom Meer getrennt. Die klotzige 1970er-Jahre-Architektur fällt kaum ins Gewicht, da sie durch ein mediterran-verspieltes Design aufgelockert wird. Gutes Frühstücksbüfett, das man auch draußen einnehmen kann, ein beheizter Pool im 6. Stock und ein feines Spa. Vom Restaurant Summum im 7. Stock hat man einen herrlichen Blick über die Bucht.
Calle Alfredo L. Jones 40, T 928 26 01 00, www.bullhotels.com, €€€

Frühstück im Banksafe
❷ **BEX:** Im ehemaligen Gebäude von Spaniens Auslandsbank (**B**anco **Ex**terior, 1959–91), einem 11-stöckigen Bau im Stil historischer Hochhäuser, erinnert alles an die einstige Bestimmung: Die Rezeption ist einem Goldbarren nachgebildet, die Bar einem Kassenschalter und der reale Banksafe im Keller dient als Frühstücksraum. In 97 Zimmern setzt sich das Retro-Design im Stil der 1950er-Jahre fort und auf jeder Etage erinnern Fotos an berühmte (Film-)Bankräuber … Auf der Dachterrasse im 11. Stock befinden sich ein Mini-Pool und ein Restaurant mit Hafenblick.
León y Castillo 330, T 928 971071, www.designplusbexhotel.com, €€–€€€

Mitten im Leben
❸ **Hotel Fataga:** Gegenüber der Markthalle, drei Schritte vom Kaufhaus El Corte Inglés und 10 Gehmin. vom Strand fühlen sich alle wohl, die in kanarischem Ambiente übernachten wollen. Modern sind die Zimmer Marke Evolución mit schickem, ins Zimmer integriertem Bad. Toll ist das Frühstücksbüfett mit frisch gepressten Säften, auf der Dachterrasse entspannt man im Jacuzzi und in der Sauna mit Blick bis zum Hafen. Das Café Néstor im Erdgeschoss ist ein beliebter Treff der Canarios.
Calle Néstor de la Torre 21, T 928 29 06 14, www.hotelfataga.com, €€

Stylish im Catalina-Park
❹ **Bed & Chic Las Palmas:** Historische Architektur, modernes Design: Die meisten der 23 Zimmer bieten

TOUR
Ein Meeresgedicht

Rund um Europas größtes Aquarium

Eine weiße Riesenschachtel am Meer, in deren Fassade pointillistisch die Umrisse großer Fische zu erahnen sind – so kündigt sich Europas größtes Aquarium an. **Poema del Mar** ❻ (›Meeresgedicht‹) wurde nach einem opulenten Gemäldezyklus des kanarischen Malers Néstor de la Torre benannt.

»Discover Nature«

So steht's in großen, bunten Lettern auf der Fassade. Besitzerin des Aquariums ist die deutschstämmige Familie Kiessling, die auf der Nachbarinsel Teneriffa den Loro Parque betreibt. Auf Gran Canaria hat sie sich ein anderes Ziel gesetzt: Das Aquarium versteht sich als »ein Schaufenster der Biodiversität der Weltmeere«.

Man betritt das Aquarium durch einen **Dschungel** (*jungla*), der Pflanzen aller Kontinente vereint. Dann spaziert man hinüber zum **Riff** (*arrecife*), ein Riesenzylinder, gefüllt mit 400 000 Liter Wasser. Bunte Korallen und knallige Fische führen die Farbenvielfalt dieses Ökosystems vor Augen. Anschließend steigt man in die **Tiefsee** (*deep sea*) hinab, ein Riesenaquarium mit 6 Mio. Liter Wasser, abgetrennt durch eine geschwungene Glaswand von 36 x 7 m – es soll die größte der Welt sein. Insgeheim betet man, sie möge nicht brechen … Hier tummeln sich u. a. Dorn-, Hammer- sowie Bullenhaie, die ihren Namen dem massigen Körper verdanken. Durch ein kleineres Becken

Infos

Poema del Mar ❻:
Muelle del Sanapú 22, T 928 01 03 50, tgl. 9–18 Uhr, www.poema-del-mar.com, 25 €/Kinder bis 11 Jahre 17,50 € (mit Bus-Transfer ab Costa Canaria und Costa Mogán 10 € mehr

(el veril) ist eine **Glasröhre** gezogen, durch die Besucher von allen Seiten von Wasser umhüllt sind. Hier sind Sie die Attraktion für die umherschwebenden Fische! Umringt sind Sie von typischen Kanariern: einer Hundertschaft von Moränen, grünen Feilen-, roten Schweinslippen- und bunten Papageienfischen. Insgesamt zeigt das Aquarium 350 Arten in 35 unterschiedlichen Ökosystemen, darunter auch Piranhas, Krokodile und in einem Süßwasserbecken Goliath-Tigerfische, 50 kg schwere Kongolesen mit eindrucksvollem Gebiss.

Umwelt- und tierfreundlich?

Das Aquarium besitzt eine moderne Entsalzungs- und Filteranlage, die das Wasser direkt aus dem Meer schöpft und tiergerecht aufbereitet. Und auch der Energiebedarf wird dank eigener Photovoltaikanlage nachhaltig gedeckt. Doch ist das Aquarium artgerecht? Immer wieder wird die Besitzerfamilie mit dem Vorwurf der Tierquälerei konfrontiert. Militanten Tierschützern antwortet Wolfgang Kiessling wie folgt: »Kennt ihr die Freiheit? Wisst ihr, was ein Tier in Freiheit erwartet? Ihre Freiheit gründet sich auf fressen und gefressen werden. Tiere in freier Wildbahn sind dieser Alternative tagtäglich ausgesetzt. In unserem Fall haben sie nicht die Freiheit, dorthin zu gehen, wohin sie wollen. Dafür aber haben sie die Sicherheit, dass sie überleben, dass sie gefüttert und jeden Moment umsorgt werden.« Das Aquarium arbeitet eng mit dem kanarischen Centro de Recuperación de Fauna Silvestre zusammen, in dem verletzte (Meeres-)Tiere wieder fit gemacht werden für die freie Wildbahn: Meerestiere, vergiftet, durch Fangmethoden bzw. Schiffe verletzt, werden hier medizinisch versorgt.

Entspannen an der Kreuzfahrtmole

Vom Aquarium können Sie zur Kreuzfahrtmole, der **Muelle de Santa Catalina,** spazieren, wo in Beton gegossene Liegen und Bänke unter Palmen zu einer Pause einladen. Wenn Sie Glück haben, liegen hier historische Windjammer vor Anker wie die ›Humboldt‹, die ›Eendracht‹ oder die ›Voyager‹. Und natürlich finden sich im Winter zusätzlich Kreuzfahrtschiffe ein: ›Mein Schiff‹ und ›Aida‹, ›Queen Mary‹ und ›Norwegian Spirit‹ …

Sandra kennt jeden Fisch mit Namen – kein Wunder, sie arbeitet im Aquarium ›Poema del Mar‹ und verbringt hier den lieben langen Tag.

über Palmengrün hinweg Blick auf den Platz, Kaffee & Tee gratis den ganzen Tag, Frühstück im hauseigenen Café, den Absacker genießt man auf der Chillout-Dachterrasse El Tendedero. Freundlicher Service!
Calle General Vives 76, T 928 90 42 89, www.bedanchic.com, €€

Vom Studio bis zum Luxus-Loft
5 Apartmentvermittlung Clarissa: Clarissa vermittelt Privatapartments am Strand und in den Seitenstraßen – in allen Größen und Preislagen, von drei Tagen bis zu mehreren Monaten. Das Preis-Leistungs-Verhältnis ist hier besser als bei den meisten airbnb-Angeboten.
Calle Portugal 61/Calle Pelayo 6, T 346 09 10 52 73

Essen

An der Promenade reihen sich Terrassenlokale. Die Fußgängerstraße **Ruíz de Alda** (hinter dem Kaufhaus El Corte Inglés) sowie die Plätze **Farray** und **Fray Junípero** sind gleichfalls gute Gastro-Gebiete.

Canteras' Wintergarten
1 Reina Isabel: Für ein relaxtes Ambiente sorgen weich gepolsterte Korbstühle und der Blick auf Palmen und Meer. Hier hat man Lust, bei einer Tasse Kaffee ein schönes Buch zu lesen. Gut ist auch das Frühstücksbüfett – auch wer nicht im Reina Isabel übernachtet, ist willkommen.
Calle Alfredo L. Jones 40, T 928 26 01 00, 7.30–24 Uhr, €€

Urig über tosenden Wellen

1 El Amigo Camilo: Aus einer ehemaligen Fischerpinte im nördlichen Strandabschnitt wurde ein beliebtes Lokal. Man sitzt auf Plastikstühlen hoch auf einer Klippe und sucht sich den Fisch aus, der wenig später schnörkellos gebraten bzw. gedünstet auf den Tisch kommt. Dazu Runzelkartoffeln mit Mojo-Soße und ein guter Wein.
La Puntilla/Calle Caleta 1, So abends und Mo geschl., €€

In der warmen Ecke

2 La Oliva: Am windgeschützten Nordende der Promenade sitzen Sie unter Palmen mit Blick auf Fischerboote. Gekocht wird nach Mutter Marías Rezepten, Tochter Lola serviert mit einem flotten Team! Tagesfisch kommt gekocht, gebraten oder ›auf dem Rücken‹ (a la espalda) auf den Tisch, dazu gibt's Salat. Übrigens auch für Morgenmuffel eine gute Adresse – es gibt Frühstücksgedecke von leicht (mit Müsli) bis schwer (englisch mit Wurst, Bohnen, Spiegelei).
Calle Prudencio Morales 17, T 928 46 97 57, http://laolivarestaurante.com, tgl. 9–24 Uhr, €€

Vegan, leicht schräg

3 Bioloco: Grinsende Foto-Hunde, offen hängende Rohre, bunte Kacheln – hier trifft sich ein szeniges Publikum zu Süppchen, Salaten und Veggie-Burgern. Heruntergespült werden sie mit frisch gepressten Säften, hausgemachten Limos und Craft-Bieren.
Calle Alfredo L. Jones 33-B, T 657 36 98 03, www.bioloco.es, tgl. außer Di 13.30–22.30 Uhr, €

Kanarischer Szenetreff

4 La Bikina: »Cantina« nennt sich das kleine, meist brechend volle Promenadenlokal: In frisch-fröhlichem Ambiente gibt's Ethno-Food wie Thai-Suppe, indische Samosas, mexikanische Tacos, US-Burger … und gute Weine glasweise. Drinnen etwas laut, auf der Terrasse 10 % Aufpreis.
Canteras 63, tgl. 13–24 Uhr, T 828 06 53 57, €€

Überraschung

5 Bululú: Das winzige Lokal wenige Schritte vom Strand gibt sich informell, doch die Küche ist sensationell. Keke bereitet lateinamerikanisch-asiatische Fusion-Gerichte zu, die er künstlerisch auf ausgefallenem Geschirr anrichtet. Da gibt es Wolfsbarsch-Ceviche, Foie-Gras in Pistazienkruste, Patacones del Mar (mit Fisch gefüllte Bananenpuffer), Cachapitas (Maistörtchen) und mit Karamell lackiertes Hühnchen … Eine Filiale, **Bululú La Cícer**, befindet sich an der Meerespromenade und ist auf Fisch spezialisiert. Auf dem offenen Deck genießen Sie fantasievoll zubereitete Meeresfrüchte und tolle Cocktails!
Calle Venezuela 4/Ecke Olof Palme, T 828 66 10 79, www.facebook.com/bululucanarias, Mi–So 13–16, 20–23 Uhr, €–€€; Filiale Mi–So 13–23 Uhr, €€

Kreative Tapas

6 La Perpleja: In einer Seitengasse drei Schritte vom Nordende des Strandes servieren Debora und Paola gefüllte Maismehltaschen, Kochbananenschiffchen und

---

TASCAS IM HAFENMARKT

Kulinarische Vielfalt bietet der denkmalgeschützte **Mercado del Puerto ❶**. Kaufen Sie sich eine Tapa in einem der Multikulti-Lokale und genießen Sie sie auf Barhockern oder an Stehtischen – drinnen oder *open air* (Calle Albareda 76, www.mercadodelpuerto.net, So 12–17, So/Mo 12–16, Di–Sa 12–24 Uhr).

Salat, dazu spektakuläre Desserts, z. B. *polverito uruguayo* aus geschichtetem Baiser, Karamell und zerbröseltem Keks! Große Auswahl von Craft-Bieren, z. B. aus La Palma. Mit Straßenterrasse.
Las Canteras/Ecke La Naval 5, T 722 51 49 25, Mi–Sa 13–23, So 13–17Uhr, €

Ein Klassiker nicht nur für Fleisch
7 El Gallo Feliz: Der namensgebende Hahn *(el gallo)* hockt in jeder Ecke des Promenadenlokals – Mitbringsel zufriedener Gäste aus vier Jahrzehnten. Señor Manolo hält den Laden in Schwung und serviert 1-A-Fleisch-Gerichte in großzügigen Portionen: Pfeffersteak, Beef Stroganoff, Chateaubriand, gern am Tisch flambiert. Die Fondues, wahlweise mit Öl oder Brühe, sind eine Klasse für sich mit Rinderfilet aus Uruguay und vielen Beilagen. Fischesser greifen zu Curry-Cognac-Garnelen, Calamares oder Seezunge. Dazu guter Wein, der auch glasweise geordert werden kann, hinterher ein hausgemachtes Dessert – und der Abend ist gelungen! Mit großer Meeresterrasse und dunkel-gemütlichen Nischen im Innenraum.
Las Canteras 35, T 928 27 17 31, Di–So 13–23.55 Uhr, €€

Gedrängt-gemütlich
8 La Bodega Extremeña: Drei Schritte vom Strand öffnet diese kleine, rustikale Bar. Señor Ángel serviert Spezialitäten aus seiner Heimat Extremadura: erstklassigen Schinken und dazu guten Rotwein.
Calle Franchy Roca 74, So geschl., €€

Wein & mehr
9 Cervecería/Bodega: Hier werden Craft Beer und glasweise gute Tropfen ausgeschenkt, dazu gibt's deftige Tapas. Vor allem am Wochenende herrscht bei Roberto und Yeni beste Stimmung, dann sind alle Plätze an der Bar und auf der Straßenterrasse belegt.
Calle Joaquín Costa/Ecke Guanarteme, T 928 94 77 06, tgl. außer So 12–24 Uhr

Gut bei Schlechtwetter
10 Casa Suecia: Seit den 1960er-Jahren blieb das Interieur im ›schwedischen Café‹ unverändert – mit dunklem Mahagoni wirkt es fast museal. Man stärkt sich mit einem umfangreichen Frühstück *(desayuno completo)* oder genießt im Lauf des Tages Lachs-, Krebs- und Sardellen-Sandwiches, hausgemachten Kuchen oder frisch gepresste Obstsäfte. Alles ist in der Vitrine ausgestellt, an der man auch für das Essen bezahlt. Wer den Kaffee ausgetrunken hat, kann sich gratis einen Nachschlag holen!
Calle Tomás Miller 70, tgl. 8–22 Uhr, komplettes Frühstück 7 €

Einkaufen

Die wichtigste Einkaufsmeile ist der verkehrsberuhigte Boulevard Mesa y López mit dem Kaufhaus El Corte Inglés beiderseits der Straße: Hervorragend sortiert, aber etwas teurer ist die Lebensmittelabteilung, sehenswert die riesige Fischtheke (Av. Mesa y López 20, Mo–Sa 10–22 Uhr, mit Parkhaus). Im Gebäude gegenüber befindet sich der Food Court »Gourmet Experience«.

Markt & mehr
1 Mercado Central: In der größten Markthalle der Stadt entdeckt man – dekorativ aufgetürmt – alles Frische, was man zum Essen braucht: Obst & Gemüse, Fisch & Fleisch. In einer Saftbar werden frisch gepresste Säfte serviert, es gibt eine uralte, sterile Churrería und mit Nasamar ein günstiges Fisch-Bistro. Gegenüber dem Haupteingang befindet sich der Bioladen **Zanahoria,** wo alles Frische von der eigenen (Bio-)Finca stammt. Hinter dem Mercado (an der Calle Barcelona) reihen sich chinesische Lebensmittelläden mit exotischer Frischware.
Calle Galicia 14, Mo–Sa 7–14 Uhr

KREATIV SEIN

Lust auf künstlerische oder kunsthandwerkliche Workshops? Möchten Sie mit Blick aufs Meer malen? In die Welt der Collage eintauchen oder sich in Urban Gardening versuchen? Anregungen finden Sie auf meinem Blog www.trip-to-go.com/gran-canaria-kreativ!

Einkaufszentren
Im **C.C. El Muelle** [2] am Catalina-Park (www.ccelmuelle.es) und im **C.C Las Arenas** [3] am Auditorium (www.cclasarenas.com) findet man den bekannten Mix aus Franchise-Läden, Mega-Kinos sowie Cafés, Bistros und Restaurants (Mo–Sa 10–22, So 10–21 Uhr).

Schön verrückt
[4] **Las Canteras Beach Store:** In Bestlage an der Promenade macht das Stöbern Spaß. Außer der neuesten Kollektion von Desigual und Superdry wird die Eigenmarke Island Clothing angeboten: lässige Schnitte für sie und ihn in maritimen Farben aus Bio-Baumwolle.
Las Canteras 82

Bücher low cost
[5] **Re-Read:** Urlaubslektüre vergessen? Macht nichts: In Carlottas und Massis sympathischem Laden gibt's vieles (auch auf Deutsch) *secondhand* und supergünstig.
Calle Bernardo de la Torre 33, www.re-read.com

Bewegen

Baden
Auf der Höhe des Hotels Reina Isabel sind ufernah keine Felsen im Wasser, dort badet man am besten. Im Südabschnitt des Strandes, wo das Riff unterbrochen ist, sind Brandung und Strömung stark. Am Nord- und Südende des Strandes sowie in der Mitte (nahe Reina Isabel) gibt es Gratis-Umkleidekabinen, Toiletten und Duschen. Den Sand kann man sich mit Gratis-Duschen an fast jedem Strandzugang von den Füßen bzw. vom Körper waschen.

Beach Volleyball
Vor dem Nordende des Strandes sind ein halbes Dutzend Spielfelder aufgebaut – einfach dazu stoßen und gegen kleines Geld mitspielen!

Wellenreiten & mehr
[1] **Oceanside:** Vom eintägigen Schnupperkurs am Canteras-Strand bis zum Safari-Kurs an verschiedenen Spots, auch Buchung von ›Camps‹ inkl. Unterkunft.
Calle Numancia 47, T 20 65 70 96, www.oceansidegrancanaria.com

Tauchen
[2] **7 Mares Las Canteras:** PADI-Schule mit Kursen aller Reifegrade, auch Ausflüge zur submarinen »Kathedrale« und zum Schiffsfriedhof mit 300 Kuttern, die sich in künstliche Riffs verwandelt haben.
Calle Gran Canaria 4, www.7mares.es

ALLES SPANISCH

… kommt's Ihnen vor? Kein Problem! Im strandnahen **World Language Center** [6] können Sie sich schlau machen und bei engagierten – auf Wunsch deutschsprachigen – Lehrern die fremde Sprache erlernen. Vom intensiven Crash- bis zum entspannten Konversationskurs wird alles angeboten (Calle Fernando Guanarteme 55, T 928 27 60 98, www.worldlanguagecentre.com).

TOUR
In die Berge von Las Palmas

Mit dem Rad nach El Confital und Los Giles

Infos

📍 G1
Tour El Confital:
10 km, leicht (s. u.)
Tour Los Giles:
32 km, mittelschwer;
Achtung: Auf der
Canteras-Promenade
ist Radfahren nicht
erlaubt! (Karte rechts)

Tour 1: Nach El Confital – für Hiker & Biker
Wenige Minuten vom Canteras-Strand eine andere Welt – ideal für eine kleine Flucht aus der Stadt für Wanderer wie Radfahrer.

Am ›Platz von Pepe, dem Schuhputzer‹, der **Plaza de Pepe el Limpiabotas** auf der Halbinsel **La Isleta** ist Las Palmas abrupt zu Ende. Vor uns breitet sich am Fuß einer Felswand eine helle Sandsichel aus. Wanderer folgen erst dem Bohlen-, dann dem Treppenweg hinab zur Küste, wo eine Holzplankenpromenade am Wasser entlangführt. Radfahrer nehmen die parallel verlaufende Piste.

Später wechseln auch Hiker auf die Piste hoch zu einem Kap. Hier lohnt es sich, eine alte **Festungsbatterie** zu erkunden. Sie wurde in den 1940er-Jahren errichtet, um bei der erwarteten Invasion der Alliierten zurückschlagen zu können. Heute ist alles friedlich…

Hinter dem Kap knickt die Piste nordwärts ein. Vor uns liegt eine wüste Ebene, in die sich Büsche krallen. Dornlattich, Strandflieder, Meeresträubchen – unauffällig sehen sie aus, sind aber wahre Tausendsassas, die mit Salz in Luft, Wasser und Erde klarkommen.

Bald sehen wir am Meeresufer eine Ruine, auch sie eine Schießscharte mit Schlitzen statt Fenstern. Hinter ihr werfen Angler ihre Rute ins Wasser. Sie warnen uns vor dem hier unberechenbaren Meer: »Eine Welle und alles ist vorbei!« Stattdessen sollen wir uns **La Piscina** anschauen, ›das Schwimmbecken‹. Das Wasser hat sich zwischen Felsen einen Durchgang gebahnt, wo es gurgelnd und glucksend in eine kleine Bucht prescht.

Radler folgen der Piste noch ein Stück nordwärts, bis ein Schild in schönstem Deutsch verkündet: »Militärbereich – den Schritt verboten«. Wir wollen nicht erschossen werden, deshalb treten wir den Rückweg auf schmalen Wegen dicht an der Felswand an.

Wanderer haben eine andere Option: Sie steigen durch eine gut sichtbare, etwas steile Felsscharte zu einem Aussichtskreuz empor. Vom Hafen bis zur Canteras-Bucht liegt uns Las Palmas zu Füßen. Danach laufen wir in den Ort **Las Coloradas** hinab, bekannt für sein Ausflugslokal **El Padrino**. In luftigem Trattoria-Ambiente bietet Humberto junior erstklassige Frischware in großzügigen Portionen. Alle kanarischen Klassiker stehen auf der Karte, toll sind der Meeresfrüchtesalat (*salpicón de pescado*), Thun-Tartar und mit Fisch-Consomé angedickter Gofio. Fisch kann man sich in der Vitrine aussuchen, alle Desserts sind hausgemacht (tgl. 12.30–24 Uhr, www.restaurantelpadrino.es, €€). Mit Bus 41 geht es nach Las Palmas zurück.

Tour 2: Runde über Los Giles – für Biker

32 km ist die Tour lang und führt vor Las Palmas' Haustür auf max. 300 m hinauf. Erst geht's mit Blick auf Schiffe an der Avenida Marítima entlang, dann auf einer Piste durch den grünen **Barranco de Guiniguada** zum **Jardín Canario**, Gran Canarias großen Botanischen Garten. Durch die ländlichen Vororte **Almatriche** und **San Lorenzo** erreicht man **Los Giles** – eine sanft gewellte Hochebene mit Prachtblick über die Las-Palmas-Bucht. Ein rasanter Downhill – und schon ist man am Südende der Canteras-Promenade wieder in der Stadt. Hinweis für Wanderer: Durch den Barranco de Guiniguada können sie in 9 km bis zum Botanischen Garten Jardín Canario (s. S. 186) laufen.

Bike Station Las Palmas 24: Qualitätsräder kosten ab 10 € pro Tag, vermietet werden auch Cross-, Race-, MTB- und E-Bikes sowie Scooter und Motorräder (s. S. 52).

ON THE ROOFTOP – PLAYA/PUERTO

Von ganz oben auf die Stadt schauen: Auf der **Terraza Aloe** 5 sitzen Sie unterm Segeldach und überblicken den Strand (Hotel Aloe, Sagasta Calle Los Gofiones 2, ab 16 Uhr). In der **Casa Blanca** 6, einem roten Haus anno 1902, entspannen Sie in Lounge-Ambiente (Las Canteras 30, ab 13 Uhr). Rund um den Parque Santa Catalina haben Sie die Qual der Wahl: Im **El Tendedero** 7 legen DJs schräge Musik auf – von African Beats bis Electronic Tango (Hotel Bed & Chic, General Vives 78, Do–So ab 17.30 Uhr, s. S. 43). Lust auf feine, fantasievolle Menüs vor hängenden Gärten? Dann ist das **Muxgo** 11 Ihre Adresse (Hotel Catalina Plaza, Calle Luis Morote 16, www.muxgo.es, €€€). Den Blick auf beleuchtete Kreuzfahrtriesen genießen Sie in der schicken **SkyBar LUMM** 8 (Hotel LUMM, Calle Simón Bolívar 105, www.lummhotel.com, ab 16 Uhr sowie im **Ibex** 9 (Hotel Bex, Calle León y Castillo 330, s. S. 43).

Surf & Stand-up Paddling
3 **Mojo Surf:** Verleih von Equipment und Kurse für SUP-Surfen und Paddle-Yoga (Yoga auf dem Surfbrett), von »Schnupper« bis »eine Woche«. Oft sind die Boards am Strand (Playa Chica) aufgebaut.
Calle Perú 20, T 828 01 44 20, www.mojosurf.es

Radfahren
4 **Bike Station Las Palmas 24:** Deutschsprachiger Verleih von Motos, Mountain-, Cross- und E-Bikes, auch geführte Bike-Ausflüge »auf die bequeme Tour« mit Shuttle in die Berge.
Calle 29 de Abril 63, T 605 06 10 24, www.rental-bike-station-gran-canaria.com, tgl. 9–20 Uhr

Yoga & Surfen/Wandern
5 **Power Yoga:** Lichtdurchflutetes Zentrum mit Meerblick an der nördlichen Verlängerung der Canteras-Promenade. Einmal in der Woche werden Beach-Sessions angeboten, außerdem: Yoga auf dem SUP-Board und am Wochenende öfters Trekking-Touren mit Yoga-Finale.
Calle Alonso Ojeda 12 (La Puntilla), T 928 46 15 32, www.poweryogacanarias.com

Ausgehen

Zum Sonnenuntergang, der sich oft als prachtvolles Spektakel in glühendem Rot präsentiert, gibt's nichts Schöneres, als in einem der Terrassencafés auf der Promenade zu sitzen und übers glitzernde Wasser zu schauen. Nach dem Abendessen hat man die Wahl: Chillen und Cocktails schlürfen in angesagten Locations, Livemusik hören oder das Tanzbein schwingen zu Salsa, Funk oder Pop ... oder doch lieber Wasserpfeife rauchen? Freitag und Samstag sind die großen Partytage im Strandviertel. Samstagabends gibt es auch viel Musik rund um die Plaza del Pilar nahe dem Auditorium.

Hohe Kunst
10 **Auditorio Alfredo Kraus:** Burgartiges Konzerthaus am Meer mit hochkarätigen Klassik- und Jazzkonzerten.
Av. Principe de Asturias s/n, T 928 47 25 70, www.auditorioalfredokraus.es, Tickets online und an der Kasse Mo–Fr 16–21 Uhr

Blues, Rock & Jazz live!
2 **Motown:** Gemütliche, gay & hetero-friendly Bar, dank guter Kontakte des Holländers Dieter immer am Wochenende Live Musik.

Calle Portugal 68 (Eingang über Hotel Exe Las Canteras), facebook: la guarida del blues

Dass es so etwas noch gibt ...
✸ **Bodegón Pachichi:** Eine Kneipe aus Uralt-Zeiten, viele Generationen von Kanariern haben hier schon gezecht und geschmaust. Schinkenkeulen baumeln von der Decke, Tapas wandern in großen Portionen über die rustikale Bar. Bier kommt vorzugsweise aus Literflaschen und Wein aus Fässern, die zugleich als Deko dienen. Erhöhter Geräuschpegel ab 23 Uhr.
General Vives 78, Do–So ab 17.30 Uhr

Kultig-szenig
✸ **Tiramisú:** Von außen macht es nicht viel her, doch die Terrasse ist zu jeder Zeit ein beliebter Treff. Das liegt vor allem an der Livemusik, die oft geboten wird. Ein regelmäßiger Termin ist Samstag ab 21 Uhr.

Calle Lepanto 29 / Plaza del Pilar, Di–Sa 9–24, So 9–15 Uhr, auf Facebook

Schön gemacht!
② **Kopas:** Chillige, weitläufige Disko *open air* mit Wasserspielen, Sofas und vier Bars an der Kreuzfahrt-Mole, im Erdgeschoss des Einkaufszentrums El Muelle. Die Bulldoggen an der Tür lassen am liebsten gut gekleidete Leute zwischen 30 und 50 Jahren durch, denn die Preise sind hoch (Cocktail ab 8 €). Musik von Elektro bis Latino, gern auch die aktuellen Charts, lockt Freitag- und Samstagnacht viele an.
C.C. El Muelle, tgl. 12–2 (Sa bis 5 Uhr), Facebook: kopalaspalmasterraza

Feiern

• **Día de los Reyes:** 5. Januar. Am Nachmittag findet die *cabalgata*, ein karneva-

La Isleta, das vorgelagerte ›Inselchen‹, ist noch immer eine Welt für sich, in der alteingesessene, oft ärmere Seemannsfamilien leben. Doch langsam wird es auch hier trendy ...

RAUSCH À LA RIO

Während des Karnevals ist die Stadt im Ausnahmezustand. Höhepunkt ist die Kür der in ein zentnerschweres Glitzerkostüm eingekleideten Königin *(reina)*. Fast ebenso populär ist die Wahl der von Transvestiten inszenierten Drag Queen: Die Schönen der Nacht erscheinen fast splitternackt, aber mit bemalter Haut und auf meterhohen Plateausohlen. Zehntausende sind beim großen Umzug *(cabalgata)* dabei. Noch mehr Leute mobilisiert der nächtliche *mogollón*, bei dem zu Latino-Rhythmen bis zum Morgen durchgefeiert wird. Abschluss des Karnevals ist die ›Beerdigung der Sardine‹ *(entierro de la sardina)*: Unter dem Geschrei schwarzer Witwen wird ein riesiger Fisch aus Pappe entzündet und ›zu Grabe‹ getragen – zum Schluss gibt's ein großes Feuerwerk (www.lpacarnaval.com). Ist der Karneval in Las Palmas vorbei, wird in anderen Orten weitergefeiert.

lesker Umzug, statt. Die hl. Drei Könige schwingen sich auf Kamele und ziehen, frenetisch bejubelt von Eltern und ihren Kindern, zum Parque San Telmo, wo ausgiebig gefeiert wird. Danach erhalten Kinder ihre Weihnachtsgeschenke.

- **Festival de Música de Canarias:** Januar/Februar. Weltklasseorchester und -interpreten geben im Auditorium (s. S. 41) Konzerte. Damit die zeitgenössische Musik nicht zu kurz kommt, werden jedes Jahr berühmte Komponisten beauftragt, das Festival mit einem neuen Werk zu bereichern (www.trip-to-go.com//internationales-musikfestival-der-kanaren).
- **Día de San Juan:** 23. Juni. Am Gründungstag von Las Palmas, der zeitgleich mit der Sonnenwende zusammenfällt, wird am Strand ein großes Feuerwerk abgebrannt.
- **Festival de Jazz:** Juli. Auf einer Open-Air-Bühne im Catalina-Park und im Auditorium von Las Palmas treten erstklassige Musiker auf. Viele Konzerte finden bei freiem Eintritt statt (www.canariasjazz.com).
- **Temudas Festival:** Juli–August. Tanz & Theater *open air* (www.lpatemudasfest.com).
- **Fiesta de la Naval:** Mitte Oktober. Hafenfest zur Erinnerung an den Sieg über die Flotte von Sir Francis Drake anno 1595. Mit großem Erntedankumzug.
- **Fashion & Friends:** November. Mehrtägige Trend-Show im Edificio Miller im Catalina-Park mit Modenschauen und Workshops (www.grancanariamodacalida.es).
- **WOMAD:** November, s. S. 286
- **Weihnachten/Silvester:** Am Nordende des Strandes wird eine Riesenkrippe aus Sand geschaffen. Hier wird das Neue Jahr mit großem Feuerwerk begrüßt.
- **Weitere Feste:** s. S. 32

Infos

- **Casa del Turismo:** In einem historischen Haus im Parque Santa Catalina, Ableger am nördlichen Canteras-Strand (Parque Santa Catalina, T 928 44 68 24, Mo–Fr 9–18, Sa–So 10–14 Uhr).
- **Verkehr:** Las Palmas' zweiter, ebenfalls unterirdischer Busbahnhof (Intercambiador) liegt neben dem Catalina-Park; von hier werden nur die wichtigsten Linien bedient (u. a. der Flughafen, Costa Canaria). Vor der Touristeninfo startet der rote Doppeldecker-Sightseeing-Bus (s. S. 16, Orientierung/Stadtbus). Parken kann man z. B. im unterirdischen Parkhaus in La Puntilla am Nordende der Promenade, gratis (sofern man etwas kauft) auch in den Parkhäusern der Einkaufszentren Las Arenas am Südwestende der Promenade) sowie El Muelle am Catalina-Park. Infos: www.parkopedia.es.

Zugabe
Vom Journalismus zum Tourismus

Ein Interview

Ana (rechts) managt die Casa de Vegueta, Salomé (links) geht ihr zu Hand.

Ana Betancor hat für die spanische Presse gearbeitet und führt nun ein kleines Hotel in der Altstadt von Las Palmas, La Casa de Vegueta (s. S. 29). Zugleich ist sie eine erfolgreiche Innendesignerin, hat mehrere Boutique-Hotels eingerichtet.

Ana, sag, warum hast du den Beruf gewechselt?

Eine gute Frage, denn die Pressearbeit hatte mir Spaß gemacht. Aber ich hatte kaum freie Zeit. Ich arbeitete viele Stunden, doch nie waren es genug. Nach 20 Jahren wollte ich kürzertreten, mein Sohn wuchs heran und ich bekam es kaum mit. So beschloss ich, den Journalismus an den Nagel zu hängen und etwas Neues zu wagen. Da ich ein Haus habe, fragte ich mich: Warum nicht eine schöne Unterkunft für Reisende schaffen? Wieder kommuniziere ich, aber nun auf eine direktere Weise und mit Menschen aus allen möglichen Ländern. Von ihnen lerne ich viel.

Man fühlt sich sofort wohl in deinem Haus. Woher kommt deine Lust am Innendesign?

Ich glaube, das hat man mir in die Wiege gelegt. Schon als Kind erlebte ich, wie meine Mutter und Großmutter geerbte Möbel mit zeitgenössischer Kunst kombinierten und mit exotischen Textilien. Das gefiel mir! Heute lasse ich mich davon inspirieren, was ich auf meinen Reisen sehe, aber ich lese auch Design-Bücher und studiere die Entwürfe von Innenarchitekten – ich trinke aus vielen Quellen.

Wie bist du dazu gekommen, andere Hotels einzurichten?

Ein Gast, den ich beherbergte, war offenbar beeindruckt von dem, was er hier sah, und wünschte sich etwas Ähnliches für seine Villa in der Gartenstadt. Schon bald folgten Aufträge für Hotels auf Sri Lanka und Teneriffa.

Was erhoffst du dir für Gran Canaria?

Schluss mit den Fehlern der Vergangenheit, keine weitere Zerstörung der Landschaft! Die Kanarier sollten sich wieder auf ihre Eigenart besinnen: Wir leben auf einer Insel im Atlantik – mit einer berauschenden Natur, einer eigenen Geschichte und einer eigenen Mentalität! ∎

> »Ich trinke aus vielen Quellen.«

Der Osten

Inselkoller schon beim Landeanflug — Sie sehen karge Hänge und die Autobahn. Kein Lichtblick? Doch! Zwischen den historischen Orten Telde, Agüimes und Ingenio verstecken sich grüne Schluchten und an der Küste lockt Arinagas Strand.

Seite 59
Telde

Drehen Sie die Uhren zurück: Über krummes Kopfsteinpflaster spazieren Sie durch verschwiegene Winkel – auf den Fundamenten einer altkanarischen Siedlung. San Francisco heißt das Viertel, das weit in die Vergangenheit zurückführt. Und auch im benachbarten San Juan heißt es: Vorwärts in die Vergangenheit!

Seite 61
Barranco de los Cernícalos

In dieser Schlucht findet man immer Schatten und eine kühle Brise. Und am Wasserfall packt man das Picknick aus …

Ein Hoch auf die Hexerei!

Eintauchen

Seite 64
Wandern am Bandama-Krater

Am Fuß eines Vulkankegels liegt ein Krater in perfektem Rund, Überbleibsel eines ehemaligen Vulkansees. Sie können in ihn hinabsteigen oder ihn oben umrunden – oder Sie machen beides! Und wie wäre es danach mit einer Weinprobe in einer der nahen Bodegas?

Seite 67
Cuatro Puertas

Zuerst Enttäuschung, dann aber großes Staunen in einer altkanarischen Höhlenfestung: vier Tore zwischen Himmel und Erde.

Seite 68
Agüimes ⭐

Stimmungsvolle Gassen, in denen kuriose Skulpturen Geschichten erzählen. Viele Kunsthandwerker fühlen sich vom ehemaligen Bischofsstädtchen angezogen und öffnen für Besucher ihre Werkstätten. Also besser etwas mehr Zeit einplanen …

Seite 70
Höhlen-Trip im Barranco de Guayadeque

Hohe Felswände, durchlöchert wie ein Schweizer Käse – toll zum Schauen und Spazieren.

Seite 73
Playa del Cabrón

So heißt Gran Canarias Top-Tauch-Spot. Wer nicht in die Tiefe gehen will, findet *open air* gleichfalls Spannendes: eine kilometerlange Meerespromenade und Fischlokale, in Arinaga.

Seite 74
In der Düse von Pozo Izquierdo

Radikal hässlich, aber mit viel Beaufort: Stundenlang könnte man den Windakrobaten zuschauen. Wer statt Action im Meer eher ein ruhiges Küsten-Stillleben sucht, findet es in den Salinen bei der Punta de Tenefé.

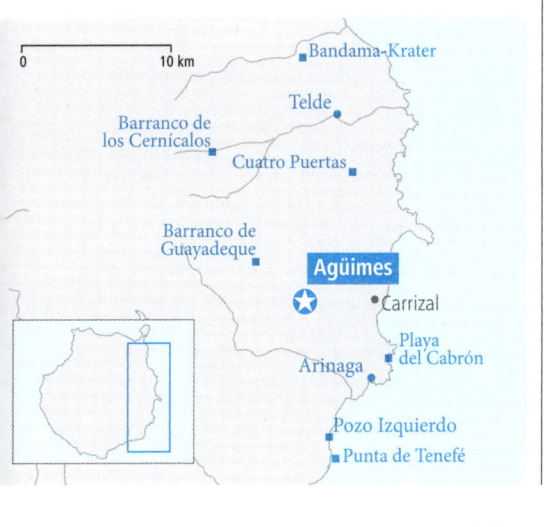

Am Fuß von Arinagas Leuchtturm genießen Sie Fisch und einen weiten Ausblick.

Wenig bekannt sind die Strände im Osten. Sie sind gar nicht so übel für eine Schwimmpartie!

erleben &

Städte, Schluchten und etwas Strand

> **ORIENTIERUNG**
>
> **Infos:** www.teldeturismo.es, www.grancanaria.com
> **Busse:** Wichtig für die Busverbindungen im Osten sind vor allem die Linien 11, 35, 80, 90. Unter www.guaguasglobal.com finden Sie alle Verbindungen.

Karge Hänge verschwimmen im Dunst, davor liegt eine breite Küstenplattform in Ocker- und Brauntönen. Nicht nur der Flughafen befindet sich hier, sondern fast alles, was für die Versorgung der Insel wichtig ist. Längs der Autobahn GC-1, die Las Palmas im Norden mit den Touristenhochburgen des Südens verbindet, reihen sich Großmärkte jedweder Art, Gewerbe- und Industrieanlagen sowie Tomatenplantagen unter grauen Plastikplanen. Trostloser kann man sich das Entrée zu einer Ferieninsel kaum vorstellen. Da können auch die längs der Autobahn gepflanzten Palmen nur wenig Abhilfe schaffen …

Doch nicht alles im Osten ist trist. Es lohnt sich, auf die alte Landstraße GC-100 zu wechseln. Dort ist die Landschaft von herbem Reiz. Wolfsmilchgewächse und Kakteen säumen kleinere Schluchten, die die Straße in vielen Kurven erschließt. En passant lernt man Städte wie Telde und Agüimes kennen, die sich in ihrem historischen Kern den Zauber vergangener Zeiten bewahrt haben. Von Telde kommt man durch Täler voll schöner Ausblicke in den Barranco de los Cernícalos, die ›Schlucht der Turmfalken‹, und in den Bauernort Valsequillo, ins Töpferdorf La Atalaya und zum Vulkankegel und -krater Bandama. Von Agüimes geht es zum naturgeschützten Barranco de Guayadeque, eine 20 km lange immergrüne Schlucht mit vielen Höhlen. Wohnungen, Kapellen und ein Museum, Restaurants und Bars – alle sind sie in Fels geschlagen. An der Küste leistet sich ausgerechnet der Industrieort Arinaga die attraktivste Promenade, die sich vier Kilometer um mehrere Buchten zieht. Dank der guten Lage haben sich mehrere Fischlokale angesiedelt – eines davon befindet sich in einem historischen Kalkofen! Gut essen können Sie auch im unspektakulären Castillo del Romeral – hier sind die Einheimischen fast noch unter sich.

Unterkünfte sind im Osten rar, einzig Agüimes wartet mit hübschen Altstadthotels auf; Land- und Höhlenhäuser findet man z. B. im Barranco de Guayadeque. Einfache Unterkünfte für Surfcracks gibt es in Pozo Izquierdo.

Telde 📍 G 4/5

»Muss ich da hin?«, fragt man sich auf der Irrfahrt durch die ausufernden Vororte der zweitgrößten Inselstadt. Ist man im historischen Zentrum angekommen (und hat einen Parkplatz gefunden), atmet man auf und genießt das Ambiente. In den Vierteln San Francisco und San Juan spaziert man durch alte Gassen, vorbei an Klöstern und Kirchen, die auf den Fundamenten einer großen altkanarischen Siedlung entstanden.

Die Altstadt

Ausgangspunkt der Erkundung ist die **Plaza de San Juan** mit Indischen Lorbeerbäumen und stilgerecht restaurierten Herrenhäusern. Auch die angrenzenden Flanierstraßen, vor allem Calle Licenciado Calderín und Calle Conde de la Vega Grande, lohnen einen Blick. Erfrischung bietet der schattige Parque San Juan mit exotischen Vögeln, Straußvögeln und Ziegen.

Prachtstück

Blickfang der Plaza de San Juan ist eine strahlend weiße Kirche (geöffnet meist 9.30–12.30 und 17–20 Uhr). Mit ihren zwei Türmen wirkt die **Iglesia San Juan Bautista** schön, doch noch mehr Zauber entfaltet sie innen. Einer der Inseleroberer, der Stiftsherr Hernán García del Castillo, hat aus dem Erlös eines nach Flandern gehenden Zuckerexports einen Altar gestiftet, der in Holz geschnitzt höchst realistisch sechs Szenen aus dem Leben Marias zeigt – von der Geburt des

Fehlt auf (fast) keiner Plaza: der Indische Lorbeerbaum. Zwar ist er – wie der Name verrät – kein echter Canario, aber weil er das ganze Jahr über Schatten spendet, ist er beliebt. Hier steht er auf der Plaza de San Juan im Herzen des gleichnamigen historischen Viertels.

Christuskindes bis zur Anbetung der Heiligen Drei Könige. Um dem Altar noch mehr Wirkung zu verleihen, wurde er im Barock von einer schwungvollen Goldumrahmung eingefasst.

Ebenso einmalig wie dieses Retabel ist die lebensgroße Christusfigur des Hochaltars, der ›Cristo de Telde‹, die nur 7 kg wiegt. Das für die Prozessionen vorteilhafte Leichtgewicht, geschaffen von Tarasco-Indios# aus Mexiko, konnte durch eine besondere Technik erzielt werden: Nur Kopf, Hände und Füße sind aus Holz geschnitzt, Körper und Gliedmaßen dagegen bestehen aus einer Mischung aus Maiskolbenmark und Kautschuk.

Jahrhunderte zurück
Von der Plaza de San Juan gelangt man durch die Gasse Inés in ein kleines Tal und dann rechts hinauf zur **Plaza de San Francisco,** einem sehr ursprünglichen Altstadtwinkel im über 400 Jahre alten **Barrio de San Francisco.** Die christlichen Handwerker, die hier wohnten, teilten sich anfangs das Viertel mit jüdischen Krämern und moslemischen Mauren, die im 16. Jh. vor der Inquisition auf dem spanischen Festland auf die Insel flohen. Franziskanermönche bauten hier im 17. Jh. das **Kloster** und die **Kapelle San Francisco,** ein geistlich-kulturelles Zentrum des Bettelordens für die eher ärmere Bevölkerung des Viertels – die reicheren Bürger bevorzugten das Viertel San Juan. Wenn man über die gewundenen, kopfsteingepflasterten Gassen spaziert, fühlt man sich leicht in jene Zeiten zurückversetzt …

Zwei auf einen Streich
Über die Gassen Huerta und Tres Casas gelangt man auf die Straße León y Castillo, die nach den beiden Brüdern Fernando (1842–1918) und Juan (1834–1912) benannt ist. In ihrem ehemaligen Wohnhaus wurde das **Museo León y Castillo** eingerichtet. Als Minister in Madrid ermöglichte und projektierte Fernando den Hafen von Las Palmas am Ende des 19. Jh.; sein Bruder Juan führte als Ingenieur die Pläne aus.

Neben Andenken an die Brüder werden Pläne und Bilder von Las Palmas und dem Hafen gezeigt, sehenswert sind die beiden von Holzgalerien eingefassten Innenhöfe und die original erhaltene Küche.

León y Castillo 43, www.fernandoleonycastillo.com, Di–So 10–18 Uhr, Eintritt 2 €

Schlafen, Essen

Landhäuser
Rustikale Fincas wie die Casa de la Salud oberhalb der Stadt können über Turismo-Rural-Agenturen (s. S. 242) angemietet werden.

Für den kleinen Hunger
Im Umkreis der Plaza de San Juan öffnen kleine **Tapas-Bars** – schön: **Bar La Unión** im Rincón de Plácido Fleitas (tgl. 9–23 Uhr).

Feiern

● **Fiesta de San Juan Bautista:** 24. Juni. Fest zu Ehren des Schutzpatrons auf ›seiner‹ Plaza im gleichnamigen Ortsteil: großer Umzug mit Folklore, Festwagen, Theater und Schauwettkämpfen.

● **Traída del Agua:** Zweite Augustwoche. Riesengaudi bei der »Überbringung des Wassers« im Ortsteil Lomo Magullo, bei der die Festbesucher heftig bespritzt werden.

● **Fiesta de San Gregorio:** Zweite Novemberhälfte. Zu Ehren des Heiligen wird Vieh durch das Viertel San Gregorio getrieben. Im Rahmen des 14-tägigen Programms gibt es Sport-, Pop- und Folklore-Veranstaltungen.

Lieblingsort

In der Schlucht der Turmfalken

Noch am heißesten Tag findet man hier Erfrischung: 8 km westlich von Telde startet ein Wanderweg, der rasch in den dschungelhaften, mit Steineichen, Weidenbäumen und Schilfrohr bewachsenen **Barranco de los Cernícalos** (♀ F 4/5) führt. Nach ein paar Minuten schält sich ein Wasserkanal heraus, an dem man – vorübergehend weglos – weiterläuft. Dann darf das Wasser frei fließen und der bequeme Weg folgt dem Bach, wobei er ihn auf Stegen unzählige Male quert. Unterwegs werden kleine Kaskaden passiert, an denen man sich erfrischen kann. Nach 2,5 km gibt es eine enge Stelle, an der es etwas steiler bergauf geht. Am Ende, nach insgesamt 3,5 km, überrascht ein 10 m hoher Wasserfall (Anfahrt: von Telde auf der GC-131 nach Lomo Magullo, nach 6 km abbiegen in die GC-132 Richtung Los Arenales und der Straße 2 km bis zu ihrem Ende an einem Park- und Picknickplatz folgen. Eine Betonpiste führt zum Start der Tour mit dem Wegweiser Barranco de los Cernícalos (später Cascada); wer nicht gut zu Fuß ist, läuft nur die ersten 2,5 km).

Die Caldera de Bandama, ein weiter Vulkankrater, ist mit fruchtbarer Erde bedeckt. Kein Wunder, dass hier sogar Wein angebaut wird! Über die grünen Flanken schauen Sie weit über den Inselosten.

Infos

- **Casas Consistoriales:** Plaza de San Juan s7n, T 828 01 33 12, Mo–Fr 8–15 Uhr.
- **Busse:** Schnellbusse verbinden Telde mit Maspalomas (Linie 90) und Las Palmas (Linie 80). Bus 24 fährt von Telde nach Santa Brigida, Bus 13 via Valsequillo nach Vega de San Mateo. Bus 35 verbindet Telde mit Agüimes. Vom **Busbahnhof** *(estación de guaguas)* erreicht man in 15 Gehminuten die Plaza de San Juan.
- **Auto:** An der GC-1 die Ausfahrt Telde/La Garita wählen, dann der mehrspurigen Zufahrtsstraße in den Ort folgen und dort Richtung San Juan/San Francisco.

Strände im Osten ♀H4/5

Die Anfahrt durch die zersiedelte Landschaft macht keine Freude. Und dennoch: Wer eine Bade-Session unter Canarios einlegen will, ist hier richtig. **La Garita** bietet dunkle Strände und einen ›Geysir‹ (*bufadero*), südlich schließt sich **Playa del Hombre** mit einer promenadengesäumten Felsbucht an. Im Hafen von **Taliarte** liegen Fischerboote, die die Lokale beliefern (u. a. Cofradía). Von Taliarte kann man auf einer Promenade über **Melenara** bis **Salinetas** laufen

– beide Orte haben lange, feinsandige Strände und einfache, gute Fischrestaurants. Noch ein Stück weiter südlich (Autobahnausfahrt 13) liegt **Tufía:** Die Zufahrtsstraße endet am Kap Punta de Malagato, wo das Auto abgestellt werden muss. Links schaut man hinab in eine kleine Sandbucht, wo sich weiße Häuser im Schatten einer kleinen Halbinsel ducken. Rechts ist der Ort **Ojos de Garza** auszumachen, erreichbar über einen 800 m langen Klippenweg.

La Atalaya ♀F4

›Der Aussichtsturm‹ heißt der Name übersetzt. Und tatsächlich: Bunte Häuser schmiegen sich auf einem Bergrücken dicht aneinander und bieten Blicke hinab in eine grüne Schlucht. Am schönsten ist dieser vom **Mirador** am Ende des stimmungsvollen Camino de la Picota – nahebei sind historische (Ton-)Öfen zu sehen. Auf halbem Weg dorthin lohnt – sofern geöffnet – das Töpferzentrum **Casa Museo Panchito** einen Besuch: Im musealen Atelier des verstorbenen Meisters Panchito werden nach altkanarischem Vorbild getöpferte archaische Gefäße ausgestellt: Auf einer kleinen Platte aus Ton wird Lehmwurst auf Lehmwurst geschichtet, mit dem Finger seitlich verstrichen und hochgezogen. Auf die geglätteten Seitenwände werden Ornamente gekerbt, dann wird das Gefäß gebrannt. Ans Töpferzentrum ist ein Laden angeschlossen, in dem die Tonwaren verkauft werden. Nahebei sorgt die urige Bar Bochinche Juansito für Stärkung (tgl. ab 11 Uhr). La Atalaya liegt an der GC-80, die von Telde landeinwärts nach Santa Brígida führt.

Casa Museo Panchito: Camino de la Picota 13, Mo–Fr 10–13.30 Uhr, https://centrolocero.wordpress.com, Eintritt frei

Bandama ♀G3

Ein vor 1800 Jahren entstandener Bilderbuchvulkan mit vielfältigen Eindrücken: Aus einer sattgrünen Landschaft erhebt sich der markante Kegel des Bandama, an seinem Fuß liegt ein großer, kreisrunder Krater. Dieser gilt mit 3000 m Umfang und 200 m Tiefe als einer der »vollkommensten Krater der Welt«. Manch ein Ball fällt in seinen Schlund, denn gleich daneben liegt Spaniens ältester Golfplatz – gegründet 1891 von Engländern.

Während am Rand der Rasenteppiche pastellfarbene Villen stehen, kriechen von den Flanken des Vulkans Weinreben in die umliegenden Mulden und Täler.

Eine schmale Straße windet sich spiralförmig um den Kegel hinauf zum 570 m hohen Gipfel Pico de Bandama, wo die **Casa Mirador** weite Ausblicke bietet. Darunter befindet sich ein Mini-Bunker, der 1940 zum Schutz vor einer möglichen Invasion der Alliierten angelegt wurde. Leider wird die hier einst untergebrachte Video-Inszenierung zur Geschichte des Bunkers nicht mehr reaktiviert.

Ein ungewöhnliches Panorama eröffnet sich am Fuß des Berges: Spaziert man durch die Hausgruppe **Casas de Bandama,** kommt man zu einer Aussichtsterrasse über dem Kraterschlund, der Caldera de Bandama: das einzige Maar des Archipels: das Bett eines ehemaligen vulkanischen Sees, der beim Zusammentreffen von heißer Magma und Grundwasser entstanden ist. Über die steilen, im Winter grünen Flanken schaut man 200 m in die – teilweise noch bewirtschaftete – Tiefe!

Schlafen

In großartiger Lage
Golf Bandama: Die Lage des Drei-Sterne-Hotels zwischen Krater und Golfplatz ist

TOUR
Krater im Doppelpack!

Zwei Wanderungen an der Caldera de Bandama

Der Camino Fondo de la Caldera führt zum Kratergrund, der Camino Borde de la Caldera umrundet den Krater an seinem oberen Rand.

Camino Fondo de la Caldera

Wir stehen auf der **Aussichtsterrasse**, blicken hinunter ins weite Rund. Der letzte Regen hat die Hänge grün gesprenkelt, doch das Schwarz bleibt dominant: Hier eine abgestürzte Aschelawine, dort eine Felswand, in die ein Riese kräftig hineingebissen zu haben scheint. Tief unten auf dem Grund des Kraters eine Hausruine, von kleinen Feldern eingerahmt – ein Idyll mitten im Vulkan. Und jetzt sollen wir da hinunter, an der fast senkrechten Steilwand entlang? Die ersten Meter des Weges, wunderbar gepflastert und von Sträuchern gesäumt, täuschen. Denn sogleich ist da nur noch Lavagrus, in dem unsere Wanderschuhe tief versinken. Und es geht beharrlich hinab: In unzähli-

Achtung: Für das Wochenende, wenn viele Canarios kommen, werden Restriktionen für den Bandama-Besuch erwogen!

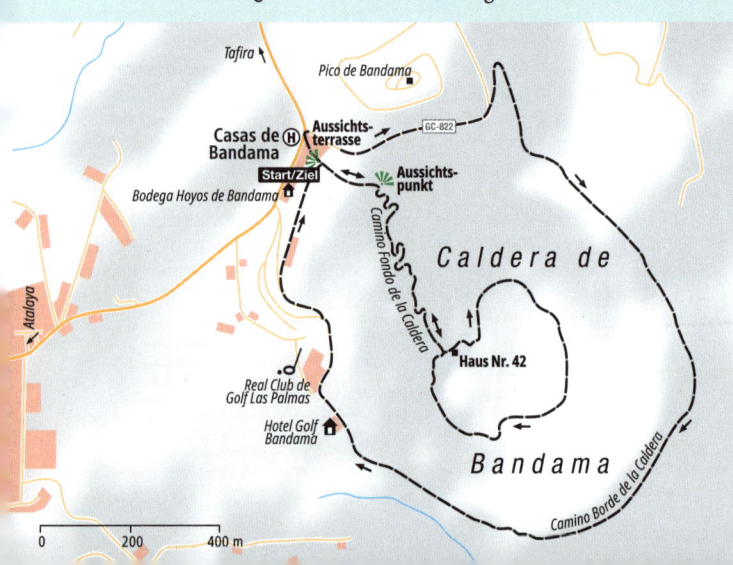

Infos

📍 G3

Camino Fondo de la Caldera:
3,2 km/2 Std. hin und zurück,
je 250 Höhenmeter im Ab- und Anstieg,
technisch leicht,
aufgrund des steilen Rückwegs etwas anstrengend, Achtung:
Das Eingangstor zur Caldera wird um 17 Uhr geschlossen!

Camino Borde de la Caldera:
3,5 km/1 Std.,
je 100 Höhenmeter im An- und Abstieg,
leicht, an einer Stelle etwas ausgesetzt

Anfahrt:
Buslinie 311 ab Las Palmas – Haltestelle Casas de Bandama

---

gen Serpentinen schraubt sich der **Camino al fondo** zu ebenjener Ruine hinab, das wir von oben sahen. Kaum zu glauben, dass hierher noch vor wenigen Jahren Señor Agustín, weit über 80 Jahre alt, hinabstieg, um seine Felder zu bestellen. Besuchern bot er gern einen Schluck frisch gemolkener Ziegenmilch aus einer Blechbüchse an. Wir lassen uns im Schatten eines Eukalyptus nieder und packen unser Picknick aus. Vor uns eine alte Weinpresse, der Riesenbalken morsch, aber die Mahlsteine perfekt erhalten. Unglaublich scheint uns, dass hier unten im Krater Wein angebaut wurde. »Wie wäre es, hier zu leben?« So fern der Welt, so geborgen in der gigantischen Felsarena. Meine Freundin Christiane könnte es sich vorstellen … Gern würden wir jetzt Siesta machen, im Schatten des Baumes, mit leisem Gezwitscher im Ohr. Doch Agustín hatte uns gewarnt: »Um 17 Uhr muss ich oben das Gittertor schließen, dann kommt ihr nicht mehr aus dem Krater raus!« Also keine Siesta, sondern Erkundung! Wir gehen an der Ruine des Gehöfts vorbei auf die Felswand zu, schwenken an ihrem Fuß rechts ein und laufen in leichtem Auf und Ab entgegen dem Uhrzeigersinn um den Krater herum. Am Ende schließt sich unser Kreis und der schweißtreibende Aufstieg beginnt. Oben angekommen, steuern wir zielstrebig die **Bodega Hoyos de Bandama** (s. folgende S. 66) an. Zur Feier des Tages genießen wir ein Glas Rotwein Marke Caldera. Salud!

Camino Borde de la Caldera
Von der Bushaltestelle in **Casas de Bandama** läuft man ein paar Meter nordwärts bis zur Straßengabelung und schwenkt dort in die GC-822 Richtung Pico de Bandama ein. 500 m weiter biegt man in den rechts abzweigenden Weg ein, der anfangs unterhalb der Straße verläuft. An der Gabelung nach 400 m halten wir uns rechts und steigen bergan – nun mit Tiefblick in den Krater! Nachdem die Hälfte des Kraterrands umrundet ist, wird der Weg schmal und ist auf ca. 75 m Länge ausgesetzt – Achtung bei Wind! Dem Kraterrand folgend, geht es erst bergab, dann hinauf zum Drachenbaumhain am letzten Loch des Golfplatzes. Auf der Piste geht es – vorbei am **Hotel Golf Bandama** – zu einem Sträßchen, das zur GC-802 führt. Rechts liegt die Bushaltestelle Casas de Bandama.

kaum zu toppen: Wohin man schaut, sieht man Rasenteppiche, überragt von Vulkanen. Die 34 Zimmer sind freundlich, bieten Ausblick ins Sattgrüne (oder ins Sat-TV). Zum Haus gehören ein großer Pool und eine Sauna zum Entspannen. Auch zwei Tennisplätze gibt es und nahebei einen Reitstall. Die meisten Gäste sind Golfer oder Wanderer.
T 928 97 32 99, www.bandama.guestybooking.com, €€

Essen, Einkaufen

Wein nach Wanderung
Bodega Hoyos de Bandama: Nahe dem Eingangstor zur Caldera können Sie in einer restaurierten Kellerei nebst gutem hauseigenen Wein kanarischen Käse kosten.
Camino a la Caldera 36, T 630 47 27 53, www.bodegahoyosdebandama.com, Mo–Fr 8–16 Uhr, Tapa mit Wein €

Wenn's deftig sein soll
Los Geranios: Gegenüber der Bodega Hoyos de Bandama: Ein paar Tische mit karierter Decke in einem schlichten Wintergarten, an denen sich am Wochenende Canarios drängen. Ihnen schmecken die großzügigen Portionen Hausmannskost.
Casas de Bandama, T 928 35 55 77, Di–So ab 12 Uhr, Hauptgerichte ab 8 €

Über vulkanischen Weingärten
Bodegón Vandama: Schön und stimmungsvoll sitzt man hier, wahlweise im Garten oder im Raum der historischen Weinpresse. Zum eigenen Rotwein wird 1-A-Fleisch serviert, das auf Wunsch am Tischgrill gegart wird.
GC-802, Km 2,4, T 928 35 27 54, www.bodegonvandama.com, Mi–Sa 13–16, 20–24, So 13–17.30 Uhr

Tour »Bodegas – Bei kanarischen Winzern« s. S. 190.

Bewegen

Spaniens ältester Golfplatz
Real Club de Golf: Der Platz wurde 1891 von Briten angelegt. Die grünen Rasenflächen der ›königlichen‹ 18-Loch-Anlage sind abwechslungsreich begrünt, malerisch und dekorativ eingerahmt von Palmen und Drachenbäumen. Da hier viele Bewohner von Las Palmas spielen, ist die Greenfee für Auswärtige relativ hoch.
Carretera de Bandama s/n, T 928 35 01 04, www.realclubdegolfdelaspalmas.com

Infos

- **Busse:** Mit Linie 311 kommt man nach Santa Brígida und Las Palmas. Alle Verbindungen s. www.guaguasglobal.com.

Valsequillo ♥F4

Wunderschön präsentiert sich der kleine Ort an der GC-41 rund um die Kirche zu Ehren des Erzengels Michael. Im Schatten von Lorbeerbäumen öffnen stimmungsvolle Bars, die natürlich alle lokalen Käse servieren (Queso de Valsequillo). Spazieren Sie von hier auf verkehrsberuhigten Gassen (Calle León y Castillo und Sol) in 200 m zum Aussichtspunkt **Mirador El Colmenar**, der einen tollen Tiefblick ins Tal verspricht!

Infos

- **Touristeninfo:** Am Eingang zur Altstadt (Av. Juan Carlos I, 8, tgl. 8–13 Uhr, www.turismovalsequillo.com).

Cuatro Puertas

♀ G5

Groß ist das Staunen, denn nach außen macht der Berg auf halbem Weg zwischen Telde und Ingenio nicht viel her (GC-100 nahe Km 13). Warum er den Ureinwohnern heilig war, wird klar, wenn man der Stichstraße durch den Weiler Cuatro Puertas bis auf mittlere Höhe folgt. Hier wird das Auto abgestellt, ein Weg führt zu einer 17 x 7 m großen Höhle hinauf, in die die Ureinwohner vier große Eingänge (Cuatro Puertas) geschlagen haben. Ihre Deutung als Versammlungs- und Kultort leuchtet ein, besonders im Zusammenhang mit der Plattform (Almogarén) auf dem Berg, in die ein Halbkreis mit Rinne eingemeißelt ist. Möglicherweise wurden hier Flüssigkeitsopfer zelebriert (s. S. 76).

Noch großartiger ist die Felsfestung auf der anderen Seite des Berges: Die Fensteröffnungen und Portale der Cueva de los Papeles und der Cueva de los Pilares erinnern an riesige, in Stein gemeißelte Gesichter.

Infos

- **Busse:** Bus 35 (ab Agüimes/Telde) hält direkt am Weiler; Bus 36 (ab Maspalomas und Telde) hält an der Kreuzung GC-100/GC-140 (Cruce Cuatro Puertas), von wo man den Weiler in 10 Gehminuten (GC-100 Richtung Ingenio) erreicht.

Ingenio

♀ G5/6

Der Name sagt's: Im 16. Jh. stand hier ein *ingenio*, eine Zuckerfabrik, damals die größte der Insel. Der Ort, schrieb ein Chronist, war durchweht vom Geruch von »Alkohol, Honig und Fermenten«. Vom ehemaligen Wohlstand kündet die **Plaza de Candelaria** mit maurisch inspirierter Kirche, dekorativen Wasserspielen und skurrilen Bronzeskulpturen. Etwas unterhalb der Plaza öffnet die **Touristeninfo** in einem historischen Haus (Calle Ramón y Cajal 1, T 928 78 37 99, Mo–Fr 9–16 Uhr); nebenan befindet sich der kleine **Parque de Lectura Francisco Tarajano**. Noch hübscher ist der **Parque de Néstor Álamo** mit der höchsten Kanarenpalme und einer alten Wassermühle.

Schlafen

Bed & Breakfast
Villa Néstor: Alienka und Arold verwandelten ein Herrenhaus in eine stilvolle Unterkunft. Schöne Zimmer in Blau, Gelb oder Violett, ein Garten-Apartment mit üppigem Frühstück auf aussichtsreicher Terrasse. Calle Antonio Rodríguez Medina 31 (Zona Puente), T 633 94 49 62, www.villanestor.com, 5 DZ, €€

KUNSTHANDWERK LIVE K

In Ingenios idyllischstem Winkel befindet sich das **Webatelier Ulitas Loom,** in dem Uli Güse heimische Textiltraditionen aufrecht hält. Zwischen historischen Mauern stehen große Webstühle, eingerahmt von Antiquitäten. Bei Uli können Sie auch selber kreativ werden und in einem Tageskurs Seidentücher mit Naturstoffen färben bzw. im Wochenkurs das Weben erlernen – Ihre eigenen Arbeiten sind die schönsten Souvenirs!
Ulitas Loom, Plazoleta del Puente 1/Parque de Néstor Álamo, T 0034 629 95 21 19, www.ulitasloom.com.

Agüimes ⭐ 📍G6

Lange Zeit galt sie als Aschenputtel, doch nachdem die Altstadt von Grund auf restauriert wurde, trat ihre Schönheit zutage – gewundene Gassen, gesäumt von pastellfarbenen Häusern, erinnern an eine marokkanische Medina.

Die Altstadt

Bis ins 19. Jh. war Agüimes Sitz eines Bistums mit einem riesigen Grundbesitz, den der erste Bischof für seine finanzielle Unterstützung der Eroberung erhalten hatte. Das Bistum war so unabhängig, dass es eine Art Insel auf der Insel war: Viele Schuldner flüchteten hierher, um der Gerichtsbarkeit von Las Palmas zu entgehen. Da hier andere Gesetze galten, wurden sie nicht belangt. Den Zauber vergangener Jahrhunderte bewahrt der historische, herausgeputzte Ortskern mit seinen engen Gassen und den kleinen, in Rot- und Ockertönen getünchten Häusern. An jeder Ecke steht eine Skulptur, die eine Geschichte erzählt – von einer altkanarischen Prinzessin, die auf den Namen Catalina zwangsgetauft wurde, einer armen Greisin, die Kindern Süßes schenkte, einem unheimlichen Karnevalsduo, einem händchenhaltenden Liebespaar und einem gestrandeten Kamel ...

Bei der Rosenkranzmadonna
Auf der Plaza del Rosario, dem Mittelpunkt der Altstadt, steht die mächtige Pfarrkirche **Iglesia de San Sebastián**

Schön ist sie von Weitem anzuschauen, schön ist es, sich in ihrem Gassengewirr zu verlieren: Agüimes' Altstadt mit pastellfarbenen Häusern und einer mächtigen Bischofskirche.

VILLA DE ARTE

Agüimes' Altstadt ist schön und die Mieten sind vergleichsweise niedrig: So haben sich hier Kunsthandwerker niedergelassen, deren Ateliers besucht werden können. Pedro stellt aus Pappmaché Schmuckstücke her, die nicht nur toll aussehen, sondern auch leicht sind, sodass man sie kaum spürt (Calle Progreso 25, Calle La Paz 1–2, Calle Moral 11). Isabel macht in einem schönen Innenhof in Textilien, ihre kubanische Nachbarin Mercedes rollt Zigarren. Carla und Pablo fertigen u. a. schönen Glasschmuck. Und in der ehemaligen Dorfpenne stellt Claudi aus Edelmetall originellen Schmuck her (Calle La Paz 7).

(Mo–Fr 9–13 und 17.30–19 Uhr). 1796 wurde sie begonnen und erst 150 Jahre später im neoklassizistischen Stil vollendet. Zu ihren Schätzen gehören einige ausdrucksvolle Heiligenfiguren von Luján Pérez sowie die mexikanische Rosenkranzmadonna im Hauptaltar, die dem Platz ihren Namen gab. Ein paar Schritte weiter lohnt ein Blick in den romantischen Innenhof des ›Kamelhauses‹, das heute als Hotel öffnet.

Hexenkult & Co.

Über die Calle El Progreso gelangt man via Touristeninformation zur Plaza de los Moros, dem ›Maurenplatz‹. Hier öffnet im ehemaligen Bischofspalast das **Museo de Historia** (Calle Juan Alvarado y Saz 42, Di–Sa 9–17 Uhr, Eintritt 3 €), das in acht attraktiv gestalteten Sälen einen Gang durch die Geschichte ermöglicht. Von der Conquista wandert man in die Gegenwart, wobei Alltagsszenen einen Einblick in frühere Mentalitäten ermöglichen. Ausführlich wird die Hexerei *(brujería)* dargestellt, die bis heute im Inselosten eine wichtige Rolle spielt.

Für Kinder

Der **Parque de los Cocodrilos** liegt etwas außerhalb und ist über die an der Kreuzung Cruce de Arinaga abzweigende GC-104 erreichbar: Zu sehen sind 200 Riesenreptilien, eine müde Tigerfamilie, Dromedare, Antilopen, Zebras und Affen; täglich um 13 Uhr findet eine Krokodil-Show statt.

GC-104 Km 5,5, www.cocodriloparkzoo.com, tgl. außer Sa 10.30–16.30 Uhr, Eintritt 17/14,50 €

Schlafen

Romantisch im Haus der Kamele

Casa de los Camellos: Im Stall des historischen Herrenhauses nahe der Kirche wurden einst die Tiere gehalten, die auf den Feldern eingesetzt wurden – an sie erinnert eine fast lebensgroße Bronzeskulptur eines dieser ›Wüstenschiffe‹. Viele Details dieses liebevoll restaurierten Hauses aus dem 19. Jh. erinnern an eine Karawanserei, in der Reisende Ruhe finden: die Ocker- und Gelbtöne, der grüne Innenhof und die zwölf gehoben-rustikal eingerichteten Zimmer. Betrieben wird die Casa de los Camellos von der insularen Hotelfachschule, der auch die Dependance ›Villa de Agüimes‹ im ehemaligen Rathaus (Calle Sol 3) untersteht.

Calle Progreso 12, T 928 78 50 03, www.hotelcasaloscamellos.com, DZ ab 85 €

Planespotting am Strand

Camping Playa de Vargas: Großer Küstenplatz mit guten sanitären Anlagen, Minimarkt, Lokal und Grillplatz

TOUR
Höhlen-Hopping

im Barranco de Guayadeque

Wer es nicht weiß, kommt nicht drauf: Im Hinterland der beiden Städtchen Agüimes und Ingenio schlängelt sich eine Schlucht 20 km weit ins Gebirge. Eingerahmt wird sie von bis zu 400 m senkrecht aufragenden Seitenwänden: karg und verwittert, von Höhlen ›zerfressen‹ wie ein Schweizer Käse. Schauen Sie hinein, lassen Sie den Fels auf sich wirken. Würden Sie hier gern leben? Oder hätten Sie Angst, dass Ihnen die Decke auf den Kopf fällt?

Leben im Innern des Berges

Höhlen sind ein fester Bestandteil der kanarischen Landschaft: An den Seiten der Schluchten liegen oft Tuffsteinschichten frei, die durch Ascheauswürfe der Vulkane entstanden sind und sich im Laufe der Zeit zwischen den Lavaschichten verdichtet haben. Allein auf Gran Canaria gibt es über 1000 geografische Namen, die das spanische Wort für ›Höhle‹ *(cueva)* aufgreifen: Cuevas Caídas, Cueva del Rey, Cueva de Mediodía …

Eine erste Höhle kann man im **Museo de Sitio Guayadeque** erkunden. Gezeigt wird, was die Höhlen für die Altkanarier bedeuteten: Sie boten ihnen nicht nur Schutz vor Wind und Wetter, sondern waren auch ihre letzte Ruhestätte – die im Museum ausgestellte Mumie ist nur eine von vielen, die im Barranco gefunden wurden.

Sie wollten schon immer mal in einer Höhle schlafen, am besten mit Talblick? Dann beziehen Sie doch eines der vier rustikalen Höhlenhäuser der **Casas Rurales de Guayadeque** (beim Restaurant Tagoror, T 928 17 20 13, www.casasruralesdeguayadeque.com, ab 62 €).

Infos

♀ F/G 5

Museo de Sitio Guayadeque: Di–Sa 9–17, So 10–18 Uhr, Eintritt 5 €

Höhlenlokal El Centro: Cuevas Bermejas, T 928 17 21 45, www.restauranteelcentro.com, tgl. ab 11 Uhr, €–€€

Höhlenlokal Tagoror: Montaña de las Tierras 21, T 928 17 20 13, tgl. ab 12 Uhr, €–€€

Dorf der ›Rötlichen Höhlen‹

Je höher die Straße führt, desto grüner wird's – Feigenkakteen, Lavendel und Ginster blühen am Wegesrand. 6 km hinter dem Museum tauchen die **Cuveas Bermejas** auf, ›rötliche Höhlen‹, übereinander gestapelt in der Steilwand der Schlucht. Einblick in eine Höhle bietet die **Ermita de Cuevas Bermejas**, eine Kapelle, deren gesamtes Inventar in den Fels geschlagen ist: Altar, Kanzel und Beichtstuhl sind wie Skulpturen modelliert, nur die heiß verehrte Madonna ist aus Holz geschnitzt. Neben der Kapelle öffnet eine urige Höhlenbar, in der sich die Dörfler zur Käse-Tapa ein Gläschen Wein genehmigen. Alternativ gibt es gleich um die Ecke das Höhlenlokal **El Centro**.

Noch 4 km schlängelt sich die Asphaltstraße ins Gebirge, vorbei an felsigen Zacken und Zinnen. Sie endet am Berg Montaña de las Tierras, einer geköpften Pyramide, in deren Sockel das **Restaurant Tagoror** (altkanarisch: Versammlungsplatz) geschlagen wurde. Labyrinthartige Gänge führen tief in die Unterwelt, weiten sich zu wabenartigen Nischen, wo man auf Holzbänken Platz nimmt und sich die deftige Küche schmecken lässt.

Kurztour rund um die Montaña de las Tierras

Nach dem Essen empfiehlt sich ein aussichtsreicher Verdauungsspaziergang (1 km/20 Min.): Mit dem Restaurant Tagoror im Rücken wenden Sie sich nach links und laufen bis zum Ende des Parkplatzes, wo der ausgeschilderte Promenadenweg **Montaña de las Tierras** startet.

Erst geht es an den **Casas Rurales** und dem Höhlenladen **Casa Cueva Canaria** vorbei, dann bietet sich ein tiefer Blick durch den Barranco bis zum Meer. Vorbei an einem Aussichtspunkt erreichen Sie ein Sträßchen, das links – vorbei am Zugang zur Kapelle Ermita de San Juan und dem **Höhlenrestaurant Vega** – zum Ausgangspunkt zurückführt.

Wer gut zu Fuß ist, kann freilich auch auf markiertem Weg S-37 in den naturgeschützten Oberlauf der Schlucht laufen – bis zum Krater **Caldera de los Marteles** (hin und zurück knapp 4 Std.).

sowie Surfboard-Schließfächern. Fast 100 Campingwagen haben Platz, auch Holzhütten werden vermietet; günstige Halb- bzw. Vollpension. Taucher haben es nicht weit zum Top-Spot Playa del Cabrón. Flieger im Landeanflug zum nahen Airport scheinen zum Greifen nah, spannend anzuschauen, aber laut!
Camino Vecinal de Vargas, T 928 18 80 37, http://campingplayadevargas.com, €

Essen

Lokales in der Altstadt
Villa Rosa: In diesem gemütlichen Lokal nahe dem Kirchplatz gibt's Lokales, wie z. B. Kroketten aus Fleisch vom ›schwarzen Schwein‹, Tintenfisch mit Insel-Oliven – auf Wunsch auch alles in halber Portion.
Calle Juan Melián Alvarado 3, T 928 78 47 01, facebook: villarosa.restauranteaguimes, Do–Di 12–16, 20–24 Uhr, um 15 €

Wie anno dazumal
El Populacho:: Ein paar Bistro-Tische am Kirchplatz, ein seit 1945 kaum veränderter Innenraum, ein Treff von Alt und Jung. Stärken können Sie sich mit deftigen Tapas, und auch die Mojitos schmecken hier!
Plaza del Rosario s/n

Für den kleinen Hunger
La Tartería: In diesem netten Café am Kirchplatz bekommen Sie hausgemachten Kuchen, Quiche Lorraine und diverse Tortillas, süß und pikant.
Plaza del Rosario 21, Mo–Fr ab 9, So ab 10 Uhr

Feiern

- **Fiesta del Rosario:** Anf. Oktober. Zu Ehren der Rosenkranzmadonna gibt es eine *traída del gofio y del agua*, bei der aus nahe gelegenen Mühlen Speisen aus Gofio und Wasser in einem Musikzug ins

Roher Vulkanstein an Fassadenkanten, farblich abgesetzte Fenster und Türen – Agüimes' Altstadt wurde liebevoll restauriert.

Stadtzentrum gebracht werden. Außerdem sind im Programm der Fiesta del Rosario: Blumenschlacht und Erntedankzug, Kunsthandwerksschau und Käseverkauf.

Infos

- **Touristeninformation:** Plaza de San Antón 1, T 928 12 41 83, www.visitaguimes.com, Mo–Fr 8.30–16 Uhr.
- **Busse:** Der Busbahnhof *(estación de guaguas)* befindet sich am Rand der Altstadt, einige Gehminuten vom Kirchplatz entfernt. Von Maspalomas/Playa del Inglés fährt Bus 41 nach Agüimes, von Las Palmas Bus 11/21. Direktbusse fahren von Agüimes nach Ingenio und Telde (Linie 35).
- **Parkplatz:** am Busbahnhof.

Arinaga ♀H7

Haben Sie Lust, am Meer zu spazieren? Dann ist das Ihr Ort! Zuerst aber müssen Sie weitläufige Gewerbegebiete passieren. Wer sich am Cruce de Arinaga auf der GC-100 bis zum Ende der Ortschaft Arinaga durchschlägt und dort der Ausschilderung Richtung Mole *(muelle)* folgt, stößt auf eine schmucke, 4 km lange **Promenade** mit mehreren originellen Locations. Ganz im Süden wartet ein ehemaliger, in ein Restaurant verwandelter Kuhstall; am Nordostende sind in eine Klippe museale Kalköfen *(hornos del cal)* geschlagen, in denen die traditionelle Kalkgewinnung erläutert wird. Eine Treppe führt zu einer Aussichtsterrasse hinauf, von der man die brandungsumtoste Küste und den 1 km nördlich auf einer Klippe thronenden Leuchtturm **Faro de Arinaga** sieht. Jenseits von ihm liegt der 600 m lange Sandstrand Playa de Cabrón, ein Top-Tauchspot.

PLAYA DEL CABRÓN C

Gran Canarias Top-Tauchspot: Knallbunte Riesenfische an Arinagas Promenade kündigen ihn an – fast alle Tauchschulen zeigen im Meeresreservat Gran Canarias Unterwasserschätze: Seepferdchen, die sich in Algen verfangen, Engelhaie und Rochen dicht am Boden, Glasaugen- und Trompetenfische, silbern glänzende Barrakudas und ein Dutzend weiterer Exoten. Gute, englisch geführte 5*-PADI-Tauchschule vor Ort: Davy Jones Diving, Calle Luis Velasco 36, T 699 721 584 721, www.davyjonesdiving.com.

Essen

An den Kalköfen
Hornos del Cal: In einer tief ausgehöhlten Felswand befindet sich ein Lokal, davor eine Terrasse dicht an der Brandung. Spezialität des Hauses sind frische Meeresfrüchte: Muscheln mit Mojo, pikante, zart auf der Zunge zergehende Tintenfischscheiben, Fisch aus dem Ofen und Hummer vom Grill.
Av. Playa de Arinaga, T 928 73 80 71, tgl. 12–24 Uhr, Fisch ab 16 €

Im Leuchtturm
Faro de Arinaga: Auf einer wüsten Klippe knapp nördlich von Arinaga thront ein Leuchtturm. Im ehemaligen Wärterhaus bekommt man in gediegenem Ambiente Fisch und Meeresfrüchte. Auf der vom Nordostwind abgewandten Terrasse kann man gleichfalls sitzen und bei einem Bier die Aussicht genießen. Anfahrt: Beim Kreisel an der Ortseinfahrt links abbiegen, nach 1 km ist der Parkplatz erreicht.
Paseo del Faro s/n, T 928 17 20 31, Di–So 12–20 (Fr–Sa bis 24), Hauptgerichte 10–16 €

Kuhstall & Krämerladen
La Vaquería de Salinas: In diesem urig-musealen Lokal kann man zusehen, wie Käse entsteht und Gofio gemahlen wird. Gemüse und Obst stammen aus eigenem Anbau, hausgemacht sind Marmeladen und Brot. Original nachgebaut sind ein Tante-Emma-Laden und ein Frisörsalon. Machen Sie es sich zwischen antiquarischem Krimskrams bequem und essen Sie wie die Kanarier!
Calle Gravina 1/Ecke Fernando Villaamil, T 928 18 32 13, Mi–So 11.30–23, Hauptgerichte ab 7 €

Infos

- **Verkehr:** Bus 25 fährt von Maspalomas/Playa del Inglés nach Arinaga; von Las Palmas Bus 1/22. Mit dem Auto wählt man die Ausfahrt Cruce de Arinaga.
- **Fiesta del Pino:** Ende Aug./Anfang Sept. Geschmückte Fischerboote werden durch die Straßen getragen. Anschließend steigt die Vará de Pescado: Sardinen werden gegrillt und verteilt.

Vecindario ♀G7

Noch vor wenigen Jahrzehnten war es ein kleines Dorf, heute ist es eine ausufernde Stadt. Längs der kilometerlangen schnurgeraden Hauptstraße reihen sich Geschäfte, in den Vororten öffnen Großmärkte. Einzige Sehenswürdigkeit ist das **Museo de la Zafra**, eine ehemalige Tomatenverpackungsanlage, verwandelt in ein ›Museum der Ernte‹. In zwölf Sälen wird gezeigt, wie Tomaten angebaut, verpackt und verschickt wurden. Zugleich wird die kanarische Wasserkultur mit ihren Stollen, Brunnen und Recycling-Systemen vorgestellt.
Museo de la Zafra: Isla de la Graciosa 33, Di–Sa 9.30–14.30 Uhr, Eintritt 2,50 €; Teatro Victor Jara: Calle Victor Jara s/n, T 928 75 58 87, www.festivaldelsur.es

Pozo Izquierdo ♀G7

»Es gibt nur wenige Plätze in Spanien, die so radikal hässlich und windsicher sind und trotzdem so viel Flair haben wie Pozo auf Gran Canaria.« So urteilte die Zeitschrift Surf über den gänzlich untouristischen Ort. Durch unansehnliches Plantagengelände kommt man an jenen Spot, der in der internationalen Surfgemeinde hoch im Kurs steht. An der Küste weht vor allem im Sommer ein kräftiger Passat, sodass man hier wunderbar übers Wasser jagen kann. So gut ist er, dass hier auch die Ausscheidungswettkämpfe des World Cup stattfinden. In Pozo Izquierdo ist alles auf Surfer ausgerichtet – ein Windsurfzentrum mit Herberge, Läden und Bars sowie einfachen Unterkünften. Folgt man der Piste – am ITC (Instituto Tecnológico de Canarias) vorbei – zu den **Salinas de Tenefé**. In schachbrettartigen Becken verdunstet Meerwasser, wobei Salz auskristallisiert. Die rosa Färbung stammt übrigens von einem winzigen Krustentierchen (*Dunaliella salina*), das in Salzwasser Betakarotin absondert. In einem kleinen Besucherzentrum wird die Salzgewinnung erläutert und das Salz verkauft (tgl., Eintritt frei, www.salinasdetenefe.com).

Schlafen, Essen

Sportlich
Centro Internacional de Windsurfing: Ans Surfzentrum angeschlossene

Herberge am Meer, für Einzelpersonen und Gruppen. Es gibt jeweils 8 Betten in 8 Sälen, gute sanitäre Einrichtungen, ein Fischrestaurant, ein großes Schwimmbad. Angeboten werden Surf- und Schnuppertauchkurse, im Surf-Shop kann man Ausrüstung kaufen bzw. leihen. Gratis-WLAN.
Playa Pozo Izquierdo s/n, T 928 12 14 00, www.pozo-ciw.com, ab 16 € p. P., DZ 36 €

Blick auf Windakrobaten
El Viento: Das Klippenlokal mit den Panoramafenstern ist der beliebteste Treff. Stundenlang möchte man hier den Surfern, die auf dem Wasser dahinfliegen, zuschauen. Das klare Design aus Beton, Glas und Holz unterstützt den Blick, im Hintergrund ertönt Chillout-Musik. Wie es sich für Surfer gehört, steht Gesundes auf der Speisekarte: Pizza Freestyle mit Rucola oder Gemüse-Carpaccio. Einen Vorgeschmack auf den Ausblick liefert die Webcam auf der Homepage www.cutre.com.
Av. Punta Tenefe 2, T 928 12 10 52, um 15 €

Feiern

• **Gran Canaria Wind & Waves:** Juli. Die Wettkämpfe für den World Cup locken Windakrobaten aus der ganzen Welt an, www.grancanariawindandwavesfestival.com.

Juan Grande   ♀F8

Das unscheinbare Dorf an der GC-500 ist Stammsitz der Grafenfamilie Castillo de la Vega Grande de Guadalupe, die dem Ort den Namen gab und auf deren riesigen Ländereien über Maspalomas hinaus die Costa Canaria entstand (s. S. 293).

Ihr Anwesen, die **Finca Condal,** liegt östlich der Straße: An der kleinen Kapelle und dem Platz mit den angrenzenden rot gedeckten Häusern um einen kleinen, von Palmen überragten Vorhof fühlt man sich in vergangene Jahrhunderte zurückversetzt. Man kann den hauseigenen Wein kosten und den einen oder anderen Oldtimer bestaunen.
www.fincacondal.com, Besuche vorerst Di, Do, Sa 10.30–13.30 Uhr

Castillo del Romeral   ♀G8

Von einer Burg *(castillo)* ist nichts zu sehen, doch dafür gibt es eine palmengesäumte Promenade und mehrere Restaurants, dazu einen kleinen Strand, dem man ein großes Naturschwimmbecken angebaut hat. In ihm kann man ruhig seine Runden drehen, während sich wenige Meter entfernt die Welle bricht.

Essen

Best of ... für frischen Fisch
Liagora Canaria: Das schnörkellos moderne Ambiente ist das Reich von Wirt José. Manchmal fährt er mit aufs Meer und sucht sich die Ware vor Ort bei den Fischern aus. Daraus zaubert er Gerichte, die raffinierter sind als der übliche Grillfisch. Probieren Sie Meeresfrüchte-Lauch-Pastete *(pastel de puerro y marisco),* Kichererbsen mit Tintenfisch *(ropa vieja de pulpo)* oder Fisch im Salzmantel. Gutes Preis-Leistungs-Verhältnis! Einziges Manko: nur zwei Tische auf der Straßenterrasse.
Av. Las Salinas 92, T 928 73 30 92, tgl. außer Mi 12–22 Uhr (Küche durchgehend)

Zugabe
Cuatro Puertas

›Vier Tore‹ zum Himmel und Meer

Hund sucht Herrchen, aber hier ist er an der falschen Adresse. Denn nicht viele finden den Weg zum Berg der ›Vier Tore‹ … Vor über 500 Jahren war das gewiss anders. Denn für die Ur-Canarios, die die Öffnungen aus dem Gestein schlugen, hatte die Höhle großen strategischen Nutzen. Von hier aus konnten sie die gesamte Ostküste überblicken, ohne selber gesehen zu werden. Rasch hatten sie begriffen, dass die meisten Besucher mit böser Absicht kamen: erst als Sklavenjäger, dann als Eroberer. ■

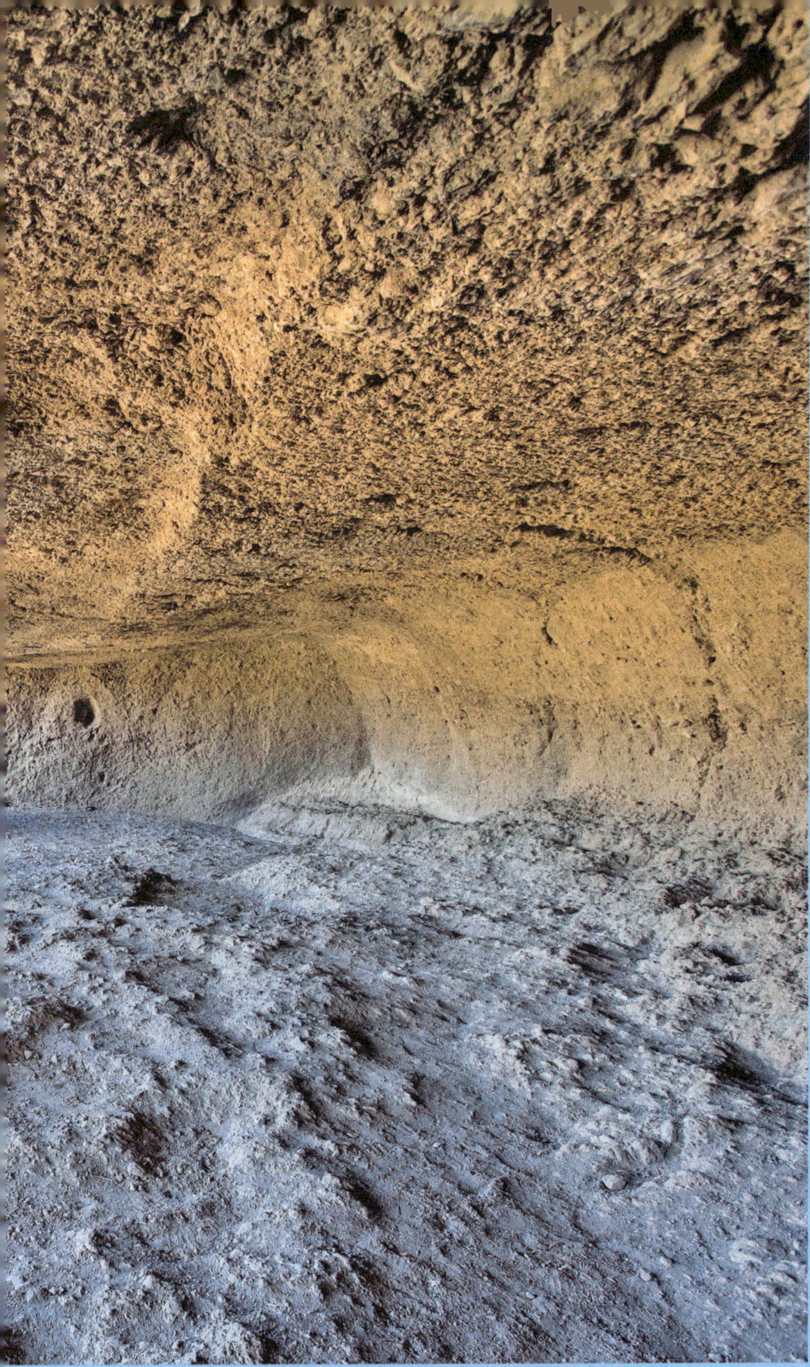

Der Süden

Der Stoff, aus dem Urlaubsträume sind — kilometerlange helle Strände, landeinwärts majestätische Dünen. Und das Hinterland überrascht mit einer fast ungezähmten Natur: tiefe Schluchten, von Felswänden flankiert.

Seite 81, 93
Einsame Strandläufe
Laufen Sie morgens vor den Massen, bei Brise und Brandung, z. B. in San Agustín oder von Maspalomas bis Playa del Inglés – eine Frischzellenkur!

Dolce Vita an der Küste: zurücklehnen und nichts tun.

Eintauchen

Seite 91
Necrópolis de Arteara
Trümmerfeld? So sieht's auf den ersten Blick aus, doch dann entpuppt sich die Felslawine als Nekropole. Auf markierten Wegen erfahren Sie viel über den Totenkult der Ureinwohner.

Seite 90
Barranco de Fataga
Unmittelbar vor den Toren der Ferienresorts türmen sich wilde Berge auf: geköpfte Giganten, messerscharfe Grate, tiefe Schluchten. Und unten im Tal liegen Palmenoasen und kleine Dörfer. Machen Sie einen Stopp in Fataga und spazieren Sie durch stille Gassen.

Seite 94
Shopping Center Yumbo in Playa del Inglés
Glitzer und Candlelight: Ein hässliches Einkaufszentrum verwandelt sich nachts in eine frivole Schönheit. Bars von chillig bis dark, Travestie und Cabaret, Dance Floors bis zum Morgengrauen …

Der Süden **79**

Seite 97, 98
Die Dünen von Maspalomas ⭐

Ein Geschmack von Sahara mit viel viel Sand, kunstvoll aufgetürmt zu meterhohen Sichelbergen. Wedeln Sie einmal eine Düne hinab! Wie in der Sahara sollten Sie aber die Mittagshitze besser meiden.

Seite 101
›Schlösser‹ in Meloneras

Von der Mole am Maspalomas-Leuchtturm bietet sich der beste Blick auf feudeale Fünf-Sterne-Hotels – mit Zinnen, Türmchen und Balkonen.

Seite 101
Chillen in Meloneras

Oben in der Sky Lounge Blue Marlin Ibiza und unten im Beach Club Palo Cortado spielt Musik von Soul bis Trance.

&

Seite 106
Sunset Boulevard

Auf der Prachtpromenade von Meloneras schaut man zu, wie die Sonne ins Meer fällt.

Seite 104
Landmarke Leuchtturm

Einst wies er Seefahrern den Weg, heute wird der Faro de Maspalomas kulturell genutzt. Über eine Wendeltreppe geht es zur Aussichtsterrasse hinauf.

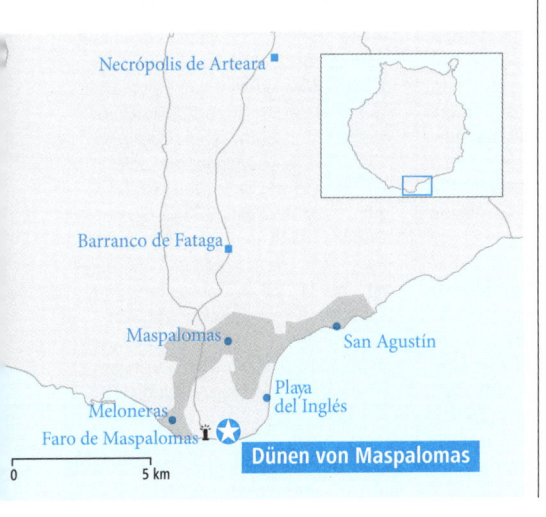

Sollte es einmal regnen, können Sie im Thalasso-Bad des Hotels Gloria Palace in San Agustín baden gehen.

erleben

Die Strände machen's

H»Hört das nie auf? Ist hier alles Urlaubsstadt?« Irritiert sind die meisten schon, wenn sie sich dem Ziel ihrer Feriensehnsucht nähern. Ein Resort geht nahtlos ins nächste über, ein klotziges Hotel reiht sich ans nächste. Neon-Schilder verkünden »Beverly Park«, »Parque Tropical« und »Parque Romántico«. Doch wo bitte schön ist hier ein Park? Vielmehr breitet sich eine Landschaft aus Beton aus – mit dem unvermeidlichen Deko-Grün der Vorgärten und Verkehrsinseln. Immerhin scheint die Sonne und in der Ferne leuchtet der blaue Saum des Meeres …

17 km erstreckt sich die Costa Canaria längs der Küste und greift weit landeinwärts aus. Hier werden keine Einwohner gezählt, sondern Betten: Es sind gut 100 000 für kältegeplagte Nordlichter. Und sie verteilen sich auf mehrere Resorts: San Agustín, das älteste und ruhigste, spricht eine überwiegend ältere Klientel an, während Playa del Inglés mit Action, Fun und Nightlife ein jüngeres Publikum bei der Stange hält. Maspalomas, das Filetstück der Costa Canaria, liegt unmittelbar an den Dünen und an einer Lagune. Das jüngste Resort Meloneras punktet mit schlossartigen Fünf-Sterne-Anlagen sowie einer attraktiven Promenade, die bis zum

ORIENTIERUNG

Infos: http://turismo.maspalomas.com
Verkehr: Alle Orte der Costa Canaria werden durch die Carretera General (GC-500) verbunden. Über die Autobahn (GC-1) erreicht man in 30 Min. den Flughafen und in 1 Std. Las Palmas; westwärts kommt man auf der Autobahn bis Puerto de Mogán. Man erreicht Las Palmas mit den Bussen 01, 30, 50 (Schnellbus) und 91, den Südwesten (Puerto Rico/Puerto de Mogán) mit Linie 01, 32 und 91. Schnellbus 66 fährt zum Flughafen, Bus 36 (via Cuatro Puertas) nach Telde, Bus 90 nach Telde bzw. Playa Amadores. Wichtig ist Linie 18, die via Fataga und San Bartolomé nach Tejeda ins Inselinnere führt. Ein Busbahnhof (Faro) ist in Maspalomas, ein Terminal an der Plaza Tropical in Playa del Inglés.

Jachthafen von Pasito Blanco am Ende der Bucht erweitert werden soll. Landeinwärts liegen die grüne Bungalowsiedlung Campo de Golf und durch die GC-500 getrennt das ähnliche Sonnenland (es heißt tatsächlich so!). Zur Costa Canaria gehört auch das 12 km entfernte Salobre fernab der Küste mit dem gleichnamigen Golfplatz.

San Agustín ♀ E8

Ein Facelifting hat begonnen: Die GC-500, die den Ferienort auf voller Länge durchschneidet, wurde mit Naturstein gepflastert, verkehrsberuhigt und begrünt. Jetzt macht es den Bewohnern der ›oberen‹ Hangviertel mehr Spaß, die 10 Min. zum Strand zu laufen. Einen Ortskern sucht man aber nach wie vor vergeblich, das ›urbane Leben‹ spielt sich in einem abgetakelten Einkaufszentrum ab.

Romantischer ist die **Strandpromenade**, die – besonders in den Abendstunden – zu einem Panoramapfad wird, der sich durch Felsen schlängelt und Sandstrecken durchquert. Auf ihm kann man bis zur 2,5 km entfernten Playa del Inglés laufen. Außer der kleineren **Playa de las Burras** gibt es die gleichfalls dunkelsandige **Playa de San Agustín** von 1 km Länge, die mit der Blauen Umweltflagge der EU für die gute Qualität von Wasser, Strand und Service ausgezeichnet wurde. Nordostwärts schließen sich die Strände Playa de Morro Besudo, Playa del Águila und Tarajalillo an, die von der Playa de San Agustín über steile und verwinkelte Treppen erreichbar sind. Über felsige Strecken kann man weiterwandern bis **Bahía Feliz**. Die Strandbereiche werden zunehmend enger und sind teilweise steinig. Während die See am Strand von San Agustín noch relativ ruhig und gut zum Baden ist, nimmt die Brandung nach Nordosten hin zu – ein ideales Gebiet für Windsurfer!

Schlafen

Spa inbegriffen
1 Costa Canaria: Vier Sterne und viele Vorteile: Der Strand liegt vor dem

Der Strand der Costa Canaria beginnt in San Agustín und zieht sich über viele Kilometer bis Maspalomas.

Hotelgarten, der hier diese Bezeichnung verdient, dazu gibt es ein schönes Spa (mit Jacuzzi und Solarium auf dem Dach), für das man nicht extra zahlen muss, und fast alle Zimmer haben Meerblick. Ach ja: *adults only* gilt in diesem Hotel auch!
Calle Las Retamas 1, T 928 76 20 0, www.bullhotels.com, 246 Zi., €€–€€€

Thalasso ganz groß!
2 Gloria Palace: Hoch am Hang gelegenes Hotel, ideal für alle, die ein großes Wellness-Zentrum vor der Haustür haben wollen (s. S. 83). Ein weiteres Highlight ist die aussichtsreiche Chillout-Terrasse mit Pool auf dem Dach, wo Sie sich in Bali-Liegen flezen können. Etwas lang ist der Weg zum Strand, doch wird dieser Nachteil durch einen stündlich verkehrenden Gratisbus nach Meloneras wettgemacht. Wer aktiv sein will, spielt Tennis, Squash oder Paddle.
Calle Las Margaritas s/n, T 928 12 85 00, 448 Zi., www.gloriapalaceth.com, €€–€€€

Wie auf einer Jacht
3 El Yate: Klassisches Haus im Stil der Neuen Sachlichkeit mit großzügigen Apartments, deren Interieur an eine Jacht *(yate)* erinnert. Allerdings liegt diese fünf Gehminuten vom Strand …
Calle Las Dalias 4, T 928 93 30 73, http://elyate.eu, 12 Apartments, €€

Essen

Gut für einen Café oder einen kühlen Drink zwischendurch sind die Lokale an der Strandpromenade, so im San Agustín Beach Club und im Café des Hotels Don Gregory.

Adventure Cuisine
1 Bamira: Die Räume sind artistisch und die Küche von »Abenteuerreisen durch die ganze Welt« inspiriert – so die österreichischen Besitzer Anna und Herbert Eder, die sich mit ihrer schrägen Mischung aus exotisch und bodenständig einen Namen gemacht haben. Wie wäre es mit Lammfilet in Palmhonig? Oder doch lieber Jakobsmuscheln mit Seeigelcurry? Das Lokal befindet sich in Playa del Águila, der nördlich angrenzenden Bucht, und ist mit dem Auto in fünf Minuten erreicht.
Calle Los Pinos 11, Playa del Águila, T 928 76 76 66, www.bamira.com, Di–So ab 19 Uhr (Juni–Aug. sowie 2. Dez.-Hälfte geschl.)

Nachtblick über San Agustín
2 Gorbea: Als Vorspiel besucht man die Chillout-Cocktail-Bar mit Bali-Liegen unter Baldachinen. Danach wechselt man ins Restaurant, wo in schnörkellosem Ambiente gehoben gespeist wird: hausgemachtes Foie Gras mit Orangen-Chutney, warme Tintenfischscheiben auf Kartoffeltürmchen und Rinderfilet mit Pilzhauben.
Im Hotel Gloria Palace (oberster Stock), Las Margaritas s/n, T 928 76 75 61, Mo–Sa 18.30–24 Uhr, €–€€€

Außen pfui, innen hui
2 928 Aroma Atlántico: Hinter dem Beach Club ist die Lage nicht wirklich gut. Doch hat man Platz genommen auf der begrünten Terrasse, beginnt das Wohlgefühl. Aus Gilbertos ›Laboratorium‹ kommen kanarisch-südamerikanische Köstlichkeiten wie ›betrunkener Fisch‹ *(ceviche borracho)*, d. h. Seebarsch mariniert in Agavenschnaps, oder Thun-Tartar auf venezolanischer Teigtasche *(looks like tuna)*. Alles ist schön angerichtet und wird lustvoll serviert.
Aulagas 1, T 928 94 14 18, www.928aromaatlantico.com, Di–Fr 19–23, Sa–So 13–16, 19–23 Uhr, €€

Rustikale Taverne
3 Loopy's Tavern: Relaunch nach 50 Jahren: Drinnen ist alles aus Baumstämmen und Bambus gezimmert, Holz- und

Korbsessel setzen Strandbar-Akzente. Zu ruhiger Musik gibt's Pizza und Fleischgerichte, gut: Rinderfilet *a la pimienta*, ›in Pfeffersoße‹. Nett sitzt man auch auf der Terrasse.
Las Retamas 7, T 928 76 28 92, €–€€

Hier macht's die Lage
4 **El Capitán:** Der ›Kapitän‹ lebt von seiner großen Terrasse am Strand. Außer ›internationaler Küche‹ mit viel Pommes, Pizza und Pasta gibt's solide Fischgerichte.
Paseo Marítimo/Calle Las Acacias 1, T 928 76 02 25, www.elcapitangrancanaria.com, €–€€

Auch Takeaway
5 **Cocina Iris:** »Für die Deutschen koche ich Spanisch, für die Spanier Deutsch«, so Iris Biesold. In der Vitrine stapeln sich Tapas (auch glutenfrei und veggie), die auf der kleinen Straßenterrasse verzehrt werden können.
C.C. San Augustin, Tel. 928 14 01 67, www.cocinairis.com, Mo–Sa 10–17 Uhr

Einkaufen

Alles Nützliche
Im **Centro Comercial San Agustín** **1** findet man außer Bars und Restaurants auch Supermarkt und Sport-Shop, Drogerie und Apotheke.

Bewegen

Tauchen
1 **Zeus Dive Center:** Die Tauchschule im Abora Interclub Atlantic steht auch Nicht-Hotelgästen offen. Schnuppertauchen im Pool, Kurse, Verleih von Ausrüstung und mehrmals wöchentlich Bootstrips ab Arguineguín zu den besten Tauch-Spots.
Calle Jazmines 2, T 689 08 22 98, www.zeusdivecenter.com

Tretboote & SUP-Paddle
2 **Watersports:** An der Playa de San Agustín werden bei ruhiger See Tretboote und SUP-Boards verliehen.

Wind- und Kitesurfen
3 **Fanatic Boarders Center:** An der Playa de Tarajalillo, ein paar Kilometer nördlich von San Agustín, wo der Wind bedeutend stärker bläst, werden Einsteiger- und Fortgeschrittenenkurse angeboten.
Playa de Tarajalillo (Hotel Orquídea), T 928157158, www.fbcgrancanaria.com

Panoramaflüge
4 **Aérodromo El Berriel:** Ein kleiner Sportflughafen befindet sich knapp nörd-

---

THALASSO **T**

Wenn es ein Wellness-Hotel auf den Kanaren gibt, das diesen Namen verdient, dann ist es das **Gloria Palace** **2** in San Agustín. Hier setzt man auf Thalasso-Badekuren, d. h. auf die regenerierende Wirkung der in Meerwasser gelösten Mineralien. Unter aufgespannten Walmdächern befindet sich ein 6800 m² großes, auf 40 °C erwärmtes Meerwasserbecken, das mit zwei ›Armen‹ in die Felslandschaft ausgreift. Dank effektvoll eingestellter Hydromassage-Düsen lässt man sich von Kopf bis Fuß massieren – mindestens zwei Stunden braucht man, um alle Stationen ›abzuarbeiten‹. Anschließend kann man in kleinere, unterschiedlich temperierte Meerwasser-Pools wechseln. Angeschlossen ist ein Therapie-Zentrum mit Anwendungen von klassisch bis trendig, von Ayurveda bis Zen (Talasoterapia Canarias, tgl. 10–21 Uhr, Zirkelbad 24 €).

EL LOMO
Goya
Gaudí
Dalí
Velázquez
Camino Cecinal de Fataga
Fataga El Lomo
45
SAN FERNANDO
Secundino Delgado
Pino Vega
Betancuria
Avenida Alejandro del Castillo
Antonio Ortiz Araña
José Hidalgo Carreño
Av. de Gáldar
Mesa de la Abejerilla
Autopista Sur
Montserrat Caballé
José Carreras
Alfredo Kraus
Plácido Domingo
Partera Leonorita
BELLAVISTA
C.C. Bellavista
Teresa Berganza
GC-1
El Canario Bajo
Tenteniguada
Tinoca
Artenara
Guía
San Nicolás
Tolentino
Sta. Brígida
San Mateo
Avenida de Tunte
Casa de Cultura
Avenida de Tejeda
Av. de Tirajana
Plaza Tejeda
Parque San Fernando
C.C. Ronda
C. la Palma
C.C. San Fernando
Arrecife
Lanzarote
GC-500
Alcalde Marcial Franco
Casa Condal
Alcalde Enrique Jorge
C.C. Nilo
C.C. Eurocenter
Cruce de San Fernando
Carretera General (Avenida de la Europa)
EL VERÍL
C.C. Jardín del Sol
C.C. Gran Chaparral
Avenida de Gran Canaria
Holandia
Noruega
Timple
Avenida de Sargentos Provisionales
Plaza Ansite
C.C. Pirámide
C.C. Águila Roja
C.C. El Veril
C.C. Marieta
Las Estrellas
Escorial
C.C. Corona Roja
Plaza del Sol
Hanover
C.C. Tropical
Plaza Hierro
Avenida de
Plaza Telde
Alféreces Provisionales
Egipto
Av. de España
Av. de Tenerife
Plaza de Maspalomas
Gánigo
Avenida de Italia
C.C. Yumbo
C.C. Prisma
Av. Menceyes
C.C. Kasbah
C.C. Plaza de Maspalomas
Málaga
Playa del Corralillo
El Cochino
Canadá
Plaza Gomera
Plaza Arucas
Centro Insular de Turismo
Av. de
C.C. Metro
Maritim Playa
Plaza Miramar
Av. de Madrid
Paseo Costa Canaria
PLAYA DEL INGLÉS
Irlanda
Grecia
Av. de Estados Unidos
Alféreces Provisionales
Plaza del Pino
Helsinki
C.C. Atlantic Beach Club
Plaza La Palma
Plaza Teror
Barcelona
Avenida de Bonn
Inglaterra
Avenida de Alemania
C.C. La Sandía
Avenida de E.E.U.U.
C.C. Anexo I
Avenida de Suecia
Avenida de Tirajana
Londres
Lisboa
Suiza
Paseo Costa Canaria
Playa del Inglés
C.C. Cita
Bremen
Oporto
Milán
C.C. Santa Ana
C.C. Anexo II
Plaza Lanzarote
Plaza Agaete
Av. de Francia
Granada
Gran Canaria
Dinamarca
Finlandia
Avenida de Alemania
Mirador Dunas Santa Mónica
Plaza Fuerteventura
Paseo Costa Canaria
Océano Atlántico
Mirador & Oficina de Turismo Las Dunas
Reserva Natural Especial
Dunas de Maspalomas
Dunas de Maspalomas

San Agustín & Playa del Inglés

Schlafen
1. Costa Canaria
2. Gloria Palace
3. El Yate
4. Riu Palace
5. Nayra
6. Sandy Beach
7. Gold by Marina
8. El Paseo

Essen
1. Bamira
2. 928 Aroma Atlántico
3. Loopy's Tavern
4. El Capitán
5. Cocina Iris
6. Allende 22°
7. El Mundo
8. Sakura III
9. Calma Chicha
10. Sunset Bay
11. Wapa Tapa
12. Palmera Sur
13. Café La Colmena & Arte Boutique
14. Nuevo Rokoko

Einkaufen
1. C.C. San Agustín
2. Mercadillo
3. Zipf

Bewegen
1. Zeus Dive Center
2. Watersports
3. Fanatic Boarders Center
4. Aérodromo El Berriel
5. Water Sport Center
6. Dunkerbeck School
7. PRO Surfing
8. Zeus Scuba Dive
9. Free Motion
10. Ev. Tourismuspfarramt
11. Tennis Gran Canaria
12. Skydive/I Jump

Ausgehen
1. Tipsy Hammock Bar
2. Atelier
3. Yumbo
4. Mono Shisha Bar

lich von San Agustín. Dort kann man zu Panoramaflügen im Hubschrauber oder in der Propellermaschine starten – auch Fallschirm-Tandemsprünge sind im Angebot.
Carretera GC-500 Km 46,5, El Berriel/Bahía Feliz, T 928 15 79 63

Ausgehen

In San Agustín werden abends die Bürgersteige hochgeklappt. Die meisten Urlauber bleiben im Hotel, wo fast jeden Abend Shows oder Livemusik geboten werden – auch Besucher von außerhalb sind willkommen. Schön: ein Cocktail auf der Chillout-Terrasse des **Gorbea** 2.
Im Hotel Gloria Palace (oberster Stock) Mo-Sa 18–2 Uhr, s. S. 82

Infos

- **Touristeninformation:** El Portón/Calle Las Retamas 2, T 928 76 92 62, Mo–Fr 9–16 und jeden 2. Sa/Monat 9–13 Uhr

Playa del Inglés
♥ E 8/9

Das Pfund, mit dem die Ferienstadt wuchern kann, ist ihre Küste: Auf einem keilförmigen Sockel breiten sich die schönsten Dünen der Kanaren aus, ihnen vorgelagert ist ein kilometerlanger, breiter Sandstrand. Landeinwärts sieht's weniger rosig aus, auch wenn hier und da Verschönerungsaktionen gestartet wurden. Es fehlt der große Griff ... Schon der Name sagt, was es mit dem Ort auf sich hat: »Playa del Inglés« heißt »der Strand des Engländers«, mit dem stellvertretend jeder »von auswärts« gemeint ist: Erst waren es die Piraten, die hier einfielen, heute sind es »Johnnys« auf der Suche nach Urlaubsglück. Für sie entstanden unzählige Hotels, Apartmentanlagen und Einkaufszentren. Und Playa del Inglés scheint tatsächlich viele glücklich zu machen, es ist gleichermaßen beliebt bei Familien wie Singles und obendrein ein Hotspot der internationalen Gay-Szene.

Man braucht eine gewisse Zeit, um sich im Gewirr der Straßen zurechtzufinden. Zwei sollte man sich merken: Die 1,5 km lange **Avenida de Tirajana,** die Playa del Inglés in Nord-Süd-Richtung durchschneidet, führt von den Dünen zum Einheimischenviertel **San Fernando.** Auf der verkehrsberuhigten **Avenida Aléreces Provisionales** geht es ostwärts hinunter zum Strand und westwärts Richtung Maspalomas.

Alles, was man zum Leben braucht – von der Apotheke über Bar und Café bis zum Supermarkt – findet sich in großen **Einkaufszentren,** die Yumbo, Cita und Kasbah heißen. »Verschönerungsmaßnahmen sind zwecklos«, meint ein Architekt, der nicht namentlich genannt werden will: »Hier hilft nur eins: abreißen und neu bauen.«

Schokoseite Küstenpromenade
Eine Promenade auf Klippenhöhe, der **Paseo de Costa Canaria,** trennt die Hotelviertel vom Strand. Der Küstenweg bietet die beste Möglichkeit, diesen in aller Ruhe von oben zu erkunden – im mittleren Bereich kann man über steile Treppen zu ihm hinabsteigen. Kurz vor ihrem Ende führt die Promenade in mehreren Serpentinen abwärts, bevor sie auf einem weiten **Aussichtsplateau** endet: Hier liegt Ihnen die Dünenlandschaft buchstäblich zu Füßen. Ein kleines Info-Büro, die Oficina de Turismo Las Dunas, bietet – sofern geöffnet – Einblick in das fragile sandige Ökosystem (s. S. 98). Sie können das Aussichtsplateau auch über die Avenida de Tirajana

Eine Traum-Location: Die Gäste des Riu Palace schauen über eine Palmenoase auf die ›Sahara‹ und auf das Meer.

erreichen: Am Ende der Straße führt eine attraktive Unterführung zwischen zwei Gebäudeflügeln des Hotels Riu Palace zu ihm hinab.

Der Name spricht Bände

Wo die Avenida 8 de Marzo (früher: Alféreces) Provisionales den Strand erreicht, hat sich entlang eines riesigen Parkplatzes, der übrigens mitten im Naturschutzgebiet liegt, ein Wildwuchs an Souvenirläden, Cafés und Restaurants breitgemacht. Wenig fantasievoll **Anexo I** (Nordteil) und **Anexo II** (Südteil) genannt, vermittelt dieser Strandbereich ein Rimini- und Remmidemmi-Feeling, das zum angestrebten ›Qualitätstourismus‹ ganz und gar nicht passt.

Der Promenade vorgelagert befindet sich ein großes **Wassersportzentrum**, in dem von Tretboot bis Jet-Ski eine breite Fun-Palette angeboten wird; auch Beach-Volleyball kann man hier spielen.

Wer zum Strandlauf aufbricht, erreicht nach 5 km – vorbei an einer FKK-Playa *(zona naturista)* und einem vorwiegend von der LGBTQ+-Community besuchten Abschnitt – die Touristenorte Maspalomas und Meloneras.

Wo Urlaub auf Alltag stößt

Nördlich der Schnellstraße GC-500 ist die Ferienwelt abrupt zu Ende. Hier in **San Fernando** leben die Angestellten der Touristenhochburg, außer Kanariern auch zugewanderte Festlandspanier und Ausländer, Portiers und Putzfrauen, Kellner und Köche, Animateure und Taxifahrer. Zwar ist das Viertel mit seinen schnell hochgezogenen (Platten-)Bauten wenig attraktiv. Doch wer sucht,

Ob vegan oder kalorienarm – leckeres Eis geht immer!

findet hier ein paar gute Restaurants, eine **Markthalle** *(mercado)* sowie das **Kulturzentrum** *(casa de cultura)*. Und mit der **Casa Condal** (Calle Marcial Franco 7–9) gibt es sogar eine Sehenswürdigkeit: Im ›fürstlichen Haus‹ werden wechselnde Ausstellungen gezeigt, zur Weihnachtszeit stets eine Krippenlandschaft.

Schlafen

Je näher man an Strand und Dünen wohnt, desto besser! Landeinwärts, wo die Unterkünfte oft dicht gedrängt an nicht immer leisen Straßen stehen, ist Meerblick Fehlanzeige (es sei denn, man wohnt in den oberen Etagen von Hochhäusern). Über 300 Hotels und Apartmentanlagen gibt es in Playa del Inglés, ausgewählt werden hier einige in erster Strandlage bzw. mit Spezialangebot.

Lawrence of Arabia grüßt!
4 Riu Palace: Das Vier-Sterne-Haus, das mit viel Marmor, Edelholz und Kristalllüstern als Grand Hotel alten Stils daherkommt, liegt unmittelbar an den Dünen. Ihnen sind alle Räume zugewandt, der Ferienstadt wird der Rücken gekehrt. Von den meisten der 368 Zimmer schaut man über die gelbe Pracht aufs Meer, natürlich auch vom großen Pool-Garten und von den Restaurant-Terrassen. Tolles Frühstück mit Show-Cooking draußen auf der Terrasse. Inklusiv ist ein kleines Spa, exklusiv das Open-Air-Jacuzzi sowie Dampfbad und Massage.
Plaza de Fuerteventura 1, T 928 76 95 00, www.riu.com, €€€

Designerstück
5 Nayra: Weiß, modern und transparent: Im kleinen Vier-Sterne-Hotel *adults only* haben Architekten ganze Arbeit geleistet! Trotz zentraler Lage ein paar Schritte vom Nightlife-Hotspot Yumbo entfernt, erscheint es als abgeschirmte Ruhe-Oase. Die luftigen Zimmer mit optisch integriertem Bad haben je zwei Terrassen: eine davon zu den Pools, die andere intimer. Sehr gut ist das Frühstücksbüfett mit Show-Cooking und täglich wechselndem Smoothie-Menü, danach eine Siesta in der Bali-Liege …
Calle Irlanda 25, T 928 09 37 11, www.hotelnayra.com, 46 Zimmer, €€€

Nicht nur für Sportive
6 Sandy Beach: Das Vier-Sterne-Haus wenige Gehminuten vom Strand hat viele Vorteile: geräumige Zimmer mit Ankleideraum und Blick auf den Pool-Garten sowie hervorragende Frühstücks- und Abendbüfetts, die auf der Terrasse eingenommen werden können. Dazu Saunen, FKK-Terrasse, Wellness-Studio, Tauch-

center und Aktiv-Agentur Free Motion im Haus (s. S. 94).
Avenida Menceyes 1, T 928 72 40 00, www. seaside-hotels.de, €€–€€€

Vintage meets Miami Style
[7] **Gold by Marina:** In diesem Boutique-Hotel fühlt man sich sofort entspannt. Dafür sorgen frische Farben und exotische Formen, vor allem aber superengagierte Angestellte. Die Zimmer huldigen einem offenen Raumkonzept mit integrierter, schicker Kitchenette und suiteartigem Raum in Weiß- und Türkistönen. Das optisch integrierte Bad gefällt mit einer Riesendusche, vom Balkon schaut man in den oberen Stockwerken bis zu den Dünen. Für Ferien-Feeling sorgen auch die übrigen Hotelräume. Toll ist der stylische Patio sowie der Garten mit einem Relax- sowie einem 25 m langen Pool für Bahnschwimmer. Zusätzlich gibt es ein Solarium mit Sauna und Jacuzzi. Das Büfett-Frühstück wird bis 12 Uhr serviert. An nichts fehlt es hier, serviert wird qualitativ Hochwertiges – vom frisch gepressten Orangensaft bis zum Live Cooking. Viele Extras ›vergolden‹ das Leben im Hotel: Kaffeekapseln für die Nespresso-Maschine und jeden Tag neu bereitgestelltes Mineralwasser. Am Pool gibt es Gratis-Popcorn und einmal in der Woche einen Tapas-Wein-Empfang mit Hoteldirektor Renaud.
Av. Estados Unidos de América 15, T 902 63 60 38, http://goldbymarina.com, €€–€€€

An der Promenade
[8] **El Paseo:** Der Name ist Programm: Die kleine Anlage liegt hoch über dem Dünenstrand, von 18 Apartments haben 12 Meerblick. Sie sind geräumig, verfügen jeweils über zwei Zimmer und zwei Terrassen und sind so gut ausgestattet, dass man für länger einziehen kann. Morgens gibt es Gratis-Brötchen; Räder werden günstig verliehen, auch ein Einkaufservice wird angeboten. Und auf der Gartenterrasse wartet ein Pool. Was besonders gefällt, ist der familiäre Service von Isaac und Julia, die ihre Gäste wie Freunde behandeln.
Calle La Luna 5, Tel. 928 76 11 22, www.webpaseo.com, 18 Apartments, €€

Essen

In den Einkaufszentren **Yumbo** und **Cita** gibt's Bars, Cafés, Imbisse und Lokale, u. a. ›Futterkrippen‹ und ›Futtern wie bei Muttern‹ mit deutschem Bier und Bundesliga live. Einheimische sieht man hier so gut wie nie, sie gehen lieber in die Einkaufszentren in ›ihrem‹ Viertel San Fernando, z. B. ins Centro Comercial **Bellavista**. Entlang der Avenida de Tirajana sind mehrere gute Lokale aufgereiht.

Szenig-kanarisch
[6] **Allende 22°:** Nicht der übliche Touri-Firlefanz aus Pommes, Pizza und Pasta, sondern fantasievoll variierte kanarische Küche in informellem Ambiente: Thun-Tartar, frittierte Auberginen mit Palmhonig, Muscheln in Fenchelbrühe, Käsekuchen mit Crumble-Kruste und Passionsfrucht. Die Portionen sind eher klein, dafür sind die Preise moderat. Viele Kanarier kommen am Wochenende aus Las Palmas, wo »Allende« mit mehreren Lokalen vertreten ist.
Av. de Tirajana 36, T 928 76 00 49, www.allenderestauracion.com, tgl. 12–24 Uhr, €€

Trendbewusst
[7] **El Mundo:** Gelungener Mix aus Retro-Bistro-Stil und kanarisch-kreativer Fusion-Küche. Das günstige Mittagsmenü (10 €) lassen sich die Einheimischen schmecken – dann ist die Bude brechend voll!
Av. de Tirajana 23 (Ap. Tinache), T 928 93 78 50, Di–So ab 13 Uhr, €€

Essen auch im Liegen möglich
[8] **Sakura III:** Zentral, an der ›Einfallschneise‹ Richtung Strand: Gäste schau-

TOUR
So viel Wildheit so nah

Ausflug in den Barranco de Fataga

Infos

📍 E 6/7

Mundo Aborigen: GC-60 Km 42,7, T 928 17 22 95, tgl. 9–18 Uhr, Eintritt 10/5 €

Necrópolis de Arteara: www.arqueologiacanaria.com, Di–So 10–17 Uhr, Eintritt 4 €

Barranda Camel Safari Park: GC-60 Km 36,7, T 928 79 86 80, www.camelsafarigrancanaria.com, tgl. ab 9 Uhr

Anfahrt: Buslinie 18 ab Costa Canaria – Haltestelle Arteara, Fataga, mit dem Auto ab Playa del Inglés (San Fernando) auf der GC-60

Unmittelbar jenseits der GC-1 ist die Ferienstadt zu Ende. Soweit das Auge reicht: nichts als sonnenverglühte Steilhänge. Dann überraschendes Grün in Palmenoasen. Und kleine Dörfer, in denen alles einen gemächlichen Gang geht. Und in die Welt der Ureinwohner kann man unterwegs auch noch eintauchen.

Es ist gar nicht so leicht, Playa del Inglés zu verlassen! Folgen Sie der **Avenida de Tirajana** immer geradeaus Richtung Berge, vorbei an zig Kreiseln. Im letzten Moment entdecken Sie ein unauffälliges Schild mit der Aufschrift Fataga und dann sind Sie raus aus der Stadt! Puuh … Vor Ihnen liegen gezackte Bergkämme und kaktusartige, mannshohe Pflanzen – Wildwest-Feeling.

Wachsfiguren in der ›Welt der Ureinwohner‹

Nach ein paar Kilometern kündigt ein Schild **Mundo Aborigen** an, die ›Welt der Ureinwohner‹. Steingepflasterte Wege führen übers Hochplateau, vorbei an Altkanariern mit verfilztem Haar und verblichener Kleidung. In einer Hütte wird eine Steinzeit-OP nachgestellt: Dem Patienten hat man mit einem scharfen Knochen die Schädeldecke aufgebohrt – der zottelige Chirurg scheint mit seinem Werk zufrieden. Vor einem Steinhaus verabschiedet sich eine Frau von einem toten Mann, der in Ziegenfell eingenäht seinem Schicksal als Mumie entgegensieht. Auch Recht wird gesprochen: Ein Hippie-Typ agiert als Richter und die von ihm verkündete Strafe folgt auf dem Fuß: Ein Mann mit auf dem Rücken gefesselten Händen, das Haupt auf einen Felsblock gelegt, wartet darauf, dass ihm dieses vom Henker mit einem Stein zerschmettert wird …

Tief geblickt!

Nur rund 1 km weiter folgt schon der nächste Halt: Ein Schild verkündet **Degollada de las Yeguas.** Von einer halbrunden Aussichtsplattform schaut man hinab in eine Schlucht, hinter der sich wie Wälle einer gigantischen Festung ein Gebirgszug hinter den nächsten türmt.

Im Tal der Palmen
Die Straße nimmt uns wieder auf und schraubt sich in Haarnadelkurven ins Tal. Auf seinem Grund folgen wir (bei Km 37,5) dem Sträßchen GC-601 nach **Arteara** und begreifen, warum es ›Tal der Palmen‹ heißt. Doch nach 650 m hört das Grün abrupt auf: Es scheint von einer gigantischen Felslawine verschüttet …

Grab mit Beleuchtung
Hier, am Ende der Straße, begrüßt uns das kleine Besucherzentrum **Necrópolis de Arteara.** Es informiert, dass dies einer der größten Tumuli-Friedhöfe Spaniens ist. Zwischen dem Geröll habe man 809 Grabstellen vom 5. Jh. v. Chr. bis zum 17. Jh. n. Chr. freigelegt. Die meisten Toten seien zwischen pyramidenartig geschichteten Steinen beigesetzt, einige auch mumifiziert worden. Wir folgen dem markierten Weg durchs Gelände zum ›Königsgrab‹ *(cueva del rey).* Eine Schautafel erklärt, dass es jeweils zur Tagundnachtgleiche (21. März/23. Sept.) von den ersten Morgenstrahlen erfasst wird, sodass es wie von innen illuminiert erscheint.

Und am Ende purer Genuss
Weiter geht's Richtung Fataga, doch eine Pause muss sein: Im **Barranda Camel Safari Park** wollen wir nicht auf Dromedaren reiten, aber im schattigen Palmenhain einen frisch gepressten Papaya-Saft trinken.

Und dann sind wir auch schon da im schönen Dorf **Fataga** mit steingepflasterten Gässchen, Häusern auf kleinen Kuppen, kleinen Bodegas und einer Wassermühle inmitten einer Oase (s. S. 226).

en zu, wie der Koch Sushi und Sashimi, Fleisch und Fisch à la Teppan Yaki (d. h. auf heißer Eisenplatte) zubereitet, und greifen nach Wunsch zu. Wer es intimer mag, isst in sog. Tatami, Rückzugsnischen mit Bodenkissen.
Av. de Tirajana 10, T 928 76 55 27, www.sakuracanarias.com, tgl. 12–24 Uhr, Preise um 18 €

Stilles Meer
9 Calma Chicha: Eine Perle in der Gastro-Szene des Südens: Von außen ist das Lokal fast ganz unten an der Av. de Tirajana kaum zu sehen. Chillout-Musik, mit Leinen bespannte Regiestühle und Sonnenschirme lassen ein Gefühl von Leichtigkeit aufkommen. Hier gibt's Schwertfisch-Carpaccio mit Guacamole-Eis, Melonen-Gazpacho, Kartoffelsalat mit Lachs, Fisch und Fleisch auf Gemüse zu gehobenem Preis, in Soja-Soße mariniertes Rinderfilet-Tataki mit essbaren Blumen … Da die Portionen überschaubar sind, bleibt Platz für ein Dessert, z. B. Sacher-Torte auf Carlos' Art: gefüllt mit bitterer Orange und Ingwer. Vorneweg gratis: ein Aperitif und ein Gruß aus der Küche …
Av. de Tirajana 4, T 928 76 07 14, www.restaurantecalmachicha.com, Mo–Sa 19–22.30 Uhr, €€–€€€

Von Burger bis Huhn Singapur
10 Sunset Bay: Ein asiatisch-holländisches Duo deckt von Hühnchen-Curry bis Frikandel & Bitterbal eine weite gastronomische Palette ab. Schöner Blick über den Strand, vor allem zum Sonnenuntergang.
Paseo Costa Canaria (Atlantic Beach Club), T 928 77 39 60, tgl. 11–23 Uhr, €

Klein & fein
11 Wapa Tapa: Erstaunlich, welch gute Lokale sich in dem alles andere als attraktiven Yumbo Center verbergen: Im Wapa Tapa servieren Carlos und Adrian kreative Tapas, cremige Suppen und mediterrane Salate. Gute Weine werden auch glasweise serviert.
Av. Estados Unidos 54, C.C. Yumbo (mittlere Etage), T 650 00 17 39, www.yumbocentrum.com/wapatapa, Mo–Sa ab 19 Uhr, €

Fusion-Küche
12 Palmera Sur: Elegantes Lokal abseits des Mainstreams! Man darf den Empfehlungen von María und Manuel folgen: Beim letzten Besuch gab es Sashimi auf Runzelkartoffeln und Fischfilet auf Avocado-Melonen-Tartar, serviert in einer längs halbierten Weinflasche. Auch die Weiße-Schokoladen-Suppe kam an! Am besten bestellt man mehrere Tapas, die geteilt werden.
Av. EEUU 15 (Eingang Hotel Gold), T 659 59 80 03, http://restaurantelapalmerasur.com, Mo–Mi 20–24, Do–Sa 13.30–15.30, 20–24 Uhr, €€–€€€

Hier ist alles käuflich
13 Café La Colmena & Arte Boutique: Die Französin Carolina betreibt ein Vintage-Café, in dem man nicht nur ausgefallene Sandwiches, Kuchen und frisch gepresste Bio-Smoothies bekommt, sondern auch jeden Gegenstand, der gefällt, kaufen kann.
Av. de Gran Canaria 50

Schön schräg
14 Nuevo Rokoko: Ein guter Ort auf dem Weg zum oder vom Strand: Verrückte Antiquitäten schaffen ein Wohlfühlambiente, in dem die fantasievollen Kaffee- und Kuchenkreationen doppelt gut schmecken.
Av. Aléferces Provisionales 31, Do–Mo 9–21, Di 9–16 Uhr, Mi geschl.

Einkaufen

Supermärkte und Souvenirshops, deutschsprachige Presse, Schmuck, Tabak und Kosmetik, findet man in mehreren großen Einkaufszentren. Sie sind rund um die Uhr geöffnet und bieten zugleich Bars und Dance-Clubs. **Cita, Yumbo** und **Kasbah** sind die bekanntesten.

Markt
Einheimische trifft man auf dem **Mercadillo** 2 (Wochenmarkt) im Ortsteil San Fernando, wo neben Obst- und Gemüse- auch Essensstände öffnen (Mi u. Sa 9–14 Uhr). Jeden zweiten So des Monats findet hier auch der **Mercado Agrícola** (9–13 Uhr, Bus 73) statt, auf dem Bauern ihre selbst produzierten Produkte verkaufen.

Vollkorn & Co.
3 **Zipf:** Wenn Sie des spanischen Weißbrots und der meist viel zu süßen Kuchen überdrüssig sind, finden Sie hier Brot- und Backwaren wie daheim.
Ap. Aloe, Av. de Tirajana 3 (Ap. Aloe), http://panaderia-zipf.com, Mo–Fr 7.30–18 Uhr

Herzflimmern? Stilettos und ein sexy Dress? Oder einfach nur schauen?

Bewegen

Baden
Ein richtig heller und feinkörniger Sandstrand erstreckt sich über mehr als 6 km von Playa del Inglés bis Maspalomas. Er fällt flach ins Meer ab, sodass man problemlos in die Fluten steigen kann; auch für Kinder ist er ideal. Freie Flächen wechseln sich ab mit Staffeln von Liegestühlen und Sonnenschirmen, eigene Bereiche sind für FKK und LGBT (Kiosco Nr. 7) reserviert. Begehrt sind die halbrunden Steinwälle im Sand, die zum Schutz vor Flugsand errichtet wurden. Am Anexo II befinden sich Duschen und Umkleidekabinen sowie Schließ- und Schrankfächer. Flaggen zeigen an, ob man baden darf oder ob es zu gefährlich ist – bei Rot ist es verboten. Zu weit hinausschwimmen sollte man prinzipiell nicht, da die Strömung stark ist.

Strandwandern & Joggen
Der Strand ist ein gutes Strandlauf-Revier – vor allem bei Ebbe, wenn der Sand feucht und fest ist und man guten Halt findet. Wer die gesamte Playa von San Agustín bis Maspalomas in beide Richtungen abläuft, bringt es auf eine Strecke von 17 km!

Wassersport & Beachvolleyball
5 **Water Sport Center:** Hier können Sie Tretboote und Surfboards ausleihen, die Wellen auf Wasser- und Jetskiern sowie in Banana-Boats durchpflügen. Beim Parasailing werden Sie – an einem Fallschirm hängend – von einem Motorboot in bis zu 100 m Höhe übers Meer gezogen. Nahe dem Water Sport Center sind Netze für Beachvolleyball aufgespannt – ein Team findet sich schnell zusammen.
Anexo II, T 928 15 50 19, www.aquasports.es

Surfen

Leiter der deutschsprachigen **Dunkerbeck School** ❻ ist der vielfache Surfweltmeister Björn Dunckerbeck (BD). Hier können Sie Kurse im Wellenreiten, Windsurfen und im SUP (Stand-up Paddling) belegen (C.C. Atlantic Beach Club, Local 5 A–B, T 928 76 79 99, www.surfbd.com). Von Wind- über Kite- bis Paddle dreht sich auch bei **PRO Surfing** ❼ alles ums Surfen (La Punta, T 628 10 40 25, www.prsurfing.com).

Tauchen

❽ **Zeus Dive Center:** Renommierte Tauchschule mit Sitz im Hotel Abora Continental; außer Kursen werden auch Land-, Boots- und Nachttauchgänge angeboten.
Av. de Italia 2, T 628 81 84 02, www.zeusdivecenter.com

Radfahren

Gut organisierte Rad- und Mountainbiketouren in allen Ecken der Insel, auch Verleih hervorragend gewarteter Bikes und E-Bikes: **Free Motion** ❾ (Av. Alféreces Provisionales s/n, Hotel Sandy Beach 7, T 928 77 74 79, www.free-motion.com).

Wandern und mehr

❿ **Evangelisches Tourismuspfarramt:** Seit vielen Jahren werden auf Selbstkostenbasis Wanderungen angeboten – ein Glaubensbekenntnis wird nicht verlangt! Im Winter startet man am Di zu einer leichten, jeden zweiten Do zu einer anspruchsvollen Tour. Die Wanderungen werden auch in der Zeitschrift Viva angekündigt. Außerdem im Angebot: Urlaubschor und Spanisch für Anfänger!
Calle Gomera 69, T 928 76 19 25, www.kirche-gc.de/wanderungen

Tennis

⓫ **Tennis Gran Canaria:** Kurse für Anfänger und Fortgeschrittene im Parque Romántico.
Calle Dinamarca 4, T 656 83 98 54, www.tennisgrancanaria.net

Fallschirmspringen

⓬ **Skydive/I Jump:** Die Dünen sind ein weicher Landeplatz für Tandem- und Solo-Flieger. Der Sportflughafen Aéródromo El Berriel befindet sich nördlich San Agustín.
T 928 15 70 00, www.ijump.es

Ausgehen

Playa del Inglés ist Gran Canarias Partymeile, vor allem am Wochenende ist jede Menge los. Vorglühen kann man in Terrassencafés an der Promenade, für weitere Abenteuer steuert man am besten das Yumbo-Center an.

Sundowner & mehr

✴ **Tipsy Hammock Bar:** Chillig gestylte Loungebar an der Strandpromenade, in der gute Cocktails (ab 7,50 €) zu House & Funk, manchmal zu jazzigem Live-Saxofon serviert werden. Sehr beliebt zum Sonnenuntergang! Im oberen Stock wird dazu getanzt.
Paseo Costa Canaria 24, auf Facebook, tgl. 11–2 Uhr

Cocktails im 8. Stock

✴ **Atelier:** Fahren Sie mit dem Panorama-Lift in den 8. Stock des Bohemia-Hotels und genießen Sie das Panorama über die Dünen. Wie es sich für ein »Atelier« gehört, wird hier (Cocktail-) Kunst serviert – die frischen Zutaten und die artistische Präsentation haben allerdings ihren Preis.
Av. Estados Unidos 28, www.grancanaria-360.com/en/cocktail-bar, tgl. 12–1 Uhr, . Do-So on top ruhige Live Musik

Homos & Heteros

Im Shopping Center **Yumbo** ❸ steppt nachts der Bär. Mehr als 40 Bars, Darkrooms und Clubs *men only* sind im Untergeschoss konzentriert, während sich Lesben mit einer einzigen Adresse begnügen (First Lady). Auch bei Heteros beliebt ist die **Adonis-Bar,** wo professionell Cocktails gemixt werden und sich jeder Gast wie ein Freund fühlen soll. Schrill-trashig kommen die Shows in **Ricky's Cabaret Bar** (auf Facebook) daher: Frivol gekleidete Drag Queens treten singend auf der Außenbühne auf. Zum Tanzen muss man hinauf ins vierte Geschoss, wo ab 23 Uhr in Dancefloors wie **Mantrix** und **Mykonos** wechselnde DJs einheizen.

Av. Estados Unidos, www.cc-yumbo.com

Nicht nur für Wasserpfeife
✿ **MoShisha Bar:** Gemütlich-chillige Bar mit tollem Meerblick, wegen der guten und günstigen Cocktails bei Canarios beliebt.

C. C. Atlantic Beach Club, tgl. 11–4 Uhr

Feiern

● **Carnaval:** März. Im Anschluss an Las Palmas' Fiesta: großer Umzug mit Königin und Drag Queen, am Ende ›Verbrennung der Sardine‹.
● **Feria de Artesanía:** Ende Feb./Anf. März. Zehntägiger Kunsthandwerksmarkt am Leuchtturm in Maspalomas.
● **San Fernando:** Letztes Maiwochenende. Bei einer Prozession wird die Statue des hl. Fernando auf der Plaza von San Fernando aufgestellt. Im Rahmen des Festes gibt es den Gran Asadero de Sardinas, einen Riesengrill von 1000 Sardinen, dazu Gofio und Runzelkartoffeln.
● **Maspalomas Gay Pride:** Mai. Viel mehr als nur eine bunte Parade: In und um das Yumbo Center finden schrille Partys statt, dazu Fashion Shows, Wahl von Mr. Gay Pride, Drag Queen und High Heel Race (www.gaypridemaspalomas.com).
● **Día de San Juan:** 23./24. Juni. In der kürzesten Nacht des Jahres gehen viele Einheimische ans Meer, tauchen drei Mal ein und wünschen sich etwas. Manche legen zur Bekräftigung drei Rosen ins Wasser, begleitet werden sie von lauten Hexen- und Geisterumzügen. Um das Böse zu bannen, werden Scheiterhaufen entzündet und Feuerwerke veranstaltet.
● **Winter Pride:** Nov., s. Maspalomas Gay Pride.

Infos

● **Touristeninfo:** Av. España/Av. Estados Unidos (Westrand Yumbo-Center), T 928 77 15 50, Mo–Fr 9–20, Sa 9–13 Uhr; eine zweite Info-Stelle befindet sich nahe dem Strand am Anexo II.
● **Busse:** Ein kleines Busterminal an der Plaza Tropical (nahe Hotel Parque Tropical) befindet sich im Osten von Playa del Inglés an der Calle El Escorial. Alle Verbindungen s. www.guaguasglobal.com.

Maspalomas ♀D/E9

Ein Palmenhain, eine Lagune und ein kilometerlanger Strand vor der Haustür: Maspalomas an der Inselsüdspitze ist das beste Stück der Costa Canaria. Mit dem Leuchtturm Faro de Maspalomas, den Dünen und einem Golfplatz macht es einen entspannten, großzügigen Eindruck.

Es war einmal eine Oase
Oasis de Maspalomas: Der Begriff ›Oase‹ trifft nur noch auf die schönen Gärten der Fünf-Sterne-Hotels an der Mündung des Barranco zu. Hier stehen majestätische Palmen, viele mehr als 100 Jahre alt. Umgeben sind sie von einer üppigen, subtropischen Vegetation, die den Wunsch nach Exotik befriedigt.

Die Existenz der Palmen verdankt sich dem kleinen Mündungssee **Charca de Maspalomas,** der viele Vögel anzieht: (s. Lieblingsort S. 109). Der Name Maspalomas deutet bereits auf Vögel hin, Tauben *(palomas)* haben wohl gern in den Palmen genistet. Am sonnigen Seeufer fühlen sich Rieseneidechsen wohl, runzelige Drachen aus Saurierzeiten, die bis zu einem halben Meter groß werden und gern Kaktusfrüchte essen.

Am Rand der Lagune verläuft der **Paseo Charca de Maspalomas,** eine attraktive Promenade, von der man Vögel und Fische beobachten kann.

Schöner in der ersten Reihe

Maspalomas hat einige der schönsten Hotels der Insel, allen voran das **Grand Hotel Residencia** ❶ und das **Palm Beach** ❷. Umso mehr überrascht es, dass sich der Ort keine Edelmeile leistet. Die in zweiter Strandlinie verlaufende Promenade, der ›Boulevard Faro‹, ist von Fast-Food-Restaurants und Souvenirshops gesäumt, deren Besitzer nicht davor zurückschrecken, Passanten mit lästigen Schleppern anzulocken. Geruhsamer geht es in erster Strandlinie mit Meerblick zu, vor allem am Paseo de Meloneras (s. S. 106).

Schlafstädte mit viel Grün

Nördlich der Dünen befindet sich der große **18-Loch-Golfplatz** ❶ von Maspalomas mit großzügigen, flach gebauten Anlagen. Die Straßen der angrenzenden Bungalowsiedlung Campo Internacional tragen die Namen internationaler Reiseveranstalter – eine Hommage an Neckermann & Co.

Wie der Schwanz eines gestrandeten Riesenreptils ragt die Düne ins Hinterland – verlockend ist es, ihren ›Rücken‹ zu erklimmen!

Dunas de Maspalomas ⭐
📍 E9

Viel Sand!
An den kleinen Mündungssee Charca grenzt eine Dünenlandschaft, die Sahara-Feeling vermittelt – eine Bilderbuchansicht aus flirrendem Sand, an deren Rand Kamelkarawanen mit Touristen ziehen (Tour s. S. 98).

Schlafen

Nicht nur für Honeymooner
1 Grand Hotel Residencia: Ein paar Schritte vom Charca-See und der Palmenoase entfernt präsentiert sich das kleine Fünf-Sterne-Haus, das zu den Leading Hotels of the World gehört, als Luxus-Karawanserei. Großzügige Salons im Kolonialstil mit Bibliothek und Bridge-Raum. 94 Zimmer mit handbemalten Holzdecken und nostalgischem Mobiliar sind um den geschwungenen Pool angeordnet und haben Blick auf die Berge. Engagiertes Personal sorgt für das Wohl der Gäste, Entspannung bietet das ethnisch inspirierte Spa mit Thermal-Pool, Salzgrotte, Saunen und türkischen Bädern. Vorzügliches Frühstücksbüfett und Gourmet-Dinner.
Av. del Oasis 32, T 928 72 31 00, www.seaside-hotels.de, €€€

Tolles Retro-Design
2 Palm Beach: s. Kasten S. 100

Nonplusultra-Lage
3 Faro: Kein Hotel an der Costa Canaria steht dichter am Wasser – in den meisten der 128 Zimmer hört man das Rauschen des Meeres. Mit der Renovierung wurde alles Plüschige beseitigt, das Design ist klar und elegant. Attraktiver Pool im Schatten des Leuchtturms tolle Cocktailbar-Terrasse und Sky Lounge (s. Ausgehen).

SCHATTIGE RAST **R**

Wo zwischen einem Verkehrskreisel und einer Apartmentanlage eine Mülhalde vor sich hin rottete, entstand der kleine **Parque Botánico de Maspalomas** ❶ mit Exoten aus aller Welt – vom afrikanischen Affenbrotbaum bis zur amerikanischen Zarnia ca. 2000 Arten, säuberlich beschriftet. Ein guter Ort für eine Pause, wenn Sie von Playa del Inglés nach Maspalomas unterwegs sind (Av. del Touroperador Neckermann 1, Mo–Fr 10–18 Uhr, Eintritt frei, 📍 Karte 3, F4). Mit dem **Parque Urbano del Sur** gibt es 1 km entfernt einen zweiten Park, dieser mit Ententeich und Kletterfelsen (Av. de la Unión Europea, Eingang an der GC-500, 📍 Karte 3, E3).

Plaza de Colón 1, T 928 14 22 14, www.lopesan.com, €€€

Längs der Lagune
4 Ap. Oasis: Sie sind am Paseo de la Charca aufgereiht, der längs der Lagune landeinwärts führt. Die Apartmenthäuser aus den 1960ern im Stil der Neuen Sachlichkeit bieten in erster Reihe einen Traumblick übers Wasser der Lagune auf die Dünen. In der zweiten Linie freilich schaut man auf die in der ersten Reihe… Aber auch hier ist man vom Strand nur einen Katzensprung entfernt.
Av. El Oasis 14, T 928 14 19 52, www.oasismaspalomas.com, 90 Ap., €€

Essen

An der ›Fressmeile‹ reiht sich ein (Durchschnitts-)Lokal ans nächste, besser isst man woanders, nettere Locations finden Sie unmittelbar davor am Strand.

TOUR
Durch die Mini-Sahara ⭐

Wanderung in den Dunas de Maspalomas

Wandern Sie durch die schönsten Dünen der Kanaren! Zwar ist Maspalomas' Wüste klein, hart kann sie dennoch sein: Starten Sie deshalb früh oder laufen Sie um die Zeit des Sonnenuntergangs, wenn der Sand nicht so heiß ist! Bedecken Sie Ihren Kopf, ziehen Sie Schuhe an und nehmen Sie ausreichend Wasser mit!

Sand aus Korallen

Vor dem Hintergrund des Meeres türmen sich haushohe Dünen, vom Wind zu Sichelbergen geformt, immer in Bewegung mit geriffelter, flirrender Oberfläche. Bei jedem Schritt versinkt man knöcheltief, wedelt in die Mulden hinab und steigt mühsam auf den nächsten Kamm. Der Sand ist so weiß und weich, dass manch einer glaubt, er sei von der Sahara herübergeweht. Doch tatsächlich besteht er aus Korallen und Muscheltieren, die in Millionen Jahren von der Brandung zu Pulver zerrieben und an der Küste aufgetürmt wurden. 25 km² groß ist das Dünengebirge, das in einem 6 km langen Strand ins Meer gleitet. Von einem ganz anderen Wasser werden die Dünen an ihrer Westseite begrenzt. Wo der **Barranco de Fataga** ins Meer mündet, blieb als Rest einer ehemaligen Sumpflandschaft eine Lagune erhalten, die **Charca de Maspalomas,** in der sich Süß- und Salzwasser mischen – regelmäßig wird die schmale Nehrung, die den See vom Meer trennt, überflutet. In der Lagune fühlen sich nicht nur Seebrassen und Meeräschen wohl, auch Wandervögel legen hier gern eine Rast ein.

»Die Güter der Welt gleiten uns durch die Finger wie der Sand der Dünen.«
Antoine de Saint-Exupéry

Naturschutz?

Wo Süßwasser ist, lebt die Wüste. Am Rand der Lagune entstand eine große Palmenoase. Im Zuge des Tourismus-

> **Infos**
>
> 📍 E9
>
> **Start/Ziel:**
> Faro de Maspalomas ❷
>
> **Länge/Dauer:**
> 8 km/2,5 Std,
> mit Badestopps
> ca. 4–5 Std.

booms wurde sie allerdings privatisiert und in Hotelgärten integriert. Erst 1987 wurden die Dünen samt Lagune unter Naturschutz gestellt. Zwischenzeitlich hatte der See als Abwasserkanal gedient und in die ›Wüste‹ war ein Hotelrohbau geklotzt worden, den man später werbewirksam sprengte.

Mittlerweile ist das Umland verbaut; wo etwas Platz blieb, wurden die Rasenteppiche eines Golfplatzes ausgerollt. Drastische Maßnahmen sollen helfen: So wird seit Jahren diskutiert, die Vergnügungsmeile Anexo II am Ostrand der Dünen abzureißen. Und was von der Palmenoase öffentlich zugänglich blieb, soll in einen Botanischen Garten integriert werden. Bisher nur schöne Worte …

Los geht's! Rundtour um und durch die Dünen
Viele Wege führen durch die Wüste, die folgende, 8 km lange Tour ist die abwechslungsreichste. Vom Leuchtturm **Faro de Maspalomas** ❷ an der Inselsüdspitze spaziert man am Meer ostwärts, zur Rechten liegt das Meer, zur Linken das Hotel Faro. Nach ca. 100 m hört die Bebauung auf. Jenseits der schmalen Sandbank sieht man die Lagune **La Charca,** über die man später zurückkehren wird.

4 km läuft man an den Dünenausläufern am Meer entlang und kann sich unterwegs in den Fluten erfrischen. Von der **Punta de Maspalomas,** wo die Küste in Nordrichtung einknickt, geht es noch 15 Minuten weiter am Strand entlang. Dann steigt man über Treppenwege zur Promenade **Paseo Costa Canaria** hinauf. Diese führt nach links in 10 Min. zur **Oficina de Turismo Las Dunas,** wo Schautafeln die Entstehung der Dünen erklären. Seit Jahren heißt es, man werde sie nur noch anschauen, nicht mehr durchlaufen können. Vorerst aber darf man: Von der Aussichtsterrasse unterhalb des Zentrums geht es – durch Bohlen markiert – westwärts in 25 Min. zum Barranco de Fataga. Kreuzt man ihn, stößt man auf den Paseo zur Lagune La Charca, wo man von einer überdachten Aussichtsplattform Seevögel beobachten kann.

Für etwas ›Sahara-Feeling‹ sorgt eine Dromedar-Karawane, die Touristen durch die Sandberge trägt.

Hinweis: Die Dünen werden als FKK-Zone genutzt – seien Sie also nicht überrascht, wenn Sie Nackten begegnen!

BEACH UND MEHR B

Der Name sagt's: Das Fünfsternehotel **Seaside Palm Beach** 2 steht am Strand, eingebettet in einen herrlichen Garten mit Hunderten von Palmen. Und so könnte Ihr Tag aussehen: Frühmorgens eine Badesession im Atlantik, dann ein opulentes Büfettfrühstück Marke *healthy & open air* (u. a. mit mehr als einem Dutzend frisch gepressten Smoothies). Anschließend können Sie den lieben langen Tag an einem der Pools unter Palmen verbringen oder vielleicht im Spa mit Feucht- und Trockensaunen und dem extra-warmen Solebecken … Dann ist es auch schon Zeit für das Dinner, das kulinarisch zum Besten gehört, was die Insel zu bieten hat. Ein Absacker gefällig? Die Bar ist in kräftigen Farben designt – wie das ganze Haus im Retro-Popart-Stil – eine Erfrischung fürs Auge! (Av. del Oasis s/n, T 928 72 10 32, www.hotel-palm-beach.com/de, €€€)

Mit Meerblick essen Sie auch in der **Beach Bar Palo Cortado** und in der **Blue Marlin Ibiza Sky Lounge** (s. Ausgehen). Stimmungsvolles Garten-Ambiente und feine mediterrane Tapas erwarten Sie im **La Bodega**, saisonale Fusion-Küche im **La Esencia** (Reservierung s. Hotel Palm Beach).

Wie aus 1001 Nacht
1 **Samsara:** Im Obergeschoss eines unauffälligen Hauses ein paar Gehmin. landeinwärts eine Überraschung: Golddurchwirkte Stoffe, opernhaft drapiert, asiatischer Nippes und viele Pflanzen kreieren ein exotisches Ambiente. Die leicht hochpreisige Küche ist asiatisch-arabisch inspiriert, da die Portionen groß sind, empfiehlt es sich zu teilen, z. B. Thun-Carpaccio, Garnelen-Curry, schwarze Pasta mit Meeresfrüchten.
Av. del Oasis 30, T 928142736, www.samsara-gc.com, tgl. außer Mo ab 19 Uhr (Reservierung nötig), €€€

Am Wasser gebaut
2 **El Senador:** In diesem Großlokal sitzt man in erster Linie am Meer und lässt die Strandläufer an sich vorbeiziehen. Es gibt Snacks für den kleinen Hunger; wer mehr Appetit mitbringt, greift zu moderat teurem Fisch und Lamm.
Paseo El Faro, T 928 14 04 96, tgl. ab 10 Uhr, €€

Bewegen

Baden und Surfen
Nahe dem Leuchtturm beginnt der Strand, der sich 6 km bis Playa del Inglés erstreckt. Bei Süd- oder Westwind baut sich vor dem Leuchtturm eine Welle für erfahrene Surfer auf.

Golf
1 **Campo de Golf Maspalomas:** Ideal für Anfänger: Der fast flache 18-Loch-Platz (Länge 6220 m) liegt unmittelbar vor den Dünen. Mit Driving Range, Übungsrampe und Putting Green.
Av. Neckermann s/n, T 928 76 25 81, www.maspalomasgolf.net

Tennis
2 **Tennis Center Maspalomas:** Elf Hart- und Kunstrasenplätze sowie drei Squash Courts.
Av. Touroperador Tjaereborg 9, Campo Internacional, T 928 76 74 47, www.condejackson.com/maspalomas

Dromedar-Ritt
3 **Camello Safari:** Beim Ritt am Rand der Dünen erfährt man, was es mit der Schaukelei auf sich hat – sie verdankt

KULTUR TANKEN

Was im Süden Mangelware ist, gibt es in der Hauptstadt Las Palmas zuhauf. Eine Übersicht über wichtige Events finden Sie in der deutschsprachigen Zeitschrift ›Viva‹ (www.viva-canarias.es/categories/events/) oder auf http://lpavisit.com.

sich dem Passgang des Wüstentiers, das Vorder- und Hinterfuß einer Körperseite gleichzeitig vorsetzt.
Calle Oceanía (400 m von der Lagune landeinwärts), tgl. 9–16 Uhr, www.camellosafari.com, tgl. 9–14.30 Uhr, 15€/30 Min.

Reiten
❹ El Salobre Horse Riding: Gäste werden vom Hotel abgeholt und zum Startpunkt der begleiteten Reitausflüge gebracht (1–3 Std.).
Calle Islas Malvinas 3 (erreichbar über die GC-604), T 616 41 83 63, www.elsalobrehr.es

Ausgehen

In Maspalomas spielt sich das Nachtleben in Hotels ab, die allabendlich Shows oder Livemusik anbieten – auch Nicht-Hotelgäste sind willkommen! Mehr los ist im nahen Meloneras und in Playa del Inglés.

Drei unter einem Dach
Im Hotel Faro: Mit Panoramalift geht es zur **Blue Marlin Ibiza Sky Lounge,** wo eine »day to night rooftop experience« beginnt. Bei 360°-Grad-Panorama vom Meer bis zu den Bergen genießt man Cocktails, während DJs chillige Musik auflegen – wer will, tanzt … (T 928 65 22 58, www.bluemarlinibizaskylounge-gc.com). Über die Hotellobby erreicht man die schicke **Suro-Bar** mit Livemusik auf der Meeresterrasse. An der Promenade öffnet die **Beach Bar Palo Cortado,** wo man mit Füßen im Sand unterm Bambusschirm in erster Strandreihe sitzt (alle tgl. ab 11 Uhr, open end).

Infos

- **Busse:** Der kleine Busbahnhof *(estación de guaguas/»Faro«)* befindet sich nahe dem Leuchtturm, s. S. 108.
- **Feiern:** s. S. 95, Playa del Inglés.

Meloneras ♀D9

Schlösser schauen
Spazieren Sie hinein ins Hotel Costa Meloneras, Villa del Conde, Riu Palace oder Baobab! Man muss kein Hotelgast sein, um bei einem Kaffee ihren Prunk und Pomp zu genießen. Das Costa Meloneras erinnert an die Alhambra, Baobab ist einer afrikanischen Festung nachempfunden. Und Villa del Conde ist die Fantasy-Version eines kanarischen Städtchens inklusive einer ›Kirche‹, einer originalgetreuen Kopie jener von Agüimes – mit Kuppeln und Türmen. Die Hotels wollen den Eindruck erwecken, sie hätten schon ewig hier gestanden, dabei entstanden sie erst um die Jahrtausendwende. In Meloneras wollte man neue touristische Maßstäbe setzen: Statt gesichtsloser Bettenburgen feudale Fünf-Sterne-Paläste, statt Mini-Pools weitläufige Badelandschaften. Der Mangel an Geschichte und historisch gewachsener Kultur wird durch Rückgriff auf tradierte Architekturformen kaschiert – eine künstliche Kulisse, in der sich Urlauber wohlfühlen sollen. Allerdings ist alles megagroß, was alles andere als exklusiv ist …

Maspalomas & Meloneras

Ansehen
1. Parque Botánico
2. Faro de Maspalomas

Schlafen
1. Grand Hotel Residencia
2. Palm Beach
3. Faro
4. Ap. Oasis
5. Villa del Conde
6. Costa Meloneras
7. Baobab

Essen
1. Samsara
2. El Senador
3. Maximilians
4. Misbah
5. Pingüino Soul
6. Café de Paris

Einkaufen
1. C.C. Varadero

Bewegen
1. Campo de Golf
2. Tennis Center Maspalomas
3. Camello Safari
4. El Salobre Horse Riding
5. Gran Spa Corrallium Costa Meloneras
6. Meloneras Golf

Ausgehen
1. Blue Marlin Ibiza Sky Lounge, Suro Bar, Beach Bar Palo Cortado
2. Café del Mar
3. Gran Casino Costa Meloneras
4. ExpoMeloneras

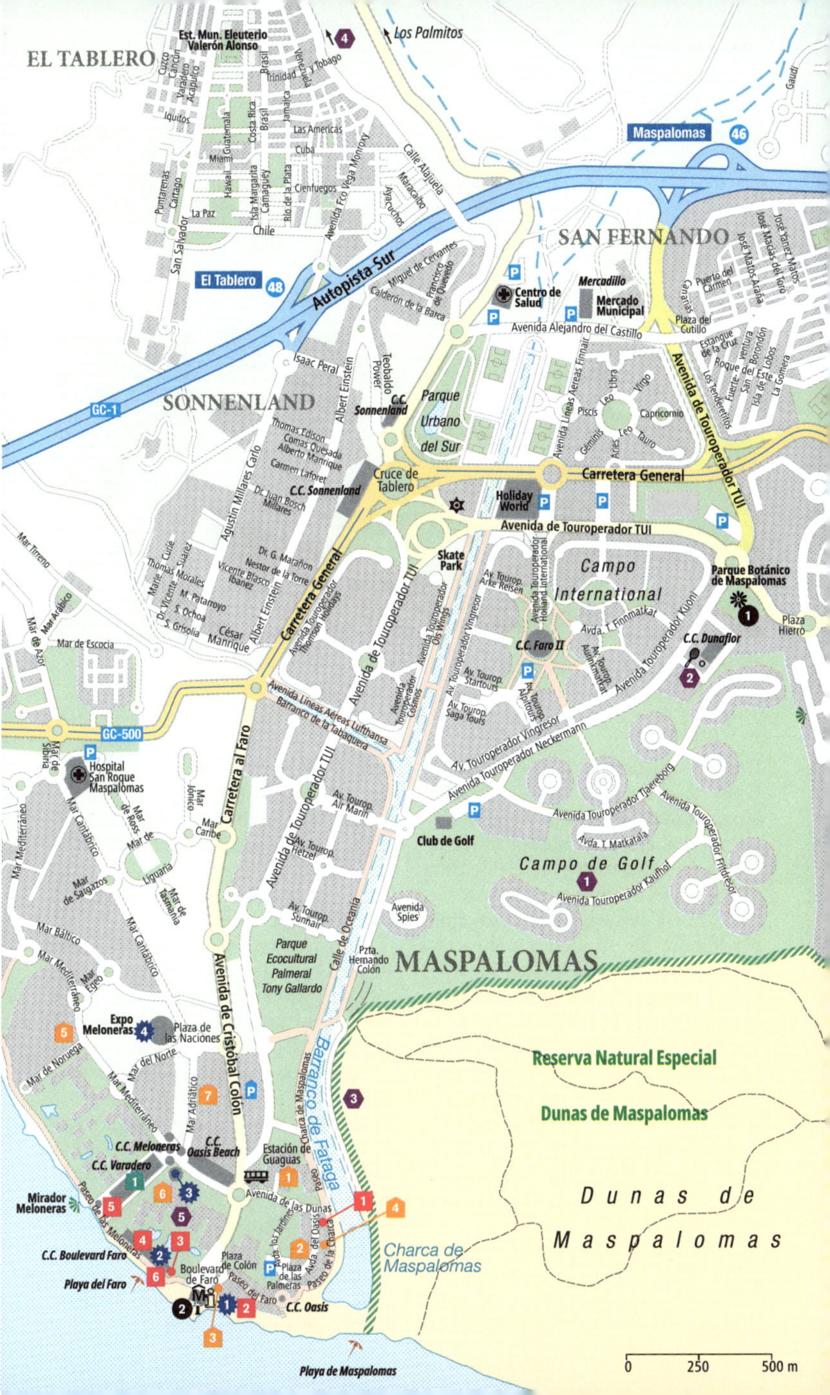
EL TABLERO
Est. Mun. Eleuterio Valerón Alonso
Los Palmitos
Maspalomas
46
SAN FERNANDO
El Tablero
48
Autopista Sur
GC-1
SONNENLAND
Centro de Salud
Mercadillo
Mercado Municipal
Avenida Alejandro del Castillo
Plaza del Cutillo
Avenida de Touroperador TUI
C.C. Sonnenland
Parque Urbano del Sur
Cruce de Tablero
Carretera General
Holiday World
Skate Park
Campo International
Parque Botánico de Maspalomas
Plaza Hierro
C.C. Dunaflor
C.C. Faro II
GC-500
Hospital San Roque Maspalomas
Carretera al Faro
Club de Golf
Campo de Golf
Avenida de Cristóbal Colón
Parque Ecocultural Palmeral Tony Gallardo
Pzta. Hernando Colón
MASPALOMAS
Expo Meloneras
Plaza de las Naciones
Reserva Natural Especial
Dunas de Maspalomas
Barranco de Fatagа
C.C. Meloneras
C.C. Oasis Beach
C.C. Varadero
Estación de Guaguas
Avenida de las Dunas
Mirador Meloneras
Dunas de Maspalomas
Charca de Maspalomas
C.C. Boulevard Faro
Plaza de Colón
Boulevard de Faro
Playa del Faro
Paseo del Faro
C.C. Oasis
Playa de Maspalomas
0
250
500 m

Hi Hai! Wie wäre es mit einem Raubfisch als Souvenir?
Gibt's im Einkaufszentrum Varadero.

Der Leuchtturm – das Original

Einst stand der 1886 erbaute **Faro de Maspalomas** ❷ mutterseelenallein an der wüstenhaften Inselsüdspitze: das älteste Bauwerk der Region. Heute ist er mit seinen 56 m Höhe nur einer von vielen Türmen, die diesen Küstenabschnitt bestimmen. Sie können ihn auch von innen sehen: Eine Ausstellung illustriert Gran Canarias Geschichte sowie Kunsthandwerk von der Keramik der Ureinwohner bis zu Designerschmuck der Gegenwart. Eine zweite ist kanarischen Leuchttürmen gewidmet. Über die originale Leuchtturmtreppe steigen Sie zur Aussichtsterrasse hinauf und genießen einen umwerfenden Blick (tgl. 10.30–17 Uhr, www.centroetnograficodelfarode maspalomas.org, Eintritt frei).

Am Leuchtturm nimmt auch der 2 km lange **Paseo de las Meloneras** seinen Ausgang. In Form eines breiten Boulevards zieht er sich die Küste entlang, führt vorbei an künstlichen Höhlen mit Wasserfällen und einer kleinen archäologischen Fundstätte. Vorerst endet er an den Kiessandstränden Playa de las Mujeres und Playa de las Meloneras. Eines Tages soll er bis zum Jachthafen Pasito Blanco führen …

Die hinteren Straßen, allesamt nach den Meeren der Welt benannt, geben sich weniger feudal. Sie sind von Villen im Reihenhausstil und Einkaufszentren gesäumt, die architektonisch so gar nicht zusammenpassen: **Oasis Beach** imitiert eine Kasbah-Stadt, **Varadero** ist langweilig-funktional. Auch das Veranstaltungszentrum **ExpoMeloneras** fügt sich mit seinen modernen, runden Formen nicht in die vorherrschende ›feudale Linie‹ ein. Immerhin können die freien Flächen westlich von Meloneras nicht zugebaut werden: Sie sind mit den sanft gewellten Rasenteppichen des 18-Loch-Golfplatzes Campo de Meloneras bedeckt.

Schlafen

Die Hotels Villa del Conde und Costa Meloneras liegen in erster Küstenlinie an der autofreien Meerespromenade. Und auch das Baobab liegt nur wenige Gehminuten von der Küste entfernt. Trotz hoher Preise und jeweils Hunderten von Betten sind sie stets die ersten, die ausgebucht sind.

Kunstwelt mit Patina
5 Villa del Conde: In dieser ›gräflichen Stadt‹ *(villa del conde)* ist alles schöner Schein: Die fünfschiffige ›Kathedrale‹, originalgetreue Replik der Kirche von Agüimes, ist die Empfangshalle. Die pastellfarbenen Balkonhäuser, die sich rings um großzügige Plazas gruppieren, beherbergen die komfortablen (561) Zimmer. In die künstlichen Klippen wurde ein ›See‹ mit großem, erstklassigen Thalasso-Zentrum geschlagen.
Calle Mar Mediterráneo 7, T 928 56 32 00, www.lopesanhotels.com, €€€

Alhambra lässt grüßen
6 Costa Meloneras: Das Luxushotel wirkt mit seiner pompösen Einfahrt, den Türmen und Arkaden wie der Mega-Palast eines Scheichs. Im großen Garten befindet sich ein raffiniert angelegter, mittlerweile oft kopierter Infinity-Pool. Sein Wasser scheint mit dem Blau des Meeres zu verschmelzen, über eine künstliche Felswand fällt es kaskadenartig zur Promenade hinab. Weniger aufregend sind die 1136 (!) Zimmer (unbedingt Meerseite buchen!). Die Größe des Hotels bringt es mit sich, dass man weite Wege zurücklegen muss. Obwohl es sechs Restaurants gibt, kommt oft Gedränge auf, schönen Spa (inkl. ›Totem Meer‹, sprich: stark salzhaltigem Schwebe-Pool in einer künstlichen Grotte) sowie einer Tennis-Schule.
Calle Mar Mediterráneo 1, T 928 12 81 00, www.lopesanhotels.com, €€€

Nahes Afrika
7 Baobab: Das Fünf-Sterne-Hotel (677 Zimmer) huldigt in Architektur, Design und Gartengestaltung dem Schwarzen Kontinent; selbst in Gastronomie und Unterhaltungsangebot finden sich Anklänge an Afrika. Ein Garten mit neun Pools und vielen Baobab-Bäumen umgibt die ›Festung‹. Schön ist auch die Hotelbar unter Pagodendächern über einem Wasserfall.
Calle Mar Adriático 1, T 928 14 22 40, www.lopesanhotels.com, €€€

Essen

Am schönsten sitzt man an der Promenade und am benachbarten Boulevard Faro, wo sich attraktiv gestylte Cafés,

---

NACHGEHAKT: LOPESAN-LAND

Gehört hier alles Lopesan? Mehrere Mega-Hotels, die Lokale an der Promenade und die Einkaufszentren, dazu das Veranstaltungszentrum und der Golfplatz … Meloneras scheint – wie einst im feudalen Europa – die Privatstadt eines Magnaten zu sein. Tatsächlich gehört hier fast jeder Quadratmeter Eustasio López González, einem Kanarier, der zu den reichsten Spaniern gehört. Dabei hat er klein angefangen, noch 1973 war Lopesan eine lokale, unbedeutende Baufirma. Doch mit Gran Canarias Tourismus-Boom wurde sie groß und global – nicht nur mit Bauen, sondern auch mit dem Betreiben von Hotels. Seit der Übernahme der deutschen Ifa-Gruppe ist sie an der Frankfurter Börse notiert und mit dem Kauf von Hotels in Mittelamerika bleibt sie auf Expansionskurs.

Lieblingsort

Sunset Boulevard

Wenn es im Süden einen schönen Ort zum Bummeln gibt, so ist es der **Paseo de las Meloneras**. Auf der weit aufs Meer hinausführenden Mole lässt man sich nieder und beobachtet Surfer, die sich kühn in die Wellen stürzen, während weiter draußen ein Fischerboot die Küste entlangtuckert. Besonders stimmungsvoll ist es am späten Nachmittag: Vom Leuchtturm spaziert man der untergehenden Sonne entgegen, vorbei an leuchtenden Hotelpalästen mit ihren Türmen und Kuppeln. Terrassencafés locken mit kühlen Cocktails, die Brandung macht die Musik – was will man mehr?

Eisdielen und Lokale aneinanderreihen. Weitere Restaurants gibt es im Centro Comercial Varadero sowie in der Einkaufspassage Oasis Beach in zweiter Strandlinie. Natürlich ist es nur ein Katzensprung bis Maspalomas, wo Sie von chillig über exotisch bis rustikal gut in vielen Lokalen essen können.

An der Meerespromenade
3 Maximilians: Italienische Klassiker in entspannter Open-Air-Atmosphäre, wie z. B. Pizza und Pasta mit Meeresfrüchten, Carpaccio und Salat Tropical. Maximilians ist günstiger und dazu weniger überlaufen als die übrigen Lokale an der Promenade.
El Boulevard Faro, T 928 14 70 34, www.maximiliansrestaurant.es, tgl. 12–24 Uhr, €€

Gaumenkitzel
4 Misbah: Bistro-Ambiente mit exotischem Touch, dazu indisches Essen von Nord bis Süd, entweder authentisch scharf oder dem europäischen Gaumen angepasst. Gute Curries!
El Boulevard Faro 37, T 928 14 04 18, www.misbah.es, tgl. 13–23 Uhr, €€

Informell
5 Pingüino Soul: Mit einer großen Terrasse öffnet sich das halboffene Lokal zum Meer, abends ist es mit ›Fackeln‹ beleuchtet. In der Vitrine sind Törtchen ausgestellt, die das Wasser im Mund zusammenlaufen lassen, dazu gibt es Eis in ausgefallenen Varianten, Crêpes und Waffeln.
Paseo Meloneras, T 928 14 21 81, tgl. 9–23 Uhr, €

Für den kleinen Hunger
6 Café de Paris: Dank seiner guten Lage am Anfang der Promenade ist der runde Pavillon von morgens bis abends gut besucht. Man stärkt sich mit hausgemachten Torten und Kuchen, Shakes und frisch gepresstem Saft.
C.C. Boulevard Faro, tgl. ab 10 Uhr, €

Einkaufen

Einkaufszentren
Während das **C.C. Varadero** 1 vor allem Outlet-Läden bietet, präsentieren sich **C.C. Meloneras** und **C.C. Oasis Beach** als Marken-Mekka.

Bewegen

Baden
An der 600 m langen Playa de Meloneras ist der Sand oft weggespült – besser geht man gleich zum Strand von Maspalomas.

Wellness
5 Gran Spa Corrallium Costa Meloneras: Das Spa Center bietet auf 3000 m^2 eine Erlebnis-Landschaft mit Kneipp-Grotten und ›tropischen‹ Wasserfällen, afrikanischer Sauna und türkischem Dampfbad, eisigem Iglu und ›Totem Meer‹ in einer Lavahöhle. Dazu draußen ein Thermal-Pool mit Wassermassagedüsen. Auch Nicht-Hotelgäste sind willkommen.
Mar Mediterráneo 1, T 928 12 81 81, tgl. 9–22 Uhr

Golf
6 Meloneras Golf: Der 18-Loch-Platz liegt in erster Strandlinie zwischen Meloneras und Pasito Blanco. Mit eingestreuten Teichen und Palmenhainen ist er eher anspruchsvoll und wettkampferprobt. Mit Pitching und Putting Green, Driving Range und mit GP ausgestatteten Buggies.
T 928 14 53 09, www.melonerasgolf.es

Ausgehen

Die Bars an der Promenade sind ein ausgezeichneter Ort, um die Nacht einzuläuten. Einheimische trifft man vor allem in den Clubs und Pubs des Einkaufszentrums Oasis Beach (zweite Strandreihe). Attraktiv sind die Bars der **Hotels Costa Meloneras, Baobab** und **Palm Beach** (s. Hotels Meloneras S. 105 sowie Ausgehen Maspalomas S. 100 und S. 101) – Livemusik von Jazz bis Afro-Sound.

Livemusik & Shows
Café del Mar: Mit dem Namen will es den Zauber seines Ibiza-Pendants nach Meloneras bringen: Hinter einem künstlichen Wasserfall eröffnet sich ein chilliges Lokal, wo Palmen, Naturstein und Wasserrauschen für Entspannung sorgen. Tagsüber fungiert es als Lounge-Lokal, doch erst nachts läuft es zur Höchstform auf: Jeden Abend zeigen Profis eine andere Show – von Flamenco Funk über klassische Gitarre bis Cabaret – die im Preis der Cocktails bzw. des Dinners inbegriffen ist. Am Wochenende besser reservieren.
Boulevard El Faro, T 637 88 40 20, www.cafedelmarmeloneras.com, tgl. 11–2 Uhr

Außer Spiel auch Revue
Gran Casino Costa Meloneras: Unter einer großen Kuppel sind 17 Spieltische und 100 Slot-Maschinen aufgebaut. Französisches Roulette und ab 21.30 Uhr eine fulminante Tanz-Revue.
Av. del Mediterráneo 1, Casino T 928 14 39 09, www.grancasinocostameloneras.com, tgl. ab 20 Uhr

Klassik & Co.
ExpoMeloneras: Im schicken Kongresspalast finden eher selten Konzerte und andere Kulturveranstaltungen statt.
Calle Príncipe de Asturias s/n, www.expomeloneras.com

Infos
- **Internet:** http://turismo.maspalomas.com
- **Busse:** Der kleine Busbahnhof (estación de guaguas/»Faro«) befindet sich nahe dem Leuchtturm. Mit Linie 66 geht's zum Airport, mit Linie 18 ins Landesinnere, mit Linie 30/50 nach Las Palmas (mit Ersterer ins Catalina-Viertel, mit Zweiter in die Altstadt).
- **Feiern:** s. S. 95, Playa del Inglés

Los Palmitos ♀D7

Ein Ort, den man gesehen haben »muss« – so steht es jedenfalls in der Eigenwerbung. Ob's stimmt? Fakt ist, dass viel getan werden »muss«, um den saftigen Eintrittspreis von **Palmitos Park** zu rechtfertigen. Am Ende der ›Schlucht der kleinen Palmen‹, 12 km nördlich von Maspalomas, wurde ein Tier- und Pflanzenpark angelegt, in dem Exoten aus aller Welt leben – je bunter, desto besser. Auf dem Grund des von steilen Wänden umschlossenen Barrancos wächst in üppiger Fülle eine subtropische Vegetation, aufgelockert durch Seen und Bäche.

Zu den Höhepunkten zählen ein Kakteen- und Agavengarten, eine Affeninsel, Käfige mit exotischen Vögeln, das Schmetterlings- und Orchideenhaus, die farbenprächtige Unterwasserwelt des Aquariums und das Minibiotop der Piranhas. Mehrmals täglich werden Dressur-Shows mit Papageien und großen Greifvögeln angeboten; auch im Delfinarium zeigen die Meeressäuger, wie gut sie sich abrichten lassen – die aktuellen Termine erfährt man über die Website des Parks.
www.palmitospark.es, tgl. 10–18 Uhr, letzter Einlass 17 Uhr, Eintritt 34 €, Kinder 5–10 Jahre 25 €, Kinder 3–4 Jahre 13 €, mehrmals tgl. fahren Busse, so Bus 45 Bahía Feliz–Playa del Inglés–Palmitos Park, Bus 70 Puerto Rico–Maspalomas–Palmitos Park

Lieblingsort

An der Strandlagune

Frühmorgens, wenn die Urlauber schlafen oder beim Frühstück sind, ist **La Charca** (Karte 3, E 6) fast menschenleer. Bestenfalls drehen ein paar Jogger ihre einsamen Runden. Dann liegt die Lagune wie ein großer Spiegel in der aufgehenden Sonne. An ihrer Westseite gleiten helle Dünen ins Wasser, hinter ihr schimmern die fernen Berge, vor ihr – nur durch einen schmalen Sandstreifen getrennt – braust der Atlantik heran. Sein Rauschen ist bis zur Lagune zu hören und vermischt sich mit dem Schrei des Seidenreihers, der auf der Suche nach Fischen durchs Wasser pflügt. Er ist nur einer von vielen Vögeln, die von ihren langen Wanderwegen erschöpft, hier gern eine Rast einlegen. Da sind noch Stelzenläufer, Seeregenpfeifer und Sanderlinge, manchmal breiten Flamingos ihre rosafarbenen Flügel aus …

Ayagaures   ♦D7

Landeinwärts führt auch die GC-503/GC-504. Von ausgeglühten Bergflanken eingerahmt, präsentiert sich das Schluchtbett mit haushohem Schilfrohr erstaunlich grün.

Nach knapp zehn Kilometern stößt man auf den Weiler **Ayagaures** mit einer Plaza, an der neben dem Kirchlein eine Bar öffnet. Knapp oberhalb des Dorfes liegt ein erster Stausee inmitten zerklüfteter Bergwelt. Folgt man ab der Staumauer der Erdpiste 1 km weiter bergauf, kommt rechter Hand ein zweiter, noch schönerer See ... Nach weiteren 5 km endet die Piste, die besser zu laufen als zu befahren ist, im Geisterdorf **Las Tederas** mit Ruinen und verwilderten Gärten.

Pasito Blanco   ♦D9

Was in den 1960ern als Hochsicherheitssiedlung für NASA-Angestellte entstand, ist heute ein ruhiges Bungalow-Resort für Betuchte – mit Jachthafen und Strand. Noch immer signalisiert eine Schranke

BUCHTEN IM ABSEITS   **B**

Folgen Sie von Maspalomas/Meloneras der wenig befahrenen Küstenstraße GC-500 (mit dem Auto oder Rad) westwärts, können Sie Abstecher zu Kies-Sand-Stränden unternehmen, die werktags fast menschenleer sind. Dicht aufeinander folgen die Playas **Montaña Arena, Las Carpinteras, Triana** und **Llano de los Militares.**

›Durchfahrt verboten‹, doch braucht man sich darum nicht zu kümmern. Egal wie privat die Küste auch aussehen mag: Laut spanischem Gesetz ist sie öffentlich und frei zugänglich – zumindest zu Fuß!

Im Jachthafen kann man im Lokal La Punta (www.pasitoblanco.com, €€) bei einem Mojito entspannen, bevor man sich in der angrenzenden kleinen Badebucht erfrischt. Und auch Taucher steigen hier gern in die Fluten, denn »was die Dünung mitbringt, lässt einen fast an eine Fata Morgana glauben« – so urteilt das »Unterwasser Tauchmagazin«: »Riesige Sardinenschwärme ziehen um den nackten Fels. Bilder, wie man sie höchstens vom Sardine Run aus Südafrika kennt. Hier tummeln sich mittelgroße Barrakudas, Schmetterlingsrochen und Kugelfische.« (s. auch S. 55)

Salobre   ♦D8

Auf Karten ist der Ort samt Golfplatz ausgewiesen, doch von der Autobahn sieht man ihn nicht: Die GC-1 bahnt sich ihren Weg durch die typische ausgedörrte Landschaft des Südens, ringsum erblickt man nichts als karge Hügelketten.

Wählt man hinter Km 52 die angezeigte Salobre-Abfahrt, kommt man über eine Serpentinenstraße zu einer Anhöhe, an der sich das Geheimnis lüftet: Rechts blickt man auf ein Clubhaus, links auf einen rustikalen Spar-Laden und geradeaus auf ein weites Tal, dessen grüner Golfrasen inmitten der Dürre bizarr anmutet. Nach Passieren einer Schranke fährt man weiter, vorbei an minimalistisch inspirierten Natursteinhäusern. 4 km hinter der Autobahnabfahrt ist das Hotel Sheraton Salobre erreicht (www.sheraton.com/grancanaria). Tagesgäste können auf dem 27-Loch-Platz Golf spielen, die Bars besuchen oder im Restaurant *à la carte* speisen.

Zugabe
Mehr als nur Apollo

NASA und NATO in Pasito Blanco

Spannendes gibt's nicht nur vom Wasser zu erzählen: Oberhalb von Pasito Blanco sieht man die großen Parabolspiegel des INTA, ein Kürzel für den sperrigen Namen Instituto Nacional de Tecnología Aeroespacial, auf Deutsch: »Nationales Institut der Luftraumtechnologie«. Es überwacht Satelliten und fängt Signale von in Seenot geratenen Schiffen auf. Auch Mikro-Satelliten wurden von hier schon in den Weltraum geschossen. Der Ursprung der Station geht auf das Jahr 1960 zurück: Sie wurde von den USA aufgebaut und diente der NASA zur Vorbereitung und Überwachung des ersten bemannten Apollo-Flugs zum Mond: Hier sah man am 20. Juli 1969 die ersten Direktbilder vom Erdtrabanten und vernahm dazu die Worte des Astronauten Neil Armstrong: »Das ist ein kleiner Schritt für einen Menschen, aber ein riesiger Sprung für die Menschheit.« Von Pasito Blanco wurde der Satz telefonisch nach Las Palmas übermittelt, von wo er per Kurzwelle England und via Unterseekabel Andover (USA) erreichte. Von Pasito Blanco wurden auch die nachfolgenden Weltraumprojekte begleitet. Während der Mond-Mission ließen sich viele Nordamerikaner auf Gran Canaria nieder und bildeten eine regelrechte Kolonie mit eigener Schule, die bis heute in Tafira existiert. Mit dem jüngsten US-Engagement im benachbarten Mali und Mauretanien erfuhr sie eine Auffrischung.

Doch noch anderes geschah in Pasito Blanco. »Stay behind« (später »Gladio«) war der Deckname einer NATO-Geheimtruppe im Kalten Krieg, die im Hinterland von Pasito Blanco ausgebildet wurde. Ihr Ziel war es, im Fall einer sowjetischen Invasion in einem der Mitgliedstaaten hinter der feindlichen Linie Guerrilla-Aktionen durchzuführen. Doch auch innerhalb des NATO-Gebiets wurde sie eingesetzt, um gezielt Attentate zu verüben, die z. B. den Ruf nach einem starken Staat auslösten. So gibt es Hinweise, dass das Attentat auf das Münchener Oktoberfest 1980 auf Gladios Konto ging … ■

Ziehen Sie eine Jacke an, legen Sie sich ein Handtuch als Nackenstütze um und genießen Sie den Nachthimmel über den Dünen.

»Das ist ein kleiner Schritt für einen Menschen« …

Der Südwesten: Costa Mogán

Ideales Klima — Der Südwesten hat keine so prachtvollen Strände, dafür aber die meisten Sonnenstunden.

Seite 116
Strandfeeling in Arguineguín

Entlang der Promenade lässt es sich wunderbar von einem Strand zum nächsten schlendern. Am erhöhten Kap Puesta del Sol mit Bars und Restaurants schweift der Blick auf die Playa de las Marañuelas.

Seite 117
Beach Club in Santa Águeda

Im chilligen Beach Club Perchel am wunderschönen Infinity Pool entspannen und schließlich zur blauen Stunde einen traumhaften Sonnenuntergang genießen.

Exoten gedeihen am besten im Südwesten.

Eintauchen

Seite 118
Auf den Tauro

Der Weg ist nicht lang und verlockend das Ziel – mit Weitblick ins Inselzentrum!

Seite 120
Anfi Maroa Club de Mar

In dem Beach Club an der Playa de la Verga kann man Stunden verbringen …

Seite 121
Shuttle-Service längs der Küste

Kleine Fähren bringen Sie zwischen Puerto de Mogán und Arguineguín von einem Ferienort zum nächsten.

Der Südwesten: Costa Mogán

Playa Amadores
Seite 123

Der Strand wurde künstlich angelegt: Über weißem Sand schillert das Wasser türkis. Natürlich gibt es auch hier einen schicken Beach Club.

Wale sichten!
Seite 124

Von Puerto Rico aus starten Boote zu den Meeressäugern. Etliche sind in kanarischen Gewässern sesshaft geworden, weil sie in den Tiefen des Atlantiks Riesenkraken, ihre Lieblingsnahrung, finden.

Baden inkognito
Seite 127

Die kleinen Buchten Tiritaña, Playa del Medio Almud und Playa Los Frailes liegen versteckt am Fuß zerklüfteter Klippen. Packen Sie Strandmatte, Badezeug, Wasser und Proviant ein und verbringen Sie einen Tag à la Robinson. Nur vorbeifahrende Boote können Sie hier sehen …

Puerto de Mogán ⭐
Seite 128

Vom verschlafenen Fischerdorf zum Liebling der Touristen: Abhängen im Hafen, inmitten mediterraner Farben, mit Blick auf Jachten in glitzerndem Wasser.

&

erleben

Steil ist der Weg, lohnend das Ziel: Am Mirador hoch oben in Puerto de Mogán liegen Ihnen der Hafen und die ganze Bucht zu Füßen.

Gran Canarias sonnigste Seite

W ie wird eine wilde Klippenlandschaft komplett umgeformt? Hier können Sie es sehen: Eine fast ununterbrochene Abfolge von Ferienorten reiht sich von Arguineguín bis Puerto de Mogán. Alle haben Strände von künstlich bis naturbelassen und Unterkünfte, deren Terrassen beharrlich Richtung Meer ausgerichtet sind. Dennoch haben die Ferienorte jeweils einen recht unterschiedlichen Charakter. Arguineguín ist nicht gerade schön, aber halbwegs kanarisch. Und es hat zwei (kleine) Strände und eine Promenade. Von seinem Hafen starten Shuttle-Schiffe zu Trips längs der Südwestküste. Ganz anders sieht es im benachbarten Patalavaca aus: Fünf-Sterne-Hotels stehen vor einem ›karibischen‹ Strand, dem eine exotische Insel vorgebaut wurde. Landeinwärts aber kriechen ausufernde Urbanisationen die kahlen Hänge empor.

Puerto Rico, der ›reiche Hafen‹, ist mittlerweile arg in die Jahre gekommen. Und auch hier sind die Hänge fugendicht mit Apartmentanlagen gepflastert. Doch noch immer punktet Puerto Rico mit dem inselweit größten Angebot an Wassersport und Bootsausflügen: ob Jet- oder Wasserski, Segeln, Surfen oder Tauchen – alles ist möglich. Und jeden Vormittag starten Schiffe zu Törns aufs Meer. Am Reißbrett entworfen sind auch Playa Amadores und Playa de Tauro, die auf gehobenen Tourismus setzen: Amadores mit ›karibischem‹ Strand, Tauro mit einem Golfplatz (und demnächst einem Jachthafen). Playa del Cura und Playa de Taurito sind reine All-inclusive-Welten, während Puerto de Mogán mit einer Mischung aus altem Fischerdorf und mondänem Hafen den meisten Charme ausstrahlt. Das Hinterland ist zerklüftet, rau und sonnenverglüht – und so gut wie unerschlossen.

> **ORIENTIERUNG**
>
> **Infos:** www.costa-mogan.com
> http://turismo.mogan.es
> **Verkehr:** Die Autobahn GC-1 ist ausgebaut bis Puerto de Mogán. Schwieriger zu fahren, aber attraktiver ist die Küsten- und Klippenstraße GC-500. Mit Bussen erreicht man Las Palmas mit den Linien 01 (ab Puerto de Mogán) und 91 (ab Playa del Cura), Bus 32 verbindet Playa del Inglés mit Puerto de Mogán. Von dort geht es weiter ins Bergdorf Mogán (Linie 38/84) und nach La Aldea de San Nicolás (Linie 38). Alle Verbindungen finden Sie auf der Website www.guaguasglobal.com.

Santa Águeda ♀C9

Hier stoßen Welten aufeinander: Auf der einen Seite ein Meereskap mit Zementfabrik, einer Playa und Fischerpinten. Auf der anderen Seite das feine Resort Cordial Santa Águeda mit einer zum benachbarten Arguineguín führenden Promenade. Im zugehörigen Perchel Beach Club sind auch Nicht-Hotelgäste willkommen, können auf Bali-Liegen und im Infinity Pool entspannen (s. Lieblingsort, S. 117).

Schlafen

Komfort – nicht nur für Familien
Resort Cordial Santa Águeda: Klare Formen, außen viel Weiß, innen Pastelltupfer und Panoramafenster. Von »Oceanview-Villas« mit Privatpool, je 2 bis 3 Schlafzimmern und ebenso vielen Bädern bis zu »Classic House« mit Gartenterrasse können mehrere Personen großzügig wohnen – alle Einheiten inkl. Kitchenette. 1-A-Service, selbst »der Hahn der angrenzenden Bananenplantage respektierte unseren Schlaf«, notierte ein Gast. Relaxen können Sie im Infinity-Pool und im Spa (Indoor-Pool mit Hydromassagen, Saunen), Kinder lieben den Splash-Wasserpark. Mit Dunckerbeck-Surf-Center, Minimarkt und mehreren Restaurants. Gäste erhalten freien Zutritt bzw. Rabatt im Perchel Beach Club.
T 928 14 33 93, www.becordial.com, 87 Apartments, €€€

Essen

Einer Heiligen würdig
El Refectorio de Ágata: Edles Holz, klare Formen – das Ambiente stimmt auf einen besonderen Abend ein. In »Agatas

Große Thunfische sind rar geworden – die Küstengewässer sind überfischt. Die Fischer müssen weit in Richtung Westsahara schippern, um einen guten Fang zu machen. Doch für Fisch gibt es viel Geld …

Speisesaal« (Santa Águeda = Hl. Agatha) wird feine Fusion-Küche mit Schwerpunkt Fleisch serviert.
Resort Santa Águeda, tgl. 18–23 Uhr, €€€

Luftig
Arrocería: Im halboffenen Terrassenlokal, nah am Wasser, schmecken Tintenfischsalat und frittierte Meeresfrüchte, danach Paellas sowie Risotti von weiß bis schwarz, vorzugsweise mit Fisch, exakt auf den Punkt gegart. Noch Platz für ein Dessert? Dann bitte *muerte por chocolate!*
Resort Santa Águeda, Mi–So 12.30–18 Uhr, €€

Urig mit Industriecharme
Bar Playa (El Boya): Im Lokal anno 1952 nimmt man auf Schotter stehenden Plastikstühlen Platz. Seit sich Vater Juan zur Ruhe gesetzt hat, hält Sohn Octavio den Laden in Schwung – serviert werden rasend schnell Fisch und Meeresfrüchte. Tipp: Wer gern weich sitzt, bringt sich als Kissen ein Strandtuch mit, vor Windzug schützt ein Pulli.
Santa Águeda 32, T 928 73 53 14, tgl. außer Do, €

Arguineguín ♀ C9

Die Zweckbauten an der Durchgangsstraße stimmen nicht unbedingt auf Urlaub ein. Arguineguín ist einer der wenigen Orte der Costa Mogán, in denen es mehr Einwohner als Touristen gibt. Ein Teil von ihnen lebt nach wie vor vom Meer, entweder als Fischer oder Werftarbeiter. Am Meer ist auch Arguineguíns baulicher Wildwuchs rasch vergessen. Hier bietet sich noch ein recht malerisches Bild und man begreift, warum der Ort »stilles Wasser« (altkanarisch: *arguineguín*) heißt.

Gleich zur Küste!
An der Küste verläuft eine **Promenade,** der man in zwei Richtungen folgen kann: Nordwärts trifft man am ›Sonnenuntergang‹ genannten, erhöhten **Kap Puesta del Sol** auf Bars und Restaurants. Schön ist von hier der Blick auf die unten liegende, 300 m lange, dunkle **Playa de las Marañuelas.** Laufen Sie nordwärts, passieren Sie die kleine, durch Wellenbrecher vom Meer abgeschirmte **Playa Costa Alegre.** Von hier sind es am Meer entlang 2 km via Patalavaca bis Anfi. Folgen Sie der Promenade von der **Playa de las Marañuelas** südwärts, passieren Sie den Hafen mit Fischerkuttern und kleinen Ausflugsfähren (s. S. 121). Jenseits des Hafens liegt die helle, sichelförmige **Playa El Perchel,** Arguineguíns schönster Strand »mit allem drum und dran«. Hier können Sie auch in einem Felsbecken ihre Runden drehen.

Schlafen

Unter Palmen in der Schlucht
Camping El Pinillo: 8 km landeinwärts, im Barranco de Arguineguín, kann man sich in rustikalen Holzhütten *(cabañas)* einmieten. Palmen spenden Schatten, ein Pool bietet Erfrischung und in einem Terrassenlokal gibt's Hausmannskost. Viel Ruhe hat man Mo–Do, am Wochenende rücken kanarische Großfamilien an.
GC-505 Km 8,3, T 629 90 78 26 und 928 18 57 70, www.clubccgc.com, €

Essen

Mit Meerblick speist man in den Restaurants an der Promenade. Da Kanarier weniger Wert auf eine gute Aussicht legen, laufen auch Lokale in den Seitenstraßen gut.

Nicht nur zum Sonnenuntergang
Taste Gran Canaria: Auf der Meerblick-Terrasse entspannen und sich

Lieblingsort

Summer feeling

Erst ein elegantes Entree, dann Entspannung auf Bali-Liegen rund um einen Infinity-Pool. Ins Strandtuch gewickelt, schaut man ins endlose Blau von Meer und Himmel. Der Tag endet im **Beach Club El Perchel** zur blauen Stunde nach einem meist spektakulären Sonnenuntergang. Zwischendurch kann man sich die Beine vertreten und auf der Promenade zum hellen Sandstrand El Perchel laufen (**Santa Águeda,** www.perchelbeachclub.com, s. Resort Cordial Santa Águeda S. 115, Eintritt inkl. Liege, Strandtuch, Begrüßungsdrink/Tag ab 30 €, Online-Reservierung empfehlenswert).

TOUR
Mal kurz auf den Kultberg

Wanderung auf den Tauro

Infos

♀ C6

Länge/Dauer:
4,3 km/2 Std. hin und zurück

Schwierigkeit:
je 340 m im An- und Abstieg, etwas anstrengend

Hinweis:
Sonnenschutz und Wasser mitnehmen!

Parken:
Eine Parkausbuchtung gibt es 100 m oberhalb des Wandereinstiegs. Ist diese belegt, muss man das Auto an der Straße abstellen.

Kein Wunder, dass die **Montaña de Tauro** den Ureinwohnern als heilig galt: Wie eine Pyramide wächst sie aus den umliegenden Schluchten empor. Von ihrem 1225 m hohen Gipfelplateau riefen sie ihren Gott um Regen an. Heute ist das Wasserproblem halbwegs gelöst, wie der Blick auf mehrere kleine Stauseen beweist.

Wie im Wilden Westen

Von einer kleinen Steinrampe am **Tauro-Pass** (Degollada de Tauro) geht es auf dem Weg erst mäßig, dann steiler hinauf. Erst flankieren Ginsterbüsche, Natternköpfe und Lavendelsträucher den Weg, dann spenden Kiefernbäume etwas Schatten. Nach insgesamt 1,8 km (40 Min.) ist eine markante **Gabelung** erreicht: Wir folgen dem Wegweiser nach links zur Montaña de Tauro (rechts geht es nach Cortadores/La Solana) und erreichen wenig später ein **Hochplateau** mit aus Steinen errichteten Rundmauern (auf dem über Pfadspuren erreichbaren Gipfel ist das Panorama nicht besser). Genießen Sie den großartigen Rundumblick, bevor Sie auf gleichem Weg zurückkehren: Zurück zur Gabelung, dort rechts und hinab zum Tauro-Pass.

Anfahrt: nur mit Pkw über die GC-505 Richtung Soria; bei Barranquillo Andrés abbiegen Richtung Mogán, nach 3,2 km startet der Wanderweg zur Linken auf einer dezenten Steinrampe.

in informellem Ambiente Fusion-Tapas schmecken lassen: in Limettensaft marinierte Seezunge mit Guacamole, Pilzkroketten und Tomaten-Auberginen-Türmchen, Lachs mit Roter-Beete-Creme und Beef-Carpaccio … Dazu eine große Auswahl an Wein und Champagner, den man glasweise bestellen kann.
Paseo de Las Marañuelas 1 T 694 44 20 30, tgl. 18–23 Uhr, €–€€

Fisch auf dem Werftgelände
Cofradía de Pescadores: Das Hafenlokal der ›Genossenschaft der Fischer‹ platzt am Wochenende aus allen Nähten. Dabei gibt es keinen Meerblick und die Preise sind nicht gerade niedrig. Doch Manuel ›El Picao‹ und seine Tochter bieten Fisch und Meeresfrüchte immer frisch!
Puerto Pesquero s/n, T 928 15 09 63, Mo geschl., €€

Einkaufen

Dienstags, wenn am östlichen Ortsende der **Mercadillo** stattfindet, herrscht Ausnahmezustand. Angeboten werden Kommerz-Kitsch, afrikanische Schnitzarbeiten und kanarisches Kunsthandwerk *made in China* sowie Kulinaria.

Infos

• **Busse:** Linienbusse verkehren längs der Durchgangsstraße Richtung Costa Canaria und Puerto de Mogán. Verbindungen s. S. 114.
• **Fiesta de Nuestra Señora del Carmen:** 16. Juli. Das Bildnis der Schutzheiligen der Fischer wird in einer Bootsprozession nach Puerto de Mogán gebracht, wo sich eine Fiesta anschließt. Am darauffolgenden Sonntag eine Woche später wird die Heilige in die Heimat zurückgebracht.

Barranco de Arguineguín ♀ C7/8

Eine dramatische Schlucht zieht sich 20 km landeinwärts zu Gran Canarias größtem Stausee. Just hier begann 2023 der Bau eines großen Wasserkraftwerks, mit dessen Hilfe u. a. eine küstennahe Meerwasserentsalzungsanlage betrieben werden soll. Es wird befürchtet, der Zauber des Barrancos könne bald dahin sein …

Über die Weiler **El Sao, Los Peñones, Cercado de Espino** und **La Filipina** schraubt sich die Straße viele Höhenmeter hinauf. An einer Gabelung kurz vor **El Barranquillo Andrés** müssen Sie entscheiden: Rechts geht es zum Weiler **Soria** mit dem gleichnamigen Stausee, links kommt man nach 3,2 km zum Start der Wandertour auf den Tauro (s. S. 118) – eine dezente Steinrampe links der Straße markiert den Einstieg. 800 m weiter ist die GC-605 erreicht und wieder ist eine Entscheidung fällig: Rechts geht es zum Stausee Cueva de las Niñas (s. S. 216) und weiter nach Ayacata; links erreicht man über eine serpentinenreiche Straße Mogán und Puerto de Mogán – beide Routen bieten grandiose Gebirgspanoramen.

Nachgehakt: Hippie-Trail
Am Seeufer von Soria stehen verfallene Natursteinhäuser in Palmengrün – die Bewohner mussten sie beim Bau des Damms 1962 aufgeben. Später wurden die Ruinen von Hippies entdeckt, die hier ein freies Leben in der Natur erprobten – bis sie Ende der 1990er aus dem Paradies vertrieben wurden. ›Dank‹ des seit 2023 entstehenden Soria-Wasserkraftwerks ist der See nun auch für Wanderer tabu.

Patalavaca/Anfi

♥ C8

Hallo? Wo ist denn bitteschön der Ort? Die GC-500 verläuft oben auf den Klippen, auf Dachgeschosshöhe der tief unten am Meer gebauten Hotels, sodass man von diesen nur wenig sieht. Stellen Sie das Auto ab (leichter gesagt als getan) und laufen Sie zum Meer hinunter, wo sich Patalavaca von der schöneren Seite zeigt.

Der weiße Sand der **Playa de la Verga** alias **Anfi Beach** ist korallinen Ursprungs und vermittelt mit seinen Palmen Karibik-Feeling. Obgleich er von der angrenzenden Timeshare-Anlage finanziert wurde, ist er öffentlich zugänglich. Das gilt auch für den kleinen **Jachthafen** und die **Halbinsel Maroa**, von der Shuttle-Schiffe zu Küstentrips starten (s. S. 121). Folgen Sie der Promenade in östlicher Richtung, kommen Sie zu einem kleinen, durch Wellenbrecher geschützten Strand am Fuß des Radisson-Hotels. Noch ein Stück weiter liegt die größere, aber nicht attraktivere **Playa de Patalavaca**.

Essen

Relax total

Anfi Maroa Club de Mar: Eine künstliche Halbinsel wurde in einen exotischen Beach Club verwandelt: Machen Sie es sich auf Bali-Liegen oder im Jacuzzi bequem, ordern Sie kühle Drinks oder Kleinigkeiten zum Essen und springen Sie zwischendurch ins Wasser. Meeresrauschen und Chillout-Musik lullen angenehm ein. Abends wird kanarisch-asiatische Fusion-Küche serviert.

www.maroaclubdemar.com, tgl. 8.30–24 Uhr, Liege inkl. Handtuch 15,50 €

Puerto Rico ♥ C8

Längst sind die Felswände der breiten Schluchtmündung wabenartig mit Retorten-Apartments überzogen. Das Bild wiederholt sich am Strand, wo in der Hochsaison Urlauber Leib an Leib liegen wie die sprichwörtlichen Sardinen in der Büchse. An der zum Strand führenden Straße reiht sich ein Lokal ans nächste. Internationales Fast Food dominiert das Angebot, fast alles ist zugeschnitten auf die mehrheitlich britischen und skandinavischen Besucher. Aufatmen kann man an den beiden Häfen, wo es beschaulicher zugeht und obendrein die Flucht aufs Wasser möglich ist.

Zwei Häfen

Der sich unmittelbar westlich an den Strand anschließende **Puerto Escala** bietet eine breite Palette an Wassersportmöglichkeiten. Manch einer, der hier als Knirps mit dem Segeln begann, wurde später Olympiasieger. In Puerto Escala legen auch die Shuttle-Fähren von Líneas Salmón an (s. S. 121).

Weiter östlich liegt der gleichfalls durch große Wellenbrecher geschützte Jachthafen und die Anlegestelle für Ausflugsschiffe und die Shuttle-Fähre von Blue Bird, der **Puerto Base**.

Promenade mit Vogelperspektive

Ein schöner Fluchtweg ist auch die am Jachthafen Puerto de Escala startende Klippenpromenade. Hoch über dem Meer führt sie in ca. 15 Gehminuten in die attraktive Nachbarbucht Playa Amadores. Im Schatten von Hibiskus und Bougainvilleen können Sie rasten – mit Blick auf vorbeiziehende Großsegler und Ausflugsschiffe. Hin und wieder fliegt ein an einem Riesenschirm hängender Parasailer vorbei.

TOUR
Lust auf Meer?

Schiffstour längs der Klippen im Südwesten

Infos

📍 B/C 7–9

Die Tickets für die Schiffstour erhält man an Bord – die m. E. effektivere Reederei ist Líneas Salmón (www.lineas salmon.es).

An Gran Canarias Südwestküste pendeln den ganzen Tag, sieben Tage die Woche rund ums Jahr kleine Shuttle-Fähren. Eine Schiffstour ist spontan machbar, und relativ preisgünstig ist sie obendrein. Die Mini-Fähren steuern alle Häfen der Südwestküste an, verkehren auf der Strecke **Arguineguín–Patalavaca/Anfi del Mar–Puerto Rico–Puerto de Mogán**. Was sich als alternatives Verkehrsmittel zu Bus und Auto anbietet, entpuppt sich als attraktiver Halbtages- bzw. Ganztagesausflug. Wilde Klippen wechseln ab mit zugebauten Ferienresorts, Möwen begleiten das Boot und mit etwas Glück können Sie Richtung offene See einen Rudel Delfine aus dem Meer springen sehen. Des öfteren machen sich die Tiere einen Spaß daraus, die Boote zu begleiten.

Die Schiffe von **Líneas Salmón** (›Lachs‹) und **Blue Bird** (›Blauer Vogel‹) pendeln etwa stündlich von 9 bis 17.45 Uhr. Die lange Tour (ca. 70 Min.) führt von Arguineguín bis Puerto de Mogán bzw. andersherum und kostet *one way* 14 € (Kinder bis 5 Jahre frei). Sie können aber auch nur einen Streckenabschnitt wählen und weniger zahlen (7,50 €). Wenn Sie die Rückfahrt mitbuchen (hin und zurück für die ganze Strecke 20 €), erhalten Sie einen kleinen Rabatt und haben bei der Wahl der Uhrzeit freie Hand.

Besonders voll sind die Fähren dienstags, wenn in Arguineguín **Markt** ist, und freitags, wenn Puerto de Mogán Markttag hat.

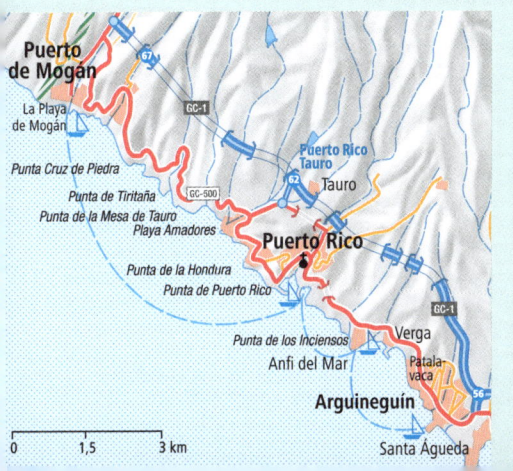

Landeinwärts im Barranco
Vom Strand zieht sich auf dem Grund der breiten Schlucht ein Park mit Palmen, Teich und Bächlein aufwärts.

Schlafen

Da viele Anlagen verwohnt sind, empfiehlt es sich, die neueren Unterkünfte im benachbarten Playa Amadores zu buchen.

Essen

Ein breites Angebot von *veggie* bis *meaty* findet man in der Gastro Gallery der Centros Comerciales (s. Einkaufen). So gibt es im Le Regina erstklassige Kaffeespezialitäten, im Pad Thai Wok asiatisches Street Food, im 100 Montaditos preiswerte Tapas und bei Tiki Taco mexikanische Klassiker. Hier zwei Evergreens:

Versteckt im Hafen
Don Quijote: Das kleine, mit bemalten Keramiktellern ›tapezierte‹ Hafenlokal ist urgemütlich. Die Küche aus Señor Pachecos Heimat Extremadura ist deftig, der Service dank Frau Elsa aus Holland freundlich – ein schöner Abend ist garantiert! Probieren Sie die hausgemachten Pasteten, das Truthahnfilet mit Garnelen und als Dessert das Nougateis!
Edificio Porto Novo 12, Puerto Base, T 928 56 09 01, So und Mo geschl., €€

Lichtblick im Einkaufszentrum
Balcón Canario: Ein urkanarisches Lokal, eingeklemmt zwischen Spielhöllen, Souvenirshops und Sushi-Lokalen. In rustikalem Ambiente serviert Señor Jacinto Deftiges: Eintöpfe, Fisch und Fleisch, nicht zu vergessen Runzelkartoffeln mit pikanter Mojo-Soße – dies alles in großer Portion und zu moderatem Preis.
Av. Tomás Roca Bosch s/n (C.C. Puerto Rico), T 928 76 18 99, Mo–Sa 11–23 Uhr, €

Einkaufen

Zwei schicke Malls setzen Maßstäbe im Ort: Mogán Mall (www.moganmall.com) und Market Puerto Rico (www.themarketpuertorico.com) gefallen mit luftiger Architektur und Wasserspielen, Marken- und Outlet-, Delikatessen- und Bio-Läden sowie viel Gastronomie.

Bewegen

In Puerto Rico dreht sich alles ums Wasser. Während im **Puerto Escala** Surfen, Segeln und Parasailing angeboten werden und die Shuttle-Fähren anlegen, starten von **Puerto Base** größere Schiffsausflüge. Tickets für Letztere erhält man am Steg. Wal- und Delfinbeobachtung s. S. 124, Golfen s. S. 126

Badeausflug
Zwischen 10 und 10.30 Uhr starten Windjammer, Katamarane und Kutter zu Touren längs der Südwestküste. Unterwegs ankert das Schiff in einer Bucht, so dass man baden und schnorcheln kann, zuweilen werden Fun-Trips auf einem Banana-Boat angeboten, s. S. 124.

Segeln
Escuela de Vela Joaquin Blanco: Die Segelschule bietet Kurse vom Anfänger bis zum Fortgeschrittenen, auf Spanisch.
Puerto Escala, T 928 72 51 21, www.federaciongrancanariadevela.com

Freizeitpark
Angry Birds: Das populäre Videospiel wird hier in die Wirklichkeit übersetzt, in Form von Kletterwänden und Ziplines, Autoscootern und Karts, Rollerrampen und Bagjumps – die Kleinen mögen's.
Av. de la Cornisa 1, www.activityparkcanarias.com, tgl. 10–18, im Sommer 12–20 Uhr, Eintritt 8–16 € (je nach Alter)

Ausgehen

Verglichen mit Playa del Inglés ist Puerto Rico kein heißes Nightlife-Pflaster. Nach einem Sonnenuntergangsspaziergang am Hafen zieht es die meisten hinauf in die neueren Einkaufszentren Market Puerto Rico und Mogán Mall – letztere mit Wasserspiel-Lasershow um 20 Uhr.

Infos

- **Touristeninformation:** C.C. de Puerto Rico s/n, T 928 56 11 38, http://turismo.mogan.es, Mo–Fr 8–14 Uhr.
- **Busse:** Die Busstation befindet sich nahe dem Hauptkreisel (nahe Scheitelpunkt der GC-500 am Park) nördlich der Durchgangsstraße. Alle Verbindungen s. www.guaguasglobal.com.
- **Schiffsverkehr:** Schiffe der Lineas Salmón verkehren stündlich 10–17 Uhr auf der Strecke Arguineguín–Puerto Rico–Puerto de Mogán (s. S. 121).
- **Fiestas de María Auxiliadora:** Zweite Maihälfte. Die Festgemeinde zieht von der Plaza Grande zum Hafen von Puerto Rico.

Playa Amadores

♀ B 8

Es gibt keinen natürlichen Strand? Dann schaffen wir eben einen künstlichen! Über seinem weißen Sand, aus der Karibik importiert, leuchtet das Wasser türkis. Wellenbrecher greifen mit zwei Armen weit ins Meer und sorgen dafür, dass die Bucht fast geschlossen ist und gefahrloses Baden garantiert. Um den im Halbrund aufgeschütteten Strand wurde eine Promenade angelegt, an der sich Lokale aneinanderreihen. Ein ›Stockwerk‹ drüber, abgetrennt durch die viel befahrene GC-500, wurden vor und in die Klippen Komforthotels gesetzt. Binnen weniger Jahre sind mehr Anlagen entstanden, als es der Bucht gut tut. Dennoch wirkt Playa Amadores weniger bedrängend als Puerto Rico. Wer Abwechslung braucht, spaziert man auf der attraktiven, gut 1 km langen Klippenpromenade zum Nachbarort.

Schlafen

Das schönste Hotel in Amadores
Gloria Palace Royal: Mit Naturstein in leicht gerundeten Formen erbaut, fügt es sich gut in die dahinter aufragende Felswand. Die Blicke, die es über die Bucht eröffnet, sind so spektakulär, dass sie zum Leitmotiv des Hauses wurden. Überall gibt es Panoramafenster mit Aussicht aufs Meer. Der Pool, der an der Abbruchkante ›hängt‹, scheint mit dem Himmel zu verschwimmen. Die Zimmer sind geräumig, alle mit großem Balkon, Kitchenette und Meerblick. Das Abendbüfett ist vorzüglich, im Preis inbegriffen ist die Benutzung des Spa (Massage-Wasserbad, türkische, finnische Sauna, Erlebnisduschen).
Calle Ana Lindts s/n, Playa Amadores, T 928 12 86 40, www.gloriapalaceth.com, €€€

Mit Riesen-Spa
Gloria Palace Amadores: Auch dieses Vier-Sterne-Hotel ist dem Meer zugewandt. Geräumige Zimmer mit Aussichtsbalkon über der Bucht; zwei Außen-Pools, dazu ein großes Thalasso-Zentrum mit Thermal-Hallenbad und zahlreichen Hydromassage-Stationen, finnischen und türkischen Saunen sowie Erlebnisduschen. Im Panoramalift gelangt man zur Meerespromenade, ohne die Straße queren zu müssen.
Av. de la Cornisa s/n, Playa Amadores, T 928 12 85 10, www.gloriapalaceth.com, €€€

TOUR
Zu Walen und Delfinen

Bootstour aufs offene Meer

Infos

📍 B/C7–9

Dauer:
2–3 Std.

Preise:
35/23 € (Líneas Salmón) und
38/20 € (Spirit of the Sea)

In kanarischen Gewässern kreuzen 26 verschiedene Delfin- und Walarten, ein Viertel aller existierenden Arten. Der Meeresbiologe Vidal Martín weiß: »Vor Gran Canarias Küsten haben wir eine Kolonie von 80 Tieren ausgemacht, deren Aktionsradius sich von der Süd- bis zur Nordküste erstreckt. Offensichtlich fühlen sie sich hier so wohl, dass sie Gran Canarias Gewässer nicht mehr verlassen wollen.«

Sesshafte Nomaden

Eigentlich führen sie ein Nomadenleben. Im Sommer halten sie sich in den fischreichen Gewässern der Arktis auf, wo sie sich ein dickes Fettpolster zulegen. Ein Bartwal verputzt täglich etwa 2–3 % seines Körpergewichts, was etwa 2 t Fisch entspricht! Sobald es im Frühherbst kühl wird, machen sich die Wale auf die Tausende Kilometer lange Reise gen Süden. Dabei passieren sie im Oktober und November regelmäßig die Kanaren.

Die Meeressäuger sind sehr unterschiedlich. Ihre Spanne reicht vom 1 m langen Kleinen Tümmler bis zum Blauwal, dem mit 30 m Länge und 200 t Gewicht größten Lebewesen der Welt. In kanarischen Gewässern finden sie nährstoffreiches Wasser; dank wenig ausgeprägter Strömungen ist die Jagd nach Beute leichter. Dies sind wohl auch die Gründe, weshalb viele Tiere beschließen, sich gar nicht mehr auf die lange Pendlerroute einzulassen.

Artisten im Wasser

Gesichtet wurden auf den Kanaren schon große Blau-, Finn-, Buckel-, Sei- und Pottwale, dazu Orcas und Tümmler sowie kleinere Zahnwale, die man gemeinhin Delfine nennt. Öfters tauchen die Tiere auf, um Luft zu holen; da sie neugierig sind, lassen sie sich aber auch mal ›einfach so‹ blicken. Die kleineren von ihnen springen über die Wellen, die größeren schlagen das Wasser mit der Fluke, ihrer Schwanzflosse. Manchmal stoßen sie dabei seltsame Laute aus …

Sanftes Whalewatching

Mehrere Boote erhielten die Lizenz für ›Sanftes Whalewatching‹. Im Hafen von **Puerto Rico**, in **Arguineguín** und manchmal auch in **Puerto de Mogán** gehen sie gezielt auf die Suche nach Walen und Delfinen. Ist ein Meeressäuger gesichtet, darf sich ihm das Boot maximal bis auf 60 m nähern, der Gebrauch von Lautsprechern ist verboten. Alle Reisebegleiter müssen einen offiziellen ›Walkurs‹ absolviert haben, in dem sie alles Wichtige zum Leben und Verhalten der Meeressäuger lernen. »Schließlich muss ja auch ein Museumsführer über Mindestkenntnisse der ausgestellten Objekte verfügen«, so Vidal Martín. »Gleiches muss man von Betreuern der Walausflüge erwarten können.«

Das Ende vieler Wale …

Pro Jahr verenden ca. 40 Wale an kanarischen Küsten. Einige sterben eines natürlichen Todes. Andere werden Opfer von Sonaren, die Kriegsschiffe bei Hochsee-Übungen einsetzen. Vermutlich werden die Tiere durch die Geräte so verwirrt, dass sie schlagartig auftauchen und dann an der ›Taucherkrankheit‹, d. h. einer zu schnellen Druckentlastung beim Auftauchen, zugrunde gehen. Andere verfangen sich in Schleppnetzen der Fischtrawler oder ersticken an verschlucktem Plastik.

Anbieter

Die meisten Touren werden in **Puerto Rico** (Puerto Base) angeboten und starten zwischen 10 und 10.30 Uhr, beispielsweise mit der Spirit of the Sea (T 928 56 22 29, www.dolphin-whale.com). In **Arguineguín** und **Anfi del Mar** s. www.lineassalmon.es.

Es empfiehlt sich, die Fahrt nicht im Voraus zu buchen, sondern am Tag des geplanten Ausflugs zu prüfen, ob das Meer ruhig ist. Bei aufgewühlter See werden zur Seekrankheit neigende Personen den Trip nicht genießen!

Essen

Trattoria-Feeling
Casa Italia: Roberto bleibt seinen Ursprüngen treu: Mit Meerblick und zu moderaten Preisen serviert er hausgemachte Pasta und herrlich knusprige Holzkohleofen-Pizza, Fisch und Fleich auf Kalabrisch, d. h. deftig und bodenständig. Fragen Sie auch nach der Tagesspezialität! Aufgrund der ansteckend guten Laune des Wirts sind auch die Gäste sehr entspannt!
Playa Amadores, Local 38, T 928 72 57 02, Di–So ab 12.30 Uhr, €

Chillen bis zum Umfallen
Beach Club Amadores: Die Holzpagode auf der Spitze der ins Meer vorgeschobenen Mole wirkt informell-elegant. Lassen Sie sich unterm Segeldach in weiche Lounge-Polster fallen und genießen Sie Cocktails, Kaffee, fernöstlich inspirierten Light Lunch. Wer total abschalten will, reserviert eine Bali-Liege Richtung Strand, an der man sowohl speisen als auch sich massieren lassen kann. Exklusiv (und entsprechend teurer) ist der Bereich rings um einen Pool und mehrere beheizte Jacuzzis.
Playa Amadores, T 928 56 00 56, www.amadoresbeachclub.com, tgl. 9.30–24 Uhr, warmes Essen ab 13 Uhr, €€–€€€

Wunderbar inszeniert
Kaia: Toll ist die Lage auf einer Klippe über der Amadores-Bucht und toll ist auch das lichte Glasrund. Serviert werden raffinierte Salate, hausgemachte Pasta und Foie Gras, Meeresfrüchte und erstklassiges Fleisch. Großer Aufwand wird auch bei den Kaffees betrieben: So wird der Cappuccino vor den Augen des Gastes mit flambiertem Schaum gezaubert.
Calle Tamara 1 (Gloria Palace Royal), T 928 12 86 40, tgl. 19.30–23 Uhr, €€€

Bewegen

An der südlichen Mole kann man Tretboote mieten, manchmal starten Banana-Boats zu einem Ritt über die Wellen. Weitere Angebote s. Puerto Rico.
Die ehemalige Minigolf-Anlage Las Caracolas am Nordende der Bucht (neben Beach Club Amadores) präsentiert sich als skurriler Park mit einer Vielzahl mannshoher, bunter Muscheln *(caracolas)*. Wer eigene Schläger hat, kann hier spielen.

Ausgehen

Im Beach Club Amadores finden oft Konzerte statt. Fast alle Hotels bieten Abend-Shows, an denen auch Nicht-Hotelgäste teilnehmen können.

Tauro ♀C8

Nächste Station auf der Küstenstraße ist der breite Barranco de Tauro. Einst gab es hier einen großen Campingplatz am Meer, in dem sich Aussteiger auf Zeit mit kanarischen Wochenendausflüglern mischten. Derzeit entsteht ein neues Resort für betuchte Gäste: Diese haben sich bereits in die luxuriöse Timeshare-Anlage Anfi Tauro eingekauft, die inmitten eines großen Golfplatzes liegt. Eine ältere Feriensiedlung wurde optisch geschickt in das Anfi-Projekt einbezogen. An der Küste wurde weißer Sand aufgeschüttet, ein Jachthafen ist geplant.

Bewegen

Golf
Anfi Tauro Golf: Zwischen kargen Felshängen erstreckt sich eine weitläu-

fige, sanft gewellte Landschaft mit einem 9- und 18-Loch-Platz, die weite Blicke aufs Meer wie auch auf die Berge bietet. Schön angelegt mit eingestreuten Seen, Club-Haus, Restaurant und einem Golf-Shop.
Valle de Tauro, T 928 12 88 40, https://anfi.com

Playa del Cura ♀B8

›Pfarrers Strand‹ ist der traditionelle Name für eine Bucht, in der es nichts Traditionelles gibt. Der Ferienort ist eine Miniaturausgabe von Puerto Rico, nur viel ruhiger, sofern man nicht gerade in der Nähe der Diskos im Einkaufszentrum wohnt. Direkt am Kiessandstrand kann man sich im schönen Ocean Beach Club (s. u.) einquartieren, etwas preiswerter ist das Nachbarhotel Labranda Riviera Marina.

Schlafen

Minimalistisch am Meer
Ocean Beach Club: Hier fühlt man sich sofort wohl: Eine Anlage am Meer, mit Naturmaterialien in hellen Farben im besten skandinavischen Stil eingerichtet. Toll sind die am stillen Rand angebauten Suiten: Man steigt von der Terrasse über wenige Stufen in einen schmalen, aber olympisch langen Pool – ideal für ausgiebige Schwimmrunden unter Palmen! Und auch das Spa hat einen Clou: Durch Panoramafenster schauen Sie aufs Meer! Hervorragende Gastronomie, (englischsprachiges) Mini-Land für Kids unter 7 Jahren.
Av. La Playa s/n, T 928 56 09 37, http://grancanaria.myobc.net, 140 Suiten, €€–€€€

Taurito ♀B7

Gnadenlos zugebaut: Ein schmaler, kaum 300 m langer Sandstrand ist von steilen Bergflanken gesäumt, vor die in voller Höhe und Breite Hotels gestellt wurden. Wäre da nicht die für alle zugängliche (gebührenpflichtige) Badelandschaft im Talbett, würde der Strand überquellen. Jetski-Verleih und Tauchbasen erlauben Ausflüge aufs Meer. Aufgrund der massigen Bauweise kommt leicht ein Gefühl von Enge auf. Daran kann auch der gepflegte Gesamteindruck wenig ändern. Urlauber zieht es aus der Kunstwelt hinaus ins benachbarte Puerto de Mogán – allerdings erreicht man es nur mit Bus oder Mietauto.

Schlafen

Gut für Aktive
Valle Taurito: Viel Naturstein, Holz und minimalistische Formen sorgen für ein

---

GUT VERSTECKT

Noch verfügt die Küste in diesem Bereich über einige unbebaute Felsbuchten, die man von der Durchgangsstraße zu Fuß erreichen kann. Sie sind bei Ausflüglern aus Las Palmas beliebt, die hier auch gern im Zelt übernachten, was eigentlich verboten ist. Doch wenn man außerhalb der Ferien und der Wochenenden herkommt, hat man eine gute Chance, allein zu sein. Die Zufahrten befinden sich an der GC-500 bei Km 40,8 zur **Playa de Tiritaña**, bei Km 40 zur **Playa del Medio Almud** und bei Km 39 zur **Playa Los Frailes**.

entspanntes Ambiente. Die 190 Zimmer sind geräumig und haben große Meerblick-Terrassen. Doch nicht nur im Design hebt sich das Vier-Sterne-Hotel angenehm ab: Auch das Aktiv-Angebot – von Out- und Indoor-Pools über Tennisplätze (mit Flutlicht) bis Radverleih und Laufparcours – kann sich sehen lassen. Für Kinder gibt es einen Miniclub. Und auch ein großes Spa mit Zirkelbad fehlt nicht.
T 928 56 52 63, www.livvohotels.com, €€

Bewegen

Wassersport
Am Strand von Taurito hat man die Wahl zwischen Wasser- und Jetski, Surf- und Flyboards, Kajak und Windsurfing; und natürlich kann man dort auch Tretboote ausleihen: **Water Sport Center (Aqua Sport)**, Paseo Playa de Taurito, Local 2, T 928 56 69 94, www.aquasports.es. In der Fünf-Sterne-Tauchbasis **Canary Diving** geht's unter Wasser für Anfänger, Fortgeschrittene und Freediver (T 610 81 06 19, www.canary-diving.com).

Puerto de Mogán
♥ A/B 7

Von allen Resorts der Insel ist es das schönste, auch wenn es mittlerweile aus allen Nähten platzt. Der Tourismusboom verführt zum Bau immer neuer Hotels ... Dabei war das Fischerdorf noch in den 1970er-Jahren ein Geheimtipp für Aussteiger. Kleine Häuser stapelten sich am sonnigen Steilhang, erreichbar waren sie über schmale, blumenumrankte Gassen. Damals, als es hier noch keine Straße gab, dauerte eine Bootsfahrt nach Las Palmas einen Tag, ein Maultierritt über die Küstenberge beanspruchte doppelt so viel Zeit.

All dies hat sich in der Folge rasch verändert: Kaum war die Küstenstraße gebaut, waren auch schon die Tourismusplaner zur Stelle. Im romantischen, ›sonnensicheren‹ Fischerort sollte etwas ganz Neues entstehen, wohltuend sollte es sich abheben von den Ferienstädten Playa del Inglés und Puerto Rico. Wer hier seinen Urlaub verbrachte, sollte immer wiederkommen wollen.

Bilderbuch-Ambiente
Puerto, so wurde dem alten Fischerdorf um 1986 ein großer Jachthafen vorgelagert, an den sich heute eine stilvolle, gleichfalls ins Meer gebaute Apartmentanlage anschließt. Sie wird wegen der sie durchziehenden Kanäle und geschwungenen Brücken auch ›Klein-Venedig‹ genannt. Die schmiedeeisernen Gitter und Balkone der nur zweistöckigen, in Pastellfarben aufgehübschten Häuser, die Flaniergassen mit üppigem Pflanzen- und Blumenschmuck sorgen für ein Bilderbuch-Ambiente.

Eine fast geschlossene Bucht
Da in einem Urlaubsort ein richtiger Strand nicht fehlen darf, wurde die **Playa** vergrößert und der dunkle durch hellen Sand ersetzt. Damit er nicht fortgeschwemmt wird, entstand eine lange, halbrunde Mole. Sie sorgt für ein sicheres Bad, verhindert aber, dass das Wasser ausreichend zirkuliert.

Flankiert wird der Strand von einer Promenade, an der leider der bewährte Architekturstil des Hafens nicht beibehalten wurde. Es entstanden funktionale, aber immerhin nur zwei- bis dreistöckige Häuser. Während sich im Erdgeschoss ein Lokal ans nächste reiht, werden in den oberen Stockwerken Apartments vermietet. Hinter dem Strand entdeckt man – zwischen Restaurants eingeklemmt – die winzige Ermita San Fernando, in der seit 1935 Frauen darum beten, dass ihre Männer vom Fischfang heil zurückkommen.

Am Steilhang
Vom alten Dorfplatz, der **Plaza de la Puesta del Sol**, führen schmale Gassen und Treppenwege aufwärts. Schief und verwinkelt lehnen sich Häuschen Marke Eigenbau aneinander. Aus Kübeln wuchern Blumen, Katzen streifen umher und Kinder spielen – es geht zu, wie man es sich von einem südlichen Dorf wünscht. Folgt man dem Wegweiser »Mirador«, ist nach rund zehn schweißtreibenden Minuten der höchste Punkt des **Pueblo** erreicht: ein runder Aussichtsplatz mit Bänken und einem weiten Blick über Bucht und Hafen – toll vor allem zum Sonnenuntergang!

Landeinwärts Hotelschlösser
Ein breiter Boulevard mit Flamboyants und Bougainvilleen führt durchs Talbett zum ›Schloss‹ von Puerto de Mogán. So nennen die Canarios das Hotel Cordial, das mit Türmchen, Säulen und Arkaden einer Fantasy-Story entlehnt scheint. Mit seinen Pastellfarben strahlt es mediterrane Leichtigkeit aus.

Nahebei – am südlichen Hang des Barrancos – befindet sich der Zugang zu einer altkanarischen Siedlung, der **Cañada de los Gatos**. Sie entstand vor etwa 1500 Jahren, bis zur Eroberung durch die Spanier blieb sie bewohnt. Ein 400 m langer Weg führt an mehreren Rundbauten vorbei und hinauf zu einer Plattform mit weitem Talblick (Calle La Puntilla s/n, T 638 81 06 21, www.arqueologiacanaria.com, Di–So 10–17, im Sommer bis 18 Uhr, Eintritt 4 €).

Weiter landeinwärts entstand ein nach allen Seiten abgeschirmtes Fünf-Sterne-Hotel (Radisson Blu), funktionale Apartments ziehen sich im Schachtelstil den Osthang empor. Auf der Westseite des Talbetts, im Ortsteil Lomo Quiebre, schlugen die Einheimischen weiße kubenförmige Häuser in die Felswand – hier mieten sich gern Traveller ein.

Hinein ins kühle Nass! Die kleine Felsenbucht jenseits der Südmole bietet eine erfrischende Abkühlung.

Gran Canarias Garten
Wirklich schön wird es erst wieder weiter talaufwärts, nachdem man die Autobahnzufahrt passiert hat. Hier führt die Straße durch eine fruchtbare Landschaft, deren Quellenreichtum schon die Ureinwohner zur Ansiedlung animierte. Heute werden im **Barranco de Mogán** zahlreiche Früchte angebaut: Avocados, Auberginen, Papayas, Mangos, Maracujas, Orangen, Zitronen und Bananen. Palmen und Bambus komplettieren das Grün der Landschaft. Einst abgeschiedener Geheimtipp der Hippies, lockt heute das klimatisch angenehme Kerbtal ausländische Residenten an.

Schlafen

Im schönsten Inselgarten
Cordial Mogán Playa: Schlossartiges Vier-Sterne-Hotel im Talgrund – über einen Boulevard kommt man in wenigen Minuten zu Hafen und Strand. Man betritt das Hotel durch eine Kuppelhalle, in der sich eine Brücke über eine künstliche Felslandschaft mit Wasserfall spannt. Im subtropisch bepflanzten Garten sind es kleine Bäche und von Sand eingefasste Pools, die den Eindruck einer gewachsenen ›Landschaft‹ vermitteln sollen. Die 487 Zimmer, die sich über neun villenartige Gebäude verteilen, sind nostalgisch eingerichtet und meist zum Garten ausgerichtet. Wer sich etwas Besonderes gönnen will, bucht eine Suite, die über romantische, herrlich grüne Patios erreichbar ist. Ein weiteres Plus: Suite-Gäste können *open air* auf Terrassen einer kolonialen Villa frühstücken. Mit attraktivem Wellness-Zentrum, dessen Pool sich draußen fortsetzt. Toll ist das extrem salzhaltige Flotarium, in dem man schwerelos schwebt! Außer einem eleganten Büfett-Restaurant gibt es mit Los Guyares ein Spitzenlokal (s. Essen).
Bco. de Mogán, T 928 72 41 00, www.cordialcanarias.com, €€–€€€

Vom Frühstückstisch ins Meer
Puerto de Mogán: Das Hotel im Hafen liegt auf einem von zwei Seiten vom Wasser umspülten Kap. Das Frühstück wird auf der Terrasse mit Meeresbrise eingenommen. Dort befindet sich auch der palmenumstandene Pool. Wem dieser zu klein ist, der kann über Leitern direkt in den Atlantik steigen. Die 56 Zimmer sind freundlich und hell, ein Spa bietet ein Indoor-Thalasso-Becken, Sauna und Massage-Service.
Puerto s/n, T 928 56 50 66, www.hotelpuertodemogan.com, €€€

Idyllisch im Hafen
La Venecia de Canarias: Im Büro in zweiter Strandlinie werden 74 Hafenapartments für 2–6 Pers. vermietet, alle mit Küche, Bad, Balkon oder Terrasse. Die größten verfügen über 80 m^2 große Dachterrassen. Vermittlung weiterer Apartments über die Bar Marina an der Promenade (T 928 565 095, www.bar-marina-mogan.com).
Av. El Castillete (Rezeption), Local 328, T 928 56 56 00, www.laveneciadecanarias.net, €–€€

Klar, dass Fisch am Wasser doppelt gut schmeckt, beispielsweise im Hafen von Puerto de Mogán.

Essen

Für einen besonderen Abend
Los Guayres: Hätten Sie es gern *open air* mit Palmenrauschen und Wasserfallplätschern oder zurückhaltend-edel im

Innenraum? Egal wo, im Los Guayros genießen Sie Degustationsmenüs (ab 8 Gänge) des Sternekochs Alexis Álvarez. Aus regionalen Zutaten zaubert er kulinarische Kunstwerke, die geschmacklich wie optisch überzeugen. Der Name »Los Guayres« (so hießen Hohepriester der Ureinwohner) verweist auf kanarische Wurzeln, allerdings werden hier regionale Zutaten und Rezepte derart verfremdet, dass etwas völlig Neues entsteht. Lassen Sie sich überraschen!
Av. Los Marrero 2, T 928 72 41 00, www.losguayres.com, Online-Reservierung obligatorisch, Di–Sa 18.30–20 Uhr, €€€

Beim TV-Koch
Qué tal: Sein kleines Lokal hat der norwegische Starkoch Stena Petterson in einen Gourmettempel verwandelt: An blütenweiß eingedeckten Tischen genießt man fantasievolle Fusion-Menüs.
Paseo de mis padres 34, T 928 15 14 88, Mo–Sa ab 19 Uhr, https://quetalbystena.com, €€€

Entspannt in zweiter Linie
El Capuchino: Der Name hat nichts mit italienischem Cappuccino zu tun, sondern mit *capuchino* (span. Mönch): Dies ist der Spitzname von Señor Nicolás, der vor vielen Jahren, als es im Inselwesten noch keine Straße gab, einen Mönch in die Nachbarbucht ruderte, auf dass dieser dort die Ehewilligen traute. Heute fahren seine Söhne Fermín und Nicolás zur See – nicht um Geistliche zu verschiffen, sondern um ihr Restaurant mit Frischware zu versorgen. Eingebettet in üppiges Grün, stärkt man sich mit Paella und Tagesfisch aus der Vitrine.
Av. del Castillete Local 336, T 928 56 52 93, Preise um 18 €

Der Name ist Programm
Casito Mediterraneo: Nah am Wasser, mit Blick auf den Hafen, werden Klassiker der Mittelmeerküche serviert.
Puerto, Local 107, T 678 92 36 71, www.restaurant-casito-mediterraneo.de, tgl. außer Sa ab 12 Uhr, €€

Versteckt im Garten
El Patio Delicatessen: Mediterrane Küche in einem grünen Terrassenlokal. Mo und Do (18–21 Uhr) Tapas *eat as much as you can*.
Calle La Noria 1, T 928 56 63 65, tgl. außer Di 12.30–22 Uhr, €€

Schinken über alles
El Jamonal de Mogán: Das Lokal am alten Dorfplatz bietet guten Schinken *(jamón iberico)* und Inselkäse, dazu fantasievolle Salate und eine feine Weinauswahl. Spaß macht es, die Köstlichkeiten gleich vor Ort zu verzehren. Nicht gerade günstig, aber stilvoll und gut.
Calle Ribera del Carmen 1, T 636 51 07 21, auf Facebook, €€

Einkaufen

Am Freitagvormittag verwandelt sich der ganze Ort in einen Markt, den **Mercadillo**, zu dem Tausende von Gästen aus den Resorts des Südens angekarrt werden. Es gibt Kunsthandwerk, Kleidung und Kitsch, dazu ein paar Kulinaria-Stände sowie natürlich Obst und Gemüse. Eine etwas ruhigere Alternative ist der **Mercadillo artesanal** (Kunsthandwerksmarkt) am Montagvormittag auf dem Platz zwischen der Avenida Pescador und der Calle La Mina.

Bewegen

Baden
Die sichelförmige Bucht ist für die vielen Gäste zu klein; wer in sauberem Wasser baden will, steigt jenseits der Südmole in einer herrlichen kleinen Felsbucht über Stufen über Felsen ins Wasser.

Tauchen

Delphinus Diving School: Exzellente Tauchbasis, geleitet von Monika und Sebastian.
Av. de los Marrero 2, Hotel Cordial Mogán Playa, T 928 56 61 69, www.delphinus.eu.

Wellness

Spa des Hotels Cordial Mogán Playa: Auch Nicht-Hotelgäste können das elegante Spa nutzen und sich hier erholen. Zum umfangreichen Angebot gehören ein Zirkelbad, Feucht- und Trockensauna und Erlebnisduschen, im Garten ein Flotarium mit Kneipp-Gang sowie Bali-Liegen (30 € inkl. Bademantel- und Handtuchservice, Wasser, Obst). Orientalische Massagen, Körperpackungen und Anti-Stress-Treatments werden extra gebucht.
Reservierung obligatorisch: T 928 72 4112

Segeln

Aistrac: Die Segelschule bietet Schnupper-, Anfänger- und Fortgeschrittenenkurse in englischer Sprache, so dass auch blutige Laien ihr Glück versuchen können.
Calle Juan Deniz 10, Puerto de Mogán, T 928 56 59 31, www.aistrac.com

Mit dem U-Boot abtauchen

Submarine Adventure: Ein kleines, gelbes U-Boot startet ab 10 Uhr 8 x tgl. zur 40-minütigen U-Boot-Fahrt auf den Grund der Bucht, vorbei an Fischschwärmen und manchmal auch an Tauchern (!), die sich am Wrack der Alexandra tummeln. Die Tickets besorgt man sich am Steg.
Undersea S.L., Local X-389, Puerto, T 928 56 51 08, www.atlantidasubmarine.com, Preis 31,50 €

Schiffsausflüge

Boote der **Líneas Salmón** und **Blue Bird** verkehren stdl. von 10–17 Uhr auf der Strecke Puerto de Mogán–Puerto Rico–Arguineguín (s. S. 121).

Wandern

Die Gemeinde Mogán hat einige Wege markiert, sodass man die dramatische Bergwelt im Hinterland erkunden kann (s. S. 138).

Ausgehen

Abends geht es eher ruhig zu – man lässt den Tag bei einem Glas Wein oder Bier in den Lokalen am Hafen ausklingen. In der Bar Marina gibt es gelegentlich Livemusik. Unterhaltungs-Shows bieten die beiden großen Hotels Cordial Mogán Playa und Radisson Blu – auch für Nicht-Hotelgäste.

Tolle Lage

Beach Club Faro: Toller Rundumblick auf Hafen und Meer an der Molenspitze – schön für einen Sundowner! Wenn am Wochenende DJs auflegen, wird auch getanzt.
Muelle, tgl. 10–22 Uhr, auf Facebook, €€

Infos

- **Im Internet:** http://turismo.mogan.es/de
- **Busse:** Der kleine Busbahnhof *(estación de guaguas)* befindet sich im Talgrund ein paar Gehminuten vom Hafen. Verbindungen s. S. 114. Alle Verbindungen s. www.guaguasglobal.com.
- **Fiesta de Nuestra Señora del Carmen:** 16. Juli. Die Schutzheilige der Fischer, der auch eine Skulptur in der Ermita San Fernando im Ortskern gewidmet ist, wird mit einer Bootsprozession von Arguineguín nach Puerto de Mogán geehrt. Während der Festtage findet im Stadion neben dem Busbahnhof außerdem ein Ringkampf-Turnier *(lucha canaria)* statt, das die Kanarier jedes Mal in helle Aufregung versetzt (s. auch S. 119).

Zugabe
Begegnungen der seltsamen Art anno 1976

Dieter Schulze erinnert sich

Zum ersten Mal war ich 1976 auf Gran Canaria, hatte mir in den Kopf gesetzt, rund um die Insel zu fahren – per Anhalter und mit wenig Geld. Gut ging's voran bis Tauro, wo damals noch ein Campingplatz ein freakiges Völkchen anzog. Doch die Weiterfahrt gestaltete sich schwierig. Ich postierte mich am Rand der staubigen Piste, es wollte partout kein Wagen vorbeikommen. Schon glaubte ich, die Nacht am Strand verbringen zu müssen, als ein Auto hielt. Der Fahrer, ein älterer Deutscher, schien zufrieden, als ich ihm sagte, ich hätte nur eine Nacht im Campo Tauro verbracht. »Dort wird mit Drogen gehandelt«, meinte er, »auch Deutsche sind dabei.« Mit meinen langen Haaren habe ich ihm gewiss nicht gefallen, aber er hatte Mitleid mit mir. Er wohne an der Playa del Diablito, dort könne ich mich waschen und ausschlafen. So landete ich in einer prächtigen Villa, dem einzigen Haus in der ›Teufelsbucht‹ (Diablito), heute ›Taurito‹ genannt. Begrüßt wurden wir von einem Deutschen Schäferhund und einer asiatisch aussehenden Frau. Die Bilder an der Wand verrieten, in wessen Obhut ich mich begeben hatte. Ich war zu Gast bei Artur Axmann, dem ehemaligen Reichsjugendführer. Doch ich blieb, stillte meinen Hunger und hörte ihn reden: Stolz sei er darauf, Hitler bis zuletzt gedient und den Führerbunker erst nach seinem Tod verlassen zu haben …

Später erfuhr ich, Axmann habe noch im März 1945 einen ›Volkssturm‹ aus 4000 Hitlerjungen für den ›Endkampf‹ um Berlin mobilisiert – 800 starben dabei. Im Entnazifizierungsverfahren wurde er 1949 als ›Hauptschuldiger‹ zu läppischen drei Jahren und drei Monaten Arbeitslager verurteilt. Da die U-Haft auf das Urteil angerechnet wurde, konnte Axmann das Gericht als freier Mann verlassen. Anfang der 1980er-Jahre verkaufte er sein Taurito-Anwesen und lebte bis zu seinem Tod 1996 in Berlin. Seine Memoiren tragen den Titel »Hitlerjugend. Das kann doch nicht das Ende sein«. ∎

Der Reichsjugendführer Axel Axmann hat gut gelebt in Taurito.

> Die Bilder verrieten: Ich war zu Gast bei Artur Axmann.

Der Westen

Schroff und urwüchsig — Nur durch eine kühne Tunnelstraße konnte die Steilküste erschlossen werden. Landeinwärts sieht es kaum weniger wild aus. Ganz anders der Barranco de Agaete mit blühenden Orangenbäumen und Kaffeesträuchern.

Seite 140
Playas de Güígüí
Der Weg ist kein Pappenstiel, aber am Ziel lockt ein Strand. Am Fuß senkrechter Klippen schwemmt das Meer hellen Sand an und nimmt ihn auch gern wieder fort.

Seite 143
La Aldea de San Nicolás
Unglaublich ist die Vielfalt stacheliger Gewächse im Cactualdea Park. Da gibt es Schwiegermuttersitze und Bischofsmützen, Greisenhäupter und Silberkerzen, Heidelbeer- und Erdbeerkakteen …

»Eine Mühle kann nicht mit dem Wasser von gestern mahlen.«

Eintauchen

Seite 144
Barranco de la Aldea ⭐
Gran Canarias ›Grand Canyon‹ mit senkrechten Felswänden und Stauseen.

Seite 145
Puerto de la Aldea
Sonne, Wind und rhythmische Wellenschläge an der Avenida.

Seite 147
Puerto de las Nieves
Fischessen mit Sicht auf die gezackte Steilküste. Oder lieber erst ein Bad in Naturschwimmbecken?

Der Westen **135**

Seite 151
Agaete

Auf einem Küstenweg geht es zur Playa de Guayedra, auch weitere Wandertouren locken. Und danach ein Kaffee mit Schuss auf dem Dorfplatz …

Seite 155
Barranco de Agaete ⭐

Im Winter grünt's prächtig. Den Kontrast bildet ein schwarzer Lavastrom, den die Ureinwohner als Nekropole nutzten.

Seite 158
San Pedro

Im oberen Teil des Barranco de Agaete werden Arabica-Kaffeebohnen angebaut, die mit (Mineral-)Wasser gepäppelt werden. Auf drei Plantagen können Sie sich von ihrer Qualität überzeugen. Auch Papayas, Mangos und Avocados wachsen hier.

&

Seite 146
Charco Azul

Der Weg von El Risco zum ›blauen Tümpel‹ lohnt vor allem im Winter, nachdem es stark geregnet hat. Dann bilden sich nicht nur kleine Bäche, sondern auch Wasserfälle, die große Badegumpen füllen … Wie wäre es hier mit einem Picknick?

In Sardina del Norte gibt es nicht nur Sardinen! Auch der seltene Engelhai ist hier zu Hause.

Erst ein Bad im Naturschwimmbecken, dann eine Stunde SUP-Surfen – in Puerto de las Nieves geht beides.

erleben

Gran Canarias wilde Seite

Jenseits von Mogán endet die Touristenwelt. Eine Staffel sonnenverglühter Schluchten senkt sich zur Küste hinab, während sich landeinwärts Felsketten wie Mauern einer uneinnehmbaren Festung türmen. Von Mogán windet sich die kurvenreiche GC-200 durchs Gebirge. Immer wieder besteht die Möglichkeit, auf schmalen Stichstraßen zur Küste vorzustoßen – nach Veneguera, Tasarte, Tasártico. Hier kann man an Kies-Sand-Stränden baden wie anno dazumal. Noch einsamer ist der nur zu Fuß erreichbare, legendäre Strand von Güigüí. Bestenfalls begegnet man ein paar wilden Ziegen.

Landeinwärts sind die steilen Hänge mit Kiefern gesprenkelt, die sich auf den Hochflächen zu Wald verdichten. Nach winterlichem Starkregen ergießen sich von oben gigantische Wasserfälle in die Tiefe – ein wirklich umwerfender Anblick!

Hinter La Aldea ragt das Tamadaba-Massiv, Gran Canarias ältestes Gebirge auf. Es ist so mächtig und zerrissen, dass hier kaum ein Durchkommen ist. Die spektakuläre, aber schwierig zu befahrene und durch Steinschlag gefährdete Steilküstenstraße wurde 2017 durch einen 3,2 km langen, EU-finanzierten Tunnel ersetzt – jetzt kommt man zwar schnell voran, hat allerdings weniger von der Landschaft. Erst ab El Risco sieht es aus wie einst: ein Straßenband, das sich verwegen in den Fels krallt. Doch auch hier wird diese 15 km lange Strecke durch acht Tunnel und zwei Brücken halbiert.

Das gesamte Küstengebiet – von Mogán bis Agaete immerhin 60 km – gehört zu Gran Canarias UNESCO-Biosphärenreservat, das sich bis zu den Gipfeln im Inselinnern erstreckt. Es ist hier so einsam, dass man das Gefühl hat, auf einer ganz anderen Insel zu sein …

ORIENTIERUNG

Infos: http://turismo.mogan.es
www.laaldeasanicolas.es/turismo
www.aytoagaete.es
www.agaete.es
Verkehr: Entlang der gesamten GC-200 fährt Linie 38 von Puerto de Mogán via Mogán nach La Aldea de San Nicolás. Weiter geht es mit Linie 101 nach Puerto de las Nieves, Agaete und Gáldar (dort Anschluss nach Las Palmas). Alle Verbindungen s. www.guaguasglobal.com.

Mogán ♀ B/C6

Einst Aschenputtel – jetzt Prinzessin: Vom kleinen Bergdorf herrscht der Bürgermeister über die gleichnamige Gemeinde, zu der mehr als 60 000 Urlauberbetten bis hinab nach Arguineguín gehören. Die Korruptionsskandale, in die führende Politiker verwickelt sind, werden in den großen spanischen Zeitungen verhandelt. Wer durch Mogán kommt, wird freilich davon nichts merken. Der Ort stellt sich als verschlafenes Bergnest dar.

Spaß macht der Besuch einer Prachtmühle von 1700: Eine Wendeltreppe erschließt mehrere Stockwerke bis hinauf zu den Flügeln (GC-200 Km 60, tgl. 8–17 Uhr, Eintritt frei).

Knapp nördlich von Mogán (GC-200 Km 55,9), am ›Fuß des Berges‹ (Pie de la Cuesta), startet die schmale GC-605, die sich in 23 km und schier endlosen Serpentinen durch lichten Kiefernwald zum Bergdorf Ayacata hinaufwindet. Dabei passiert sie den großen Stausee Cueva de las Niñas, an dessen Ufer sich ein Picknickplatz befindet (s. S. 217).

Essen

Mehrere Lokale an der Durchgangsstraße bieten Ausflüglern bis zum frühen Abend deftige Kost.

Nach Omas Rezepten
Casa Enrique: Rustikal-gemütliches Lokal mit großzügigen Portionen kanarischer Klassiker und hausgemachten Nachspeisen.
Calle San José 7, T 928 56 95 42, tgl. außer Sa 10–18, €

Prachtvoll restauriert! Schauen Sie sich die Mühle auch mal von innen an, der Eintritt ist frei!

Bewegen

Vom Pass nach Mogán
Von der Gemeindegrenze Mogán/La Aldea de San Nicolás (GC-200 Km 45,7, Bushaltestelle) schraubt sich ein markierter Weg (S-73) über den kargen, schattenlosen Hang zum Geisterdorf La Cogolla hinab. Dann führt er über den Kirchplatz von Veneguera und setzt sich etwas unübersichtlich fort (man frage hier Einheimische nach ›Cruz de Mogán‹!). Hat man das Dorf hinter sich gelassen, ist alles wieder klar: In Kehren geht es zu besagtem ›Kreuz von Mogán‹ hinauf. Anschließend senkt sich der Weg in den Talgrund von Mogán, wo man die Dorfstraße erreicht (6,2 km/3,5 Std., moderat, Anfahrt: mit Bus 38 und 86 ab Puerto de Mogán).

Wege im Naturschutzgebiet
Mit dem Mietauto erreicht man das Naturschutzgebiet Inagua-Pajonales um den Stausee Cueva de las Niñas: Am ›Pie de la Cuesta‹ (GC-200 Km 55,9) biegt man in die Serpentinenstraße GC-605 ein. Bei Km 13 (vorerst kein Kilometerstein) zweigt eine für Autos gesperrte Forstpiste ab (ausgeschildert ›Inagua/Aula de la Naturaleza 10 km‹), auf der man kilometerlang durch lichten Kiefernwald bummeln kann. Von Km 8,7, hinter dem Stausee Cueva de las Niñas und nahe dem Ziegengehöft Casa de la Data, kommt man rechts in 2 Std. zum Stausee von Soria.

aus Veneguera zählen zu den schmackhaftesten der Insel. Eine 8 km lange Holperpiste führt zur 500 m langen **Playa de Veneguera**, für die eine große Ferienanlage geplant war. Umweltschützer haben das Projekt (vorerst) gestoppt – der Besitzer Lopesan (s. S. 105) darf hier nur eine große Finca, aber kein Hotel betreiben. Der breite, teils mit Sand, teils mit Kies bedeckte Strand ist werktags einsam und eignet sich gut zum Baden.

Zurück auf der GC-200 passiert man bei Km 49 eine wasserfallartig geformte, in Regenbogenfarben schillernde Felswand. Ihr Farbspiel entstand durch Einwirkung späterer Vulkanausbrüche auf das schon abgelagerte Tuffgestein. Die Kanarier, die sich durch die Gesteinsbänder an die bunt bemalten andalusischen Kacheln erinnert fühlten, gaben der Felsformation den Namen Los Azulejos (span. Kacheln).

Essen

Rustikales Ausflugslokal
Las Cañadas: Von der rustikalen Terrasse schaut man ins Tal und lässt sich Fleisch vom Holzkohlengrill, Eintopf, Runzelkartoffeln und Salat schmecken. Auch frisch gepresste Obstsäfte gibt es. Mit kleinem Ethno-Museum.
GC-200 Mogán Km 52.1–Veneguera (Bushaltestelle), T 928 94 35 90, http://restaurantelascañadas.es, tgl. 9–21 Uhr, €–€€

Veneguera ♀B6

Ein Zwischenstopp lohnt wegen der schönen Lage. Am Kirchplatz öffnet eine Bar, unterhalb des Dorfes gedeihen dank nie versiegender Quellen subtropische Früchte. Die Orangen, Mangos und Avocados

Playa de Tasarte
♀A6

Bei Km 43,6 besteht die Möglichkeit, auf der GC-205 zur 11 km entfernten Playa de Tasarte hinabzufahren. Auf dem Weg dorthin passiert man Plantagen, wo unter Plastikplanen Exoten heranreifen. Kurz vor dem Ziel wird der Asphalt von einer Holperpiste abgelöst und erreicht eine steinige, werktags einsame Kiessandbucht. Hier sieht es aus wie auf den Kanaren anno dazumal: Ein paar schlichte Fischerhäuschen drängen sich aneinander, mittendrin eine urige Pinte. Im Kies sind Fischerboote aufgebockt, die hinausfahren, um das Lokal La Oliva mit frischem Nachschub zu versorgen. Weiter landeinwärts stehen weitere Häuser, chaotisch gebaut, aber nett.

Schlafen

Unmittelbar am Meer werden Häuschen vermietet, in denen man nach einem spektakulären Sonnenuntergang mit der Brandung des Meeres einschläft. Weiter landeinwärts befindet sich das Traveller Hostel Blabla.

Mit Pool am Strand
Ap. Buen León: Juan Bueno vermietet 2 gut ausgestattete Apartments, die sich einen Garten-Pool mit Grillplatz teilen. Gratis-WLAN.
T 928 56 92 35, yurit_@hotmail.com (auf Deutsch: pension-am-kleistpark@web.de), €

Bald kein Geheimtipp mehr
Casa Costera: Das renovierte Fischerhäuschen an der Küste anno 1948 bietet 6 Pers. Platz. Ein Hauptschlafzimmer mit Bad, zwei DZ, Bad, Wohnzimmer und Küche, dazu eine 70 m² große Terrasse mit Grill, Ofen, Spüle und Dusche.
T 619 70 76 99, www.casatasarte.es

Wer es gesellig mag ...
Hostel Blabla: Traveller-Unterkunft mit Betten im Schlafsaal
Calle El Lomito 2, www.german.hostel world.com, €

Essen

Wie anno dazumal
La Oliva: Hier gibt es frischen Fisch auf einer Terrasse am Meer. Je nach Saison werden Mini-Tintenfisch *(chipirón)* und Calamares, Thun und Wrackbarsch serviert. Auf Wunsch alles auch in halber Portion. Sa/So, wenn die Canarios kommen, gibt's *paella de marisco* (Meeresfrüchte-Paella). Hungrige Katzen schauen zu und freuen sich über jeden Brocken.
Playa de Tasarte, T 928 89 43 58, Di–So 10–18 Uhr, €–€€

Infos

• **Busse:** Bus 86 ab Puerto de Mogán bis fast zum Strand.

Tasartico, Playa del Asno   ♀ A5/6

Der nächste Stopp empfiehlt sich am **Mirador de Tasartico** bei Km 42,6 (= Degollada de la Aldea, auf Gemeindeschildern verwirrenderweise als Degollada de Tasarte vermerkt). Südwärts schaut man auf die Gebirgsstaffeln rund um Mogán, nordwärts sieht man in der Tiefe das gewaltige Aldea-Tal, eingefasst von einem Halbrund gezackter Bergketten. Über die Senke verteilt glänzen die silbergrauen Planen der Tomatenplantagen. Am Pass muss man entscheiden, ob man gleich zur Ortschaft La Aldea de San Nicolás hinunterfährt oder einen weiteren, 10 km langen Abstecher durch den Barranco de Tasartico zur Playa del Asno einschiebt. Die stark abschüssige Strecke ist bis zum Weiler **Tasartico** (6,5 km) asphaltiert, am Ende geht es

TOUR
Hoch und runter, dann retour

Wanderung zur Playa de Güigüí

Infos

📍 A 5
Länge/Dauer:
9 km/5,25 Std. hin und zurück
Schwierigkeit: mittelschwer, je 450 m im An- und Abstieg; unbedingt Kopfbedeckung und ausreichend Wasser mitnehmen (kein Schatten)!

Ein einsamer Strand am Fuß hoher Klippen – hier kann man sich wie Robinson fühlen! Allerdings ist die Playa nur per Boot bzw. zu Fuß auf einem anstrengenden, schattenlosen Weg erreichbar. Um Enttäuschungen vorzubeugen, sei gesagt, dass das Meer im Winter den Sand öfters fortschwemmt und nur Lavakies zurücklässt. Trotzdem genießt die Playa de Güigüí einen legendären Ruf, denn die Abgeschiedenheit und die dramatische Natur entschädigen für die Mühen des Anmarschs.

Hoch zum Pass und wieder runter

Die Tour beginnt 1 km unterhalb des Dorfes **Tasartico** (📍 A 5). Rechts der Piste startet ein markierter Weg, der längs der rechten Hangseite verläuft. Nach 15 Min.

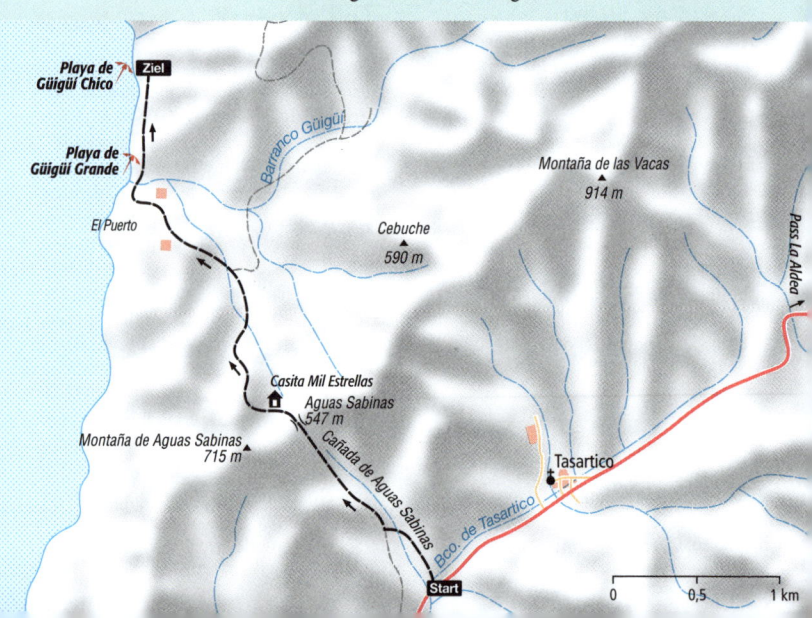

Meiden Sie die Mittagshitze – hier sind schon Wanderer aufgrund von Hitzschlag gestorben!

quert er ein trockenes Schluchtbett nach links und führt anschließend steil bergan zum knapp 600 m hohen Pass **Aguas Sabinas.**

Hinter dem Pass geht es vorübergehend Höhe haltend weiter, bevor sich der Weg in endlos vielen Kehren hinabsenkt, um nach 30-minütigem Abstieg auf die rechte Seite des Flussbetts überzuwechseln. Er führt rechts an einer Finca vorbei und passiert – nach Querung des Talbetts nach rechts – ein weiteres Haus.

Ein paar Minuten später ist **El Puerto** erreicht, die Reste einer einstigen Anlegestelle. Rechts liegt die 350 m lange **Playa de Güigüí Grande** am Fuß steiler Klippen. Sie ist doppelt so lang wie die durch Felsen abgetrennte **Playa de Güigüí Chico,** die nur bei Ebbe erreichbar ist. Bitte auf die Flut achten, sonst könnte der Rückweg abgeschnitten werden (s. Hinweis). Zurück zum Start geht es auf dem gleichen Weg.

Güigüí auf die einfache Tour
Mehrmals wöchentlich startet ab **Puerto Rico** (Puerto Base) das nostalgische Segelschiff Aphrodite zum einsamen Strand, der dann gar nicht mehr so einsam ist. Bei diesem Halbtagesausflug wird gebadet, geschnorchelt und gegessen, bevor es zurückgeht nach Puerto Rico (Großsegler Aphrodite 10.30 Uhr, Preis 69/40 €; online 10 % Rabatt, Gratis-Bus-Transfer ab Bahía Feliz, Patalavaca, Taurito und Mogán; Canarian Boattrips, T 0800 920 22 08, www.thisisgrancanaria.com/gran-canaria/aphrodite-boat-trip-gran-canaria).

Casita Mil Estrellas
Das ›Haus der 1000 Sterne‹ liegt hinter dem Pass Aguas Sabinas, also schon auf der ›richtigen Seite‹, aber immer noch 1.30 Std. vom Strand entfernt. Vermietet wird es von Gabriela und Kiko, die hier Bio-Landwirtschaft betreiben und auf Wunsch Essen anbieten (T 610 65 84 57, www.facebook.com/casitamilestrellas).

Hinweis: Den Stand der Gezeiten erfahren Sie beispielsweise unter www.gezeitenfisch.com/es/islas-canarias/playa-de-tasarte

auf Schotterpiste bis zu dem von dunklen Felswänden eingefassten Strand – ein schöner Fleck, um sich im Wasser zu erfrischen. Achtung: starke Unterströmung, nah am Ufer bleiben! Die Bucht ist bei Kanariern so beliebt, dass hier ein Campingplatz eingerichtet wurde – kein schlechter Ausgangspunkt für die Wanderung zur Playa de Güigüí.

Schlafen

Camping am Meer

Blue Ocean Camp: Von Daniela und Mauro engagiert geführter Campingplatz mit Pool und Restaurant – beides mit Meerblick. Vom Bett im Hostel über Holzhütten bis zum »Iglu« mit ›Sternenluke‹ gibt es unterschiedliche Unterkünfte.
Playa del Asno (Tasartico, am Ende der GC-204), T 642 14 82 00, www.blueoceancamp.com, €–€€

La Aldea de San Nicolás ♀ A4

Das weite Tal wirkt surreal: Die mit Plastikplanen bedeckten Gewächshäuser erscheinen aus der Ferne wie ein riesiges Mosaik – im Abendlicht glänzt es in Silberfarben. La Aldea ist der größte Produzent von Tomaten auf den Kanaren, auch Gurken, Avocados und Auberginen werden angebaut. Wasser gibt es reichlich, solange die Stauseen in den Bergen gefüllt sind. Für die meisten ist La Aldea bestenfalls ein Zwischenstopp auf der obligatorischen Inselumrundung. Wer aber das Ambiente eines abgelegenen kanarischen Dorfes schätzt, kann hier ruhige, zurückgezogene Tage verbringen und zu Wanderungen aufbrechen. Und auch das Meer ist nicht weit.

Rechts die Tomatenplantagen von La Aldea de San Nicolás, links die wilde Nordwestküste, genannt ›Drachenschwanz‹. Die einstige Klippenstraße wurde über weite Strecken durch einen Tunnel ersetzt.

Starkes Dorf

Alle Wege führen zum attraktiven **Kirchplatz,** von dem Fußgängerstraßen abgehen. Hier wurden in historischen Häusern Museen eingerichtet, in denen die Zeit vor 100 Jahren angehalten wurde – alles ist original wiederhergestellt. Leider wird das Museo Vivo nur nach vorheriger Anmeldung geöffnet (s. Infos Puerto de la Aldea). Traditionen werden auch im Alltag hochgehalten. Die Inschrift im Wappen der Ortschaft »Todos unidos por el trabajo« (Alle durch Arbeit vereint) ist Ausdruck eines langen Kampfes der Bauern und Arbeiter um Grund und Boden. Seit dem 17. Jh. wandten sie sich gegen den hiesigen Großgrundbesitzer. Erst 1927, als der spanische Justizminister persönlich nach San Nicolás kam und den Konflikt im Sinne der Dörfler löste, wurde der Ort befriedet. Ihr Sieg begründete den relativen Wohlstand, der auf vielfältiger wirtschaftlicher Eigeninitiative fußt.

Bis zum Bau der Küstenstraße in den 1930er-Jahren waren die Bewohner fast vollständig von der Außenwelt abgeschnitten. Der schnellste Verbindungsweg war der übers Meer, wobei die Nachbarinsel Teneriffa besser zu erreichen war als Las Palmas! Die lange Zeit der Isolation spiegelt sich im ausgeprägten Kollektivgeist der Aldeanos. Da Hilfe von außen nicht zu erwarten war, unterstützten sie sich gegenseitig. Zuletzt erkämpften sie – gegen die Umweltschützer – eine mehr als 250 Mio. € teure, von der EU kofinanzierte Brückenstraße. Mit ihrer Hilfe kommen die Tomatenlaster schneller und sicherer ans Ziel als auf der serpentinenreichen Klippenroute, die wegen wiederholten Steinschlags 2016 »für immer« gesperrt wurde. Doch wozu eine so teure Straße, so die Umweltschützer, wenn La Aldeas Landwirtschaft, für die die Straße in erster Linie konzipiert wurde, ein Auslaufmodell sei: So pestizidverseucht seien die Böden unter den Plastikplanen, dass auf ihnen bald nichts mehr wachsen werde. Übrigens arbeiten auf den Plantagen heute vor allem rumänische Wanderarbeiter.

Lauter Stacheln

Im **Cactualdea Park,** einem großen Steingarten 3,5 km südlich des Ortszentrums an der Straße Richtung Mogán, sind 1200 verschiedene Kakteenarten zu besichtigen. Daneben gibt es zahlreiche Dickblattgewächse: Sie haben sich durch Panzerung an die Gegebenheiten der Natur angepasst – ein effektiver Schutz vor Feuchtigkeitsverlust in sengender Sonne. Auch Palmen und subtropische Zierpflanzen gedeihen prächtig.

El Hoyo-Tocodomán, tgl. 10–17 Uhr, http://cactualdea.es, Eintritt 8,50 €, Kinder ab 10 J. 4 €

Schlafen

Herzliches Willkommen
Los Cascajos: Señor Segundos kleines Hotel, das gern von Wandergruppen besucht wird, liegt drei Schritte von der Kirche im Talbett. 20 freundliche Zimmer und 13 Apartments stehen zur Wahl, auf der Dachterrasse warten Sonnenschirme und Liegen. Das Frühstück wird in einem hellen Café eingenommen, das Tagesmenü im Lokal Segundo an der Kirche.

Los Cascajos 9, T 928 89 11 65, www.hotelcascajos.es, €

Strandnah
Casa Mina: Nahe dem Meer, 1 km vor Puerto de la Aldea werden im Haus von Señora Minerva zwei einfache Dachapartments vermietet, die sich eine Terrasse teilen.

Las Marciegas 125, T 928 89 05 50, €

Nicht nur für Wanderer
Albergue La Hoyilla: Zwischen Ortszentrum und Hafen, bei Km 32,7 rechts

in eine Piste abbiegen, dann noch 200 m weiter. Die ehemalige Grundschule wurde in eine gut funktionierende Wanderherberge mit zwei Einzel-, fünf 5-Bett-Zimmern und zwei 14-Bett-Sälen verwandelt.
Av. Doctor Fleming 132, T 928 43 15 95, www.ludenatura.com, Bett im Schlafsaal oder DZ, €

Essen

Deftige Tapas bekommt man in den Lokalen am Kirchplatz. Zum Fischessen fährt man nach Puerto de la Aldea. Auf halber Strecke könnten Sie im Albercón einkehren – erkennbar an bunten Farben und Fahnen.

Mit tollen Säften
El Albercón (La Ganania): Das Lokal liegt neben einem großen Kaktusgarten (nicht Cactualdea!), den Sie ohne Aufpreis besichtigen können. Besonders zu empfehlen sind neben den Tapas-Tellern die frisch gepressten Säfte – Orangen, Papayas und Aloe Vera kommen von der Biofinca nebenan. Besitzer Johannes vermietet über dem Restaurant auch einfache Zimmer für Backpacker.
Calle Albercón 4, T 607 94 34 29, Tapas-Teller 8 € p. P.

Bewegen

La Aldea ist ein guter Ausgangspunkt für Wanderungen (www.senderoslaaldea.com). Am 8 km südlich des Ortes gelegenen Mirador de Tasartico (= Degollada de la Aldea, GC-200 Km 42,6) steigt man auf ins Naturschutzgebiet Inagua-Pajonalas, ein Weg führt via Tasarte und Veneguera nach Mogán.

Fährt man vom Mirador talabwärts nach Tasartico, kommt man zum Startpunkt der Wanderung nach Güigüí (s. S. 140).

Infos

• **Touristeninformation:** Av. Dr. Fleming 57, in einer Mühle an der GC-200 Richtung Ortszentrum, T 928 89 03 78 (unregelmäßig, meist nachmittags geöffnet).

Barranco de la Aldea
B4

Einsamkeit pur
Östlich von La Aldea führt die GC-210, eine der landschaftlich spektakulärsten Inselstraßen, 30 km hinauf nach Artenara, dem höchstgelegenen Inseldorf. Die schmale Carretera folgt dem tief eingeschnittenen Canyon, in den so viele Schluchten aus dem zentralen Bergland einmünden, dass hier gleich mehrere Stauseen angelegt werden konnten – geheimnisvoll glitzern sie im Sonnenlicht. Die **Presa de la Aldea** erreicht man nach etwa 6 km. Nach weiteren 2 km erklimmt die Straße in Haarnadelkurven die gewaltige Staumauer des Stausees **Presa de Parrallilo,** dessen Arme krakenartig in die Seitenschluchten ausgreifen. Bei Km 22, unmittelbar vor einem Tunnel, besteht die Möglichkeit, auf der noch schmaleren, in die Steilwand geschlagenen GC-606 zum einsamen Weiler El Carrizal hinaufzufahren. Gleichfalls eine fantastische Route mit Weitblicken zwischen Himmel und Erde! Bleibt man auf der GC-210, erreicht man bei Km 18,7 eine restaurierte Mühle (molino). Von ihrer Aussichtsplattform schaut man auf die wild-herbe Landschaft zurück und beobachtet Falken, die hoch in der Luft ihre Kreise ziehen. Kleine Feldterrassen und Orangenbäume am Straßenrand signalisieren die nahende Zivilisation. Im Höhlendorf **Acusa Verde** empfiehlt sich ein Zwischenstopp, bevor man die restlichen Kilometer nach Artenara in Angriff nimmt (s. auch S. 226).

Puerto de la Aldea ♀ A4

An der Küste ist es meist spannender als im Landesinnern. Der »Hafen von la Aldea« macht da keine Ausnahme. Die Brandung bringt große Kieselsteine ins Rollen, die einen wilden Sound erzeugen. Dazu passt das Geschrei der Möwen, die heimkommende Fischerboote umschwirren. Über dem steinigen, von Klippen flankierten Strand verläuft eine **Promenade,** an deren Beginn sich Terrassenlokale drängen. An die Promenade grenzt ein **Wäldchen** aus Palmen, Pinien und Tamarisken. Hier versteckt sich das **Besucherzentrum Los Caserones,** das über Archäologie und Folklore informiert (Eintritt frei). Wo das Wäldchen aufhört, öffnet sich eine brackige **Lagune,** an der jedes Jahr eine spektakuläre Schlammschlacht ausgetragen wird.

Bei Ebbe kann man durch einen Tunnel auf der rechten Strandseite zur kleinen Nachbarbucht **Cala del Puerto** gelangen, an die manchmal Lavasand angespült wird. Und auch ein Spaziergang über die weit ins Meer gespannte **Mole** macht Spaß. Fischerboote schaukeln im Wasser, über Treppen kann man ins Wasser steigen. Hier wurde eine ehemalige Lagerhalle in ein **Info-Zentrum** verwandelt, das über Meeresflora und -fauna Auskunft gibt.

Doch auch hangaufwärts ist etwas zu entdecken: Zwischen den Restaurants Luis und Severo führt ein Weg zu den Ruinen eines altkanarischen Dorfes, dem sogenannten **Parque Arqueológico Los Caserones.** Folgt man von hier der Piste in die Nachbarschlucht, kann man an der hellsandigen **Playa Chica** bei Ebbe schöne Stunden verbringen.

SCHLAMMSCHLACHT S

Zur **Fiesta del Charco** am 11. September stürzen sich viele in voller Montur in die Lagune an der Playa de Aldea. Ziel ist es, mit bloßen Händen, Netz oder Korb so viele Fische wie möglich einzufangen. Denn dafür gibt es einen Preis. Der Ursprung der wilden Planscherei? Vermutlich badeten hier Altkanarier zur rituellen Reinigung und brachten gefangene Fische als Opfer dar. Auch eine Erklärung für das Bad in voller Kleidung ist überliefert: Einem Bischof war zu Ohren gekommen, dass Männlein wie Weiblein halb- oder gar splitternackt in den Tümpel stiegen. Dieser teuflischen Sitte gebot er Einhalt, indem er auf Bekleidung bestand.

Essen

Die Qualität der Speisen in den Hafenlokalen ist schwankend – die Wirte wissen, dass die meisten Touristen nur einmal einkehren. Mit Salat, Runzelkartoffeln und Gofio kann man nichts falsch machen. Oder bestehen Sie darauf, sich den Fisch vor der Zubereitung zeigen zu lassen. Am Wochenende, wenn auch Einheimische hier essen, ist die Chance frische Ware zu bekommen größer.

Bewegen

Die Bucht ist ein marines Schutzgebiet und dank vieler Barrakudas, Tintenfische, Engelhaie ein beliebter Schnorchel- und Tauchspot. Auch Sternebeobachtung und Birdwatching sind möglich (Infos im Besucherzentrum, s. Folgeseite).

Infos

• **Centro de Visitantes:** Paseo El Muelle s/n, T 682 22 58 98, https://laaldeasanicolas.es, Mo–Fr 10.30–14.30 Uhr. Engagiertes Infobüro auf der Mole.

Andén Verde, El Risco, Guayedra

♀ B4–C3

Im Nordwesten durchfährt man den geologisch ältesten Teil der Insel: Fast 14 Mio. Jahre lang hatten Wasser und Wind Zeit, Zacken und Zinnen ins Vulkangestein zu fräsen. Hier wurde 2017 die von den Bewohnern lang ersehnte Tunnelstraße eröffnet, die La Aldea de San Nicolás mit El Risco verbindet und bis Agaete verlängert wird. Sie ersetzt die kurvenreiche Klippenstraße, die in den 1930er-Jahren erbaut worden war, um die Bewohner La Aldeas an ›die Welt‹ anzuschließen – statt 365 Kurven sind es nun 3,2 km Tunnel. Ein Abstecher empfiehlt sich nach wenigen Minuten auf einer Stichstraße zum **Mirador del Balcón** (nahe Andén Verde), wo Sie von einer über dem Abgrund schwebenden Aussichtskanzel über die Weiten des Atlantiks bis Teneriffa schauen (s. S. 148). Dann geht es weiter zum kleinen Weiler **El Risco** (»der Fels«). Hier bekommen Sie in der Bar Perdomo Tapas und Bocadillos (belegte Brötchen), vielleicht auch den im Dorf hergestellten Ziegenmilch-Joghurt Marke ›Arterra‹. Eine Piste führt zur 1 km entfernten, meist einsamen Kies-Sand-Bucht. Landeinwärts geht es auf einem markierten Weg zum Charco Azul, dem »Blauen Tümpel« (s. Kasten rechts). Die letzte Schlucht vor Agaete, der **Barranco de Guayedra**, ist mit der Geschichte der Insel verknüpft. Hier erhielt der letzte Herrscher der Ureinwohner, Tenisor Semidán, für seine Kooperation mit den Eroberern gnädig etwas Boden (s. S. 147).

CHARCO AZUL

Sie sind im Weiler **El Risco** (♀ B3), der lange Tunnel im Westen liegt hinter, vielleicht auch noch vor Ihnen: Haben Sie Lust, eine Mini-Tour zu unternehmen – nicht zu lang, mit schönen Ausblicken und einem Ziel, das lohnt? Dann auf zum ›Blauen Teich‹! Von der Bar Perdomo steigen Sie zum Kirchlein empor und folgen der schmalen Straße bergauf. An der nächsten Gabelung rechts, dann über eine kleine Brücke und nach 100 m rechts einschwenkend auf einen alten Weg. Dieser bringt Sie sofort ins Tal, das von gezackten Kämmen flankiert ist, und führt Sie bald auf die linke Seite eines hier fast immer fließenden Bächleins. Ein paar Minuten später stehen Sie vor einer Steilwand: Hat es geregnet, rauscht ein Wasserfall herab und mehrere Felsgumpen sind mit klarem Wasser gefüllt. Selbst im Sommer, wenn alles ringsum ausgedörrt ist, bleibt ein erfrischender Rest (hin und zurück: 3,2 km/1 Std., Richtungspfeil: SL 02 Charco Azul, s. S. 162).

Schlafen, Essen

Landhäuser

Turismo-Rural-Agenturen (s. S. 242) vermitteln auf Wochenbasis restaurierte Gehöfte im abgelegenen Dorf El Risco (Casa La Pintora, Las Rosas, El Patio und – besonders schön – die Casa Tamadaba).

Abgedreht

Redondo de Guayedra/Restaurant Los Almácigos: Wer will, kann in der Guayadra-Schlucht Urlaub auf einer Bio-Finca verbringen! Zur Wahl stehen 8 ›Lodges‹ genannte, freundlich-rustikale Natursteinhäuser bzw. eine Höhle. Im Restaurant Los Almácigos wird mit Zutaten aus dem Garten kreativ und möglichst bio gekocht, in der Bodega werden vor allem kanarische Weine angeboten. Mit schönem Außen-Pool und Fitness-Raum. Anfahrt: von Km 5,2 kommt man auf einer Piste zum Parkplatz. Wer nur essen will, muss reservieren!
Barranco de Guayedra s/n, GC-200 Km 5,2, T 928 89 85 86, www.redondodeguayedra.com, Ap. inkl. Frühstück ab 185 €, Restaurant Mi–So 12.30–19 Uhr

Für Traveller

Casa Perdomo: Eine gute Nachricht für Radfahrer und Wanderer: Oberhalb der gleichnamigen Bar werden 10 einfache Zimmer. Auf der Website der Bar werden Konzerte und andere Events angekündigt.
El Risco de Agaete 1, T 928 89 40 57, 607 51 60 22, www.facebook.com/barperdomo1940, €

Bewegen

Baden

Pisten führen von der GC-200 bei Km 13 zur grobkörnigen Playa del Risco und und bei Km 5 zum Kiessandstrand Playa de Guayedra (FKK). Vorsicht – starke Strömungen!

Puerto de las Nieves ♀B2

Im ›Schneehafen‹ mit seinen weißen, blau gerahmten Häusern kann man sich wohlfühlen: Zwar ist der Blick aufs offene Meer durch den Bau einer gewaltigen Betonmole für die Teneriffa-Schnellfähre ›zerschnitten‹, doch auch weiterhin sieht man die großartige Klippenküste, die sich wie eine wild gezackte Fieberkurve ins Meer ›ergießt‹. Links des Fährhafens liegt im Windschatten der **alten Mole** eine Badebucht, trotz Fähre und Fischerbooten wirkt das Wasser sauber. Über Kies oder Stufen steigt man in die Fluten

---

T

TENESOR SEMIDÁN (1447–1496), KÖNIG VON GUAYEDRA

1481 unterwarf sich der letzte altkanarische Inselherrscher Tenesor Semidán in Córdoba den spanischen Königen – vermutlich weil es diesen gelungen war, seine Frau Abenchara aufs spanische Festland entführen zu lassen. Nachdem Tenesor die Kapitulation unterzeichnet hatte, kehrte er nach Gran Canaria zurück, wobei er allerdings seine Familie als Geisel am spanischen Hof zurücklassen musste. Tenesors Aufgabe war es nun, die Spanier bei der Eroberung der Rest-Insel zu unterstützen. Zur Belohnung durfte er nach deren endgültiger Unterwerfung 1483 den schwer zugänglichen Barranco de Guayedra behalten. Hier war es ihm erlaubt, mit 40 seiner Vasallen eine Art Mini-Königreich zu betreiben. 1491 reiste Tenesor noch einmal aufs spanische Festland, um gegen den in Ungnade gefallenen Eroberer Pedro de Vera auszusagen. Anschließend nahm er an der Conquista gegen La Palma und Teneriffa teil, wo er tödlich verletzt wurde (s. auch S. 167).

Lieblingsort

Schöne Sackgasse

Seit die Tunnel-Straße Puerto de la Aldea–El Risco eröffnet wurde, hat sich von der alten spektakulären Klippenroute nur das kurze Stück bis zum **Mirador del Balcón** (♥ A 4) erhalten. Der Abstecher dorthin lohnt: Ein ›Aussichtsbalkon‹ schwebt über dem Abgrund – wie mit dem Beil abgeschlagen fällt hier die Küste mehrere Hundert Meter in die Tiefe. Wer nach vorn schaut, sieht das schier endlose Blau von Himmel und Meer – manchmal taucht am Horizont die Silhouette der Nachbarinsel Teneriffa mit dem knapp 4000 m hohen Teide-Kegel auf. Nach rechts fällt der Blick auf dramatisch gezackte Felswände (GC-200 Km 24,8), die an den ›Schwanz eines Drachens‹ erinnern (Abstecher hin und zurück 4 km).

hinab. Von der Spitze der Mole sieht man die Reste des **Dedo de Dios** (›Finger Gottes‹). Bis 2005 hatte der vorgelagerte Felsen die Form eines erhobenen Zeigefingers – doch Wirbelsturm Delta zerbrach den ›Finger‹, der nun zertrümmert auf dem Meeresgrund liegt. Auf der anderen Seite der Mole befindet sich noch ein weiterer kleiner Kiesstrand, auf dessen Holzterrassen man sonnenbaden kann. Angrenzend verläuft eine **Promenade** mit Terrassenlokalen. Sie verlängert sich in den breiten **Paseo de los Poetas** und führt nordwärts längs der hier oft wilden Küste. Vorbei an einer alten Windmühle kommt man zu den ehemaligen Salinen an der Barranco-Mündung, die in **Naturschwimmbecken** *(piscinas naturales)* verwandelt wurden. Während man ruhig seine Runden dreht, brechen sich – teils heftig – die Wellen an der vorgelagerten Palisadenmauer. Von den Naturschwimmbecken steigt man über einen Serpentinenweg auf die Klippe El Turmán hinauf, wo sich die gleichnamige Siedlung mit dem Hotel Roca Negra befindet.

Kapelle der Schneejungfrau

Einzige klassische Sehenswürdigkeit des Ortes ist die **Ermita Virgen de las Nieves.** Ihren Namen verdankt sie nicht dem Schnee, den man von hier zuweilen auf dem höchsten Gipfel der Nachbarinsel Teneriffa sehen kann, sondern einer Legende: Eroberer Fernández de Lugo soll just hier am Strand jene Figur der »Schneejungfrau« am Meeresufer gefunden haben, die er 1493 auf die Insel La Palma gebracht hatte. Da Fernández de Lugo die Figur nach La Palma zurückbrachte, beauftragten die neuen Großgrundbesitzer von Puerto de las Nieves den flämischen Künstler Joos van Cleve damit, ein Bildnis der Schneejungfrau anzufertigen – sie tauschten es gegen eine gute Ladung Zucker, das damals als ›weißes Gold‹ gehandelt wurde. Nachdem das Gemälde jahrhundertelang in der Kapelle hing, ist es nun in der Kirche von Agaete (s. S. 151) ausgestellt. Anstelle des Bildnisses sind in der Ermita Schiffsmodelle zu sehen, die die Fischer ihrer Schutzpatronin zum Dank für die Errettung aus Seenot darbrachten.
Calle Nuestra Señora de las Nieves s/n, Mo–Sa 11–13, So 9–11 Uhr

Schlafen

Maritim inspiriert
Puerto de las Nieves: Das Vier-Sterne-Hotel steht etwas landeinwärts und ist mit seinen blauen Farben, runden Bullaugenfenstern und dem ›Kapitänsmobiliar‹ von Kreuzfahrtschiffen inspiriert. 30 meist große Zimmer (Gratis-WLAN, Sat-TV) verteilen sich auf zwei Stockwerke. Das Frühstück wird im eleganten Restaurant Faneque eingenommen, im Untergeschoss öffnet das Spa Las Nieves: mit Thermal-Zirkelbad, und Whirlpool sowie Massagen mit ätherischen Ölen. Freundliches, familiäres Ambiente. Autofahrer freuen sich über die Tiefgarage.
Av. Alcalde José de Armas s/n, T 928 88 62 56, www.hotelpuertodelasnieves.es, €€

Essen

An der Promenade und der Hauptstraße reihen sich Fischlokale. Mit einem kühlen Getränk, einem preiswerten Menü (€) oder einer umfangreichen Fischplatte kann man sich stärken. Die Lokale öffnen gegen 12 Uhr, doch bereits mit Anbruch der Dunkelheit, wenn die Tagesausflügler abgezogen sind, werden die Bürgersteige hochgeklappt.

Der Klassiker
El Dedo de Dios: Eine ehemalige Lagerhalle wurde zum Lokal nah am Wasser. Drinnen sitzen Sie in Trattoria-Am-

Nach Puerto de las Nieves kommen die meisten, um Fisch zu essen. Doch baden kann man auch: entweder an der alten Mole oder in Naturschwimmbecken.

biente mit herabbaumelnden Farnen und Papiertischdecken, draußen mit im Wind raschelnden Palmenwedeln. Schön ist der Blick auf die alte Mole und den abgebrochenen ›Finger Gottes‹. Flotter Service! Das Menü ist üppig (guter Salat!); à la carte gibt es gegrillte Fischplatten *(parrilladas)*, Tagesfisch *(pescado del día)* und Meeresfrüchte, auch Napfschnecken *(lapas)*. Die Desserts sind hausgemacht – zur Verdauung empfiehlt sich ein Kräuterlikör *(orujo)*.
Calle Nuestra Señora de las Nieves s/n, T 928 89 80 00, €

Trendy
Ragú: Was Einrichtung und Küche angeht, hebt sich das (italienisch geführte) Promenadenlokal von der Konkurrenz ab. Bei Letizia gibt es außer Fisch und Meeresfrüchten auch hausgemachte Pasta *al dente* und feine Desserts – alles mit Pfiff zubereitet und nett angerichtet. Die frisch-fröhliche Einrichtung und der schwungvolle Service machen gleichfalls gute Laune!
Paseo de los Poetas 10, T 605 45 39 65, Mi. geschl., €€

Bewegen

Das **Spa** im Hotel Puerto de las Nieves kann tgl. 9–21 Uhr besucht werden – man muss kein Hotelgast sein! **Wandern** s. Barranco de Agaete S. 155. **Organisierte Touren:** Wandering Pier, T 603 20 70 05, www.wanderingpier.es

Tauchen/SUP-Surfen
Die Tauchschule **Buceo de Agaete** bietet Tauchausflüge im fischreichen Norden

– auch für Anfänger. Schon die Website macht Appetit ... Wer lieber surft, leiht sich ein SUP-Brett (Paseo de los Poetas 26, T 928 554254, www.buceoagaete.com).

Infos

- **Touristeninformation:** Calle Nuestra Señora de las Nieves 1 (an der alten Mole), T 928 55 43 82.
- **Busse:** Stündlich kommt man mit dem Bus via Gáldar nach Las Palmas (Linien 103, 105), seltener nach La Aldea de San Nicolás (Linie 101) und nach Los Berrazales im Valle de Agaete (Linie 102). Alle Verbindungen s. www.guaguasglobal.com.
- **Parken:** Lästig sind Parkplatzeinweiser, die eine Gebühr dafür kassieren, dass man auf ›ihrem‹ Privatgrundstück parkt – suchen Sie zuerst einen normalen Gratis-Parkplatz auf der Straße.
- **Fähren nach Teneriffa:** Olsen-Schnellfähren pendeln mehrmals täglich zwischen Puerto de las Nieves und Santa Cruz auf Teneriffa (s. S. 244). Die Überfahrt dauert 60–90 Min., sodass man – wenn man sich mit der Besichtigung von Santa Cruz bescheidet – an einem Tag hin- und zurückkommen kann. Empfehlenswerter ist es, sich vor Ort einen Mietwagen zu nehmen und den Teide-Nationalpark zu erkunden. Das macht aber eine Zwischenübernachtung erforderlich.

Agaete ♀ C2

»Wir leben zwischen Berg und Meer« – so sagen die Bewohner. Der weiße Ort liegt 2 km von der Küste am Anfang eines grünen Tales, das sich hoch ins Gebirge zieht. Er ist ein guter Startpunkt für Wanderungen, baden kann man im nahen Puerto de las Nieves. Dank der GC-2 kommt man schnell in die Dörfer des Nordens und nach Las Palmas. Zwar ist Agaete in den letzten Jahren expandiert, doch abseits der Durchgangsstraße verläuft das Leben noch in ruhigen Bahnen. Treffpunkt von früh bis spät ist der von Indischen Lorbeerbäumen beschattete Hauptplatz.

Mit musealem Bild

An der Westseite der Plaza führen Portale in die neoklassizistische, für ein so kleines Dorf erstaunlich große **Iglesia de la Concepción**. Ihr Schmuckstück befindet sich in einem separaten Raum links vom Hauptaltar: Mit seinen grauen, effektvoll beleuchteten Wänden wirkt es wie ein Mini-Museum, birgt aber nur ein einziges Bild: das Triptychon »Schneejungfrau« des flämischen Künstlers Joos van Cleve. Dieses zeigt eine anmutige Madonna, die statt eines Heiligenscheins einen zarten Schleier trägt und ihr Jesuskind mit einem Vogel spielen lässt. Der felsige Hintergrund erinnert an Gran Canarias Nordwestküste, die der Maler nur vom Hörensagen kannte. Das Gemälde, von dem eine Kopie im Louvre hängt, kam 1533 aus Flandern, wo es gegen eine Partie Zucker eingetauscht worden war (Mo–Sa 11–13 Uhr, bitte die Wächterin nach dem Schlüssel fragen).

Zu Ehren einer Fiesta

Agaetes Fiesta ist so ungewöhnlich, dass ihr unterhalb der Kirche ein eigenes Museum, das **Museo de la Rama,** gewidmet wurde. So können Sie an ihr »teilhaben«, auch wenn Sie nicht am 4. August hier sind: Eine Menschenmenge wälzt sich durch die Gassen, tanzt ekstatisch zu Salsa-Rhythmen, schwingt dabei Palm- und Kiefernzweige. Einige schreien »Agua, agua« und erhalten prompt eine Dusche von einem Balkon. Tanzend werden *papahuevos*, überlebensgroße, poppigbunte Pappfiguren mitgeführt. Es ist ein Zug der totalen Enthemmung, angeheizt durch Ströme von Alkohol. In der Nacht zuvor

GAETA ODER ACCACED 🅖

Nach der Conquista kamen viele Neu-Siedler aus Genua – sie waren es auch, die hier Gran Canarias erste Zuckermühle einrichteten. Deren Ruinen wurden zufällig bei Bauarbeiten hinter der Urbanisation La Candelaria entdeckt (nicht zugänglich). Auf Genueser, so wird vermutet, ist auch die Wahl des Ortsnamens Agaete (ital. Gaeta) zurückzuführen. Andere meinen aber, ›Agaete‹ sei berberischen Ursprungs: *Accaced* (steil abstürzend) verweise auf die umliegenden, hoch aufragenden Hänge.

waren die meist jugendlichen Teilnehmer auf dem Pilgerweg in den Tamadaba-Wald gestiegen, wo sie die Zweige pflückten. Mit ihnen tanzen sie lärmend nach Puerto de las Nieves, um dort laut schreiend das Wasser zu peitschen. Die Fiesta geht auf religiöse Riten der Ureinwohner zurück – die so kraftvoll aufmerksam gemachten Gottheiten sollten endlich den nötigen Regen für die Felder schicken. Im Museum können Sie die riesigen satirischen Pappfiguren bestaunen, die Musik abrufen und weitere Fiesta-Facetten kennenlernen. Auch die ›Schneejungfrau‹ wird im Museo vorgestellt.

Calle Párroco Alonso Luján 5, leider nur unregelmäßig geöffnet

Kleiner Garten

Von der Plaza geht's auf der steingepflasterten Gasse Las Huertas oder über die Hauptstraße La Concepción zum **Huerto de las Flores**, dem ›Blumengarten‹ mit exotischen Pflanzen aus Amerika. Skulpturen und in Stein gemeißelte Verse erinnern an die vielen mit Agaete verbundenen Künstler und Literaten, z. B. Tomás Morales und Alonso Quesada.

Calle Huertas, unregelmäßig geöffnet, meist Di-Sa 11-17 Uhr, Eintritt 1,50 €

Viva la cultura!

Der für einen so kleinen Ort erstaunliche Hang zur Kultur beflügelt vielfältige Initiativen: Gleich um die Ecke öffnet die schmucke **Biblioteca** (Calle Lago) und in einem 200-jährigen Haus an der Hauptstraße die **Casa de Cultura** (Calle Concepción 11, Eintritt frei) mit galeriengesäumtem Innenhof, knarrenden Kieferndielen und dunklen Holzdecken.

Im Lavafeld

Am Ortsausgang Richtung Los Berrazales/El Valle (GC-231) folgt man der ausgeschilderten Zufahrt zur **Necrópolis Maipés**. Vom Kassenhäuschen führen Lehrpfade durch pechschwarz aufgebrochene Lavafelder, die vom letzten, vor ca. 3000 Jahren erfolgten Vulkanausbruch stammen. Maipés ist der alte Name für landwirtschaftlich nicht nutzbares Land. Doch immerhin eignete sich das Land als Begräbnisstätte. Dies jedenfalls befanden die Ureinwohner, die in den aufgebrochenen Lavastollen 700 Tumuli-Gräber schufen. Sie legten ihre Toten – einzeln oder auch in Gruppen – in die Mulden und verschlossen sie mit pyramidisch aufgeschichteten Steinen. Bis heute wurden 52 Gräber restauriert und mit Schautafeln versehen, darunter auch das ›Königsgrab‹ *(cueva del rey)*, das eigentlich ›Grab der Königin‹ heißen müsste, da man darin das Skelett einer jungen Frau mit Kind entdeckte.

Calle Chapín s/n, T 664 69 67 18, www.arqueologiacanaria.com, Di-So 10-17, im Sommer bis 18 Uhr, Eintritt 3 €

Schlafen

Auf der Klippe, mit tollem Spa

Roca Negra: Vier-Sterne-Komfort auf einer Klippe: 87 suiteartige Zimmer mit gro-

ßem Balkon und Meerblick, ein aussichtsreicher Pool-Garten sowie ein Spa inkl. ›Totem Meer‹, Nicht-Hotelgäste können es gleichfalls nutzen. Räder sind ausleihbar und auch Tauchtrips nach Sardina (s. S. 160) werden organisiert. Wer nicht den Hotel-Pool nutzen will, steigt über einen kurzen, spektakulären Serpentinenweg zu den Piscinas Naturales (s. S. 149) hinab.
Av. Alfredo Kraus 42, T 928 89 80 09, www.barcelo.com/es-es/occidental-roca-negra, €€

Familiär mit vielen Tipps
Casa Luna: Mónica und ihr deutscher Mann Helgo haben ihr Haus im Dorf in eine Mini-Pension verwandelt. Für Gemütlichkeit sorgt das zeitgemäß rustikale Ambiente, so im kleinen Innenhof mit seinen Natursteinwänden und im Ess- und Wohnraum, die man mit der Familie teilt. Von den drei Zimmern ist Atlántico am größten, es verfügt über eine Dachterrasse mit Bergblick. Alle Zimmer haben Bad, gute Betten und Gratis-WLAN. Mónica stellt auch Naturseife her, die Allergiker schätzen (s. Einkaufen).
Calle Guayarmina 1, T 677 51 53 31, T 67 75 15 33, casaruralluna99@gmail.com, €

Essen

Dorftreff
Dulcería La Esquina: Vier Bistro-Tische, eine Terrasse und ein freundlich-flotter Service. Das Angebot ist überschaubar: Brötchen, die ofenwarm aus der Backstube kommen und großzügig belegt werden, dazu alle wichtigen (spanischen) Tageszeitungen. Fast alle Dorfbewohner legen hier ihre Arbeitspause ein: von der Bibliothekarin bis zum Bürgermeister.
Plaza Tenesor 7

Bei der Fiesta de la Rama, dem ›Fest des Zweiges‹ im August, wird das Wasser gepeitscht, auf dass es tüchtig regne und die Ernte gut ausfalle!

TOUR
Zu Buchten nahebei

Wanderungen nach La Caleta und zur Playa de Guayedra

Infos

Start/Ziel:
Agaete (📍 C 2)

Zur Felsbucht La Caleta:
5 km/1 Std. hin und zurück, Ebbe und Flut beachten!

Klippenweg zur Playa de Guayedra:
6 km/3 Std. hin und zurück

Am Fuß von Klippen liegen wilde Buchten, an denen man die Wucht des Atlantiks spürt. Es empfiehlt sich, sie bei nahender Ebbe *(bajamar)* zu besuchen. Bei Flut sind La Caletas Felspools gefährlich (s. www.gezeitenfisch.com). In Guayedra ist die Unterströmung stark, deshalb in Ufernähe bleiben.

Zur Felsbucht La Caleta

Wer im Dorfzentrum von **Agaete** startet, fragt sich zum **Friedhof** *(cementerio)* durch, läuft dann zu einem Kreisel hinauf. Dort folgt man der Ausschilderung ›**Playa La Caleta**‹ 5 Min. über einen Feldweg und über steile Treppen zur Bucht hinab. Ihr Zauber enthüllt sich nur bei Ebbe. Dann nämlich verwandelt sie sich in eine bizarre Brandungslandschaft mit Tümpeln, in denen kleine Fische schwimmen. Längs der Küste kann man ca. 10 Min. nordwärts weiterwandern – dann ist Schluss. Achten Sie bitte unbedingt auf Ebbe und Flut, damit Ihnen nicht der Rückweg abgeschnitten wird!

Klippenweg zur Playa de Guayedra

Am Beginn der GC-200, auf halber Strecke zwischen Agaete und Puerto de las Nieves, steht ein **Haus mit überdimensionalen Eiern.** Rechts von ihm startet ein Weg, der nach 50 m scharf links abknickt und hangaufwärts zur GC-200 führt (Km 2,3; Wegweiser). Dort hält man sich rechts und folgt der Straße 400 m, wo sich der Weg – durch Seitenmäuerchen und den **Wegweiser »Guayedra«** markiert – fortsetzt (die Leitplanke ist nicht unterbrochen!). Steil windet er sich in die Nachbarschlucht, an deren Mündung die **Playa de Guayedra** liegt – ein teils kiesiger, teils sandiger Strand mit Blick auf die Steilküste.

Am zentralen Platz
Los Berrazales: Ein schöner Ort, um Agaete-Kaffee zu probieren, der in einer Mini-Kaffeemaschine serviert wird. Außerdem bei Andrades im Angebot: Kaktussaft *(zumo de tuno indio),* Salat mit gebratenem Ziegenkäse, Fleischkroketten, Rührei mit pikanter Wurst *(huevos con chistorra)* und als Dessert lockerleichtes Gofio-Mousse. Mit zwei aussichtsreichen Terrassen und Blick auf die Plaza.
Plaza Tomás Morales 10, Mo–Do 9.30–16.30, Fr 9.30–2, Sa 12–2, So 12–16 Uhr

Der Weg lohnt
Café Hondo: Ein paar Gehminuten Richtung Puerto de las Nieves erwartet Sie neben dem Hallenbad ein Bistro. Mix ist aus Italien, sie aus Japan – heraus kommt eine interessante mediterran-asiatische Mischung. Es gibt sowohl Kimchi mit Rettich als auch Houmus mit Mandeln, Lachs-Sashimi und Rosmarin-Kabeljau auf Kartoffeltürmchen und als Dessert New-York-Cheesecake … Auch gute Frühstücksgedecke!
Urbanización El Palmeral, T 611 55 65 90, www.hondo.es, Mo–Sa 8–16 Uhr, €–€€

Einkaufen

Selbstversorger decken sich im großen Spar an der Straße nach Puerto de las Nieves ein, ab einem Kaufbetrag von 30 € wird die Ware gratis ins Apartment gebracht (fragen Sie nach: *reparto a casa*). Eine tolle Adresse für Bio-Seife ist die Manufaktur **Jabones Artesanos** gleich neben der Bibliothek (Calle Lago 6).

Ausgehen

Legendär
El Perola: ›Kleiner Eimer‹ wird Pepe genannt, der tatsächlich rund wie ein Eimerchen ist. Er betreibt Agaetes schönste Bar, an der Plaza gegenüber der Kirche. Seit 100 Jahren scheint niemand den Staub von den Wein- und Brandyflaschen gewischt zu haben. Die Holztheke ist ebenso museal wie die Poster längst verflossener Toreros und das Sammelsurium der Vitrinen. Bei Pepe treffen die Dörfler auf ein Glas Wein oder Bier. Viel los ist Fr/Sa ab 23 Uhr.
Plaza de Tomás Morales, Mo geschl.

Alternative Szene
TEA Agaete: Treff nahe dem Zentrum mit Konzerten, Theateraufführungen und Lesungen am Wochenende. An warmen Nächten öffnet eine Dachterrasse mit Sternenblick.
León y Castillo 30, Mo–Fr 17–20, Sa 11–14 und ab 20 Uhr, www.facebook.com/espaciotea

Infos

- **Touristeninfo:** Im Huerto de las Flores (s. S. 152) öffnet unregelmäßig eine Infostelle.
- **Busse:** Stündlich ein Bus via Gáldar nach Las Palmas (Linie 103), seltener nach La Aldea de San Nicolás (Linie 101) und ins Valle de Agaete (Linie 102). Alle Verbindungen s. www.guaguasglobal.com.
- **Bajada de la Rama:** 29. Juni im Tal Rama del Valle, 4. August in Agaete, s. Museo de la Rama S. 151.

Barranco de Agaete ⊕ ♀ C 2/3

Der wasserreiche Barranco de Agaete, von den Einheimischen kurz **El Valle** (das Tal) genannt, ist einer der schönsten der Insel. Es erstreckt sich über 9 km

Länge von der Nordwestküste bis zum 1000 m hohen Tamadaba-Massiv. Hier wachsen Avocados, Papayas und Mangos; Orangen hängen zum Greifen nah an den Bäumen. Vom Dorfplatz vor der Kirche in Agaete folgt man den Hinweisschildern ›Los Berrazales‹ bzw. ›El Valle‹. Die auf der linken Talseite verlaufende Straße GC-231 gewährt weite Blicke hinunter auf Gärten und Plantagen. Ein Stück talaufwärts passiert man die Siedlung **La Suerte**, die sich terrassenförmig an einen sonnenbeschienenen Hang lehnt. Am Berghang zur Rechten leuchtet das Landhotel Finca Las Longueras weinrot aus dem Talgrün. Es gehört der Familie Manrique de Lara, einst Großgrundbesitzerin im Tal, auf deren Plantagen viele Dorfbewohner als Tagelöhner arbeiteten.

Bei Km 3,5 liegt zur Linken die Casa Romántica, in der man gut kanarisch essen kann (tgl., www.casaromanticaagaete.com, €€). Ein paar Hundert Meter weiter sieht man rechts den Weiler **San Pedro**. Seine Häuser stapeln sich an eine steile Talflanke, über die der Pilgerpfad (Camino de la romería) in das undurchdringlich wirkende Gebirgsmassiv des Tamadaba führt. Nach weiteren 3 km erreicht man **Los Berrazales**, das sich als kanarischer Kurort einen Namen gemacht hat. Wo die Bergflanken enger zusammenschießen und die Luft würzig nach Berg und Kiefernwald ›schmeckt‹, wurde das beste Mineralwasser der Insel gefördert. Heute ist aller Kurortglanz verblichen. Die Mineralwasserabfüllanlage ist verwaist, und das traditionsreiche Hotel Princesa Guyarmina eine Bauruine. Eine Ecke weiter, an der Endhaltestelle der Buslinie, passiert man die Casa Esperanza, das ›Haus der Hoffnung‹, in dem Alkoholiker von ihrem Laster lassen sollen. Noch 3 km führt die schmaler werdende Straße hinauf und endet an einem Wendeplatz. El Gordo, der ›dicke Berg‹, riegelt das Tal nach oben hin ab.

Hoch hinaus!

El Gordo kann nur zu Fuß bezwungen werden. Vom Weiler El Sao führt ein grandioser Wanderweg hinauf zum Höhlendorf El Hornillo. Eine großartige siebenstündige Rundwanderung startet am Talende in El Sao und führt über El Hornillo und den Stausee Los Lugarejos zur Tamadaba-Ringstraße, von wo es über einen Picknickplatz nach San Pedro hinabgeht (17 km, 7 Std., je 1000 Höhenmeter rauf und runter). Wem die Tour zu anstrengend ist, der begnügt sich mit ihrem Filetstück, der Strecke von El Sao nach El Hornillo (hin und zurück 2 Std., s. S. 157). Hier kann man sogar in einer Komfortherberge übernachten (s. u.). Man fahre mit dem Auto das Tal hinauf und stelle es am Wendeplatz von El Sao (Ende der GC-231) ab. Wer mit dem Bus unterwegs ist, fahre mit der Linie 102 bis zur Endhaltestelle und folge der Asphaltpiste 30 Min. bis zu ihrem Ende (**Refugio El Hornillo**, DZ und 4-Bett-Zimmer, €, T 638 96 84 00, buchbar über airbnb).

Schlafen

Für alle Unterkünfte im Tal gilt aufgrund spärlicher Busverbindungen: Ein Mietwagen ist sehr zu empfehlen!

Nicht nur für Honeymooner

Las Longueras: Die im verspielten New-Orleans-Stil erbaute Sommerfrische gehört der Adelsfamilie Manrique de Lara, die einmal das gesamte Agaete-Tal besaß. Die Villa ist von Orangen- und Mangobäumen eingefasst, deren Früchte auf dem Frühstückstisch landen: eine große Tafel, an der sich die Gäste leicht kennenlernen. Wer will, kann sein Frühstückstablett auch in den Garten mitnehmen. In Vitrinen-Schränken steht das alte Familien-Porzellan, durchs Fenster blickt man auf Drachenbäume. Die zehn Zimmer

Lieblingsort

Besuch im Höhlendorf

Wo sich das Agaete-Tal zu einer Schlucht verengt, fühlt man sich der Welt entrückt. Fast senkrecht ragen die Talwände auf, ein kühn in die Flanken geschlagener Königsweg bezwingt die Steilstufe. So abenteuerlich er aussehen mag, ist er doch relativ leicht zu begehen. In kräfteschonenden Kehren angelegt, führt er zum aussichtsreichen Kirchplatz von **El Hornillo** (♀ C3) – hier bietet das Terrassencafé Refugio Stärkung. In der dahinter aufschießenden Felswand machen es die Menschen ihren Vorfahren gleich: Sie leben in Höhlen, die wie Vogelnester in den Fels gekerbt sind.

TOUR
Europas einziger Kaffee

Zu Fuß zu den Kaffeeplantagen in San Pedro

Nebst anderen Exoten gedeihen im Agaete-Tal mit seinen ganzjährig milden Temperaturen auch Kaffeesträucher. Drei Plantagen können besucht werden – alle liegen dicht beieinander und haben unterschiedliche Schwerpunkte.

Der Preis für Agaete-Kaffee liegt bei ca. 15 € für 250 g.

Schwarz und stark

»Bohne von großer Qualität, ihr Kaffee schmeckt fruchtig-süß, erinnert an Schokolade«, so beschreiben Fachleute den ›Café de Agaete‹. Vor 200 Jahren wurden Setzlinge der Sorte Arabica aus Teneriffas Botanischem Garten eingeführt. Auf dem vulkanischen, mineralienreichen Boden des Tals gediehen sie bestens. Allerdings ist es ein langer Weg bis zu einer Tasse Kaffee. Nach vollen drei Jahren treibt der Kaffestrauch seine erste Blüte aus, der acht Monate später eine elliptische Frucht entspringt. Wenn sie dunkelrot geworden ist, wird geerntet. 40 Tage wird die Frucht getrocknet, dann wird sie, um ihr die beiden Kaffeebohnen zu entnehmen, geknackt! Die Bohnen sind hellgrün und duften nach frischem Garten. Aber nicht lange, denn bald werden sie geröstet. Dabei verlieren sie Wasser, Zucker und einen Teil Bitterstoffe und gewinnen dafür Aroma. Werden sie anschließend zermahlen, ist die Einstellung wichtig: Ist sie zu grob, kann sich das Aroma nicht voll entfalten, ist das Pulver zu fein, werden unerwünschte Bitterstoffe frei.

Durch San Pedro streifen

Wer mit Auto kommt, kann es direkt an der zentralen Plaza von **San Pedro** abstellen. Kommen Sie per Bus (Linie

Infos

📍 C 2/3

Finca Los Castaños:
T 608 14 90 11,
Mo–Sa 10–14 Uhr

Finca Platinium:
T 635 51 09 80,
https://cafeplatinium.
wordpress.com, tgl.
11–17 Uhr, 10 €

Finca La Laja:
T 628 92 25 88,
www.bodegalos
berrazales.com,
Mo–Fr 10–17, Sa
10–14 Uhr, 10 €

102), steigen Sie an der GC-231 an der **Haltestelle San Pedro** aus und folgen dem Treppenweg hinab zur Plaza an der **Bar La Palma**. Vor Ihnen ragt die gewaltige Tamadaba-Wand auf, an deren Fuß sich weiße Häuser drängen. Gehen Sie ein paar Schritte in Richtung Felswand, nimmt Sie sogleich der **Camino de los Romeros** auf. Nach ein paar Schritten zweigt rechts eine Piste ab, die sich gabelt: Rechts geht es zur Finca Los Castaños, links zur Finca Platinium.

Über Kaffee lernen ...
Die **Finca Los Castaños** nennt sich »Europas einzige Kaffee-Akademie« und löst diesen Anspruch im Rahmen eines 90-minütigen, kommentierten Spaziergangs quer durch die Plantage ein – es werden hier meist Gruppen sein, denen Sie sich anschließen. Señor Antonio und sein Übersetzer wissen viel vom Anbau, den Kaffeesorten und dem Röstvorgang zu erzählen.

... und natürlich auch Kaffee genießen
Zu Señor Santi auf der **Finca Platinium** kommen keine Gruppen, sondern nur Individualtouristen. Bei einer 10-minütigen Führung durch die Plantage, auf der auch viele andere Exoten wachsen, erfahren Sie auf Englisch das Wesentliche über die Kaffeepflanze. Anschließend trinken Sie im hübschen Garten-Café eine Tasse milden Kaffees vom Porzellan-Service der Großmutter.

Von herrlichem Kaffee zu herrlichem Wein
Folgen Sie dem Camino de los Romeros 400 m bergauf, zweigt links der Weg zur **Finca La Laja** ab. Unter einer Wein-Pergola laufen Sie 5 Min. zum Anwesen – mit hauseigener Kapelle, Aussichtsterrassen und schönem Garten. Außer Kaffeebohnen werden auch Reben angebaut, aus denen prämierte Weine der Marke Los Berrazales entstehen. Señor Incienso bzw. Sohn Vicki erklären, warum sie so erfolgreich sind: Die Trauben werden mit dem gleichnamigen Mineralwasser bewässert! Verkostet wird der Wein (weiß, rot und rosé) in einer urigen Höhlen-Bodega oder auf der Terrasse. Danach wird eine Tasse Agaete-Kaffee gereicht – nebst Kuchen, Käse, Schinken und Obst von der Finca. Hier bekommen Sie eindeutig am meisten für Ihr Geld!

sind gleichfalls mit Antiquitäten eingerichtet und führen teilweise auf eine romantische Terrasse. Viel Platz hat man im Fernseh- und im Lesesalon, vom Pool-Garten schaut man aufs Tamadaba-Gebirge. In einer kleinen Tee- und Kaffeeküche kann man sich mit Getränken versorgen. Dank Señora Lourdes freundliches Ambiente! 3 km von Agaete, die letzten 800 m auf Piste.
Valle de Agaete/La Suerte, T 928 89 81 45, www.laslongueras.com, €€

Essen

Wie vor Jahrzehnten
Casa Lolo: Mehr Bretterbude als Lokal, aufgrund der guten Fisch- und Fleischgerichte vom Holzkohlegrill eine beliebte Ausflugsadresse.
La Suerte, GC-231, Km 3, T 928 89 83 29, ab 13 Uhr, Mo Ruhetag, Gerichte ab 7 €

Na, wie schmecken die Sardinen? Kleine Pause am Leuchtturm von Sardina del Norte.

Infos

• **Busse:** s. S. 151 (Puerto de las Nieves), weitere Infos unter www.guaguasglobal.com

Sardina del Norte ♀ C1

Der Name verrät es schon: In diesen Küstenort im äußersten Nordwesten kommt man, um Sardinen zu essen. Die Anfahrt durch eine zersiedelte Landschaft ist wenig erbaulich, doch folgt man der Straße hinunter bis zur Hafenmole, bietet sich ein attraktives Panorama. Vor einer rostbraunen Felswand, an der die Häuser geradezu kleben, erstreckt sich ein kleiner heller Sandstrand. Wenn die See es erlaubt, fahren die Männer von der angrenzenden Mole hinaus, um Fisch einzuholen – ihr Fang landet in einem der Restaurants. Reisebusse kommen so gut wie nie in diesen Ort. Das freut die wenigen, die sich hierher verirren, um ein Bad in den Fluten zu nehmen und dann in einem der Fischlokale einzukehren. Doch auch Taucher kommen: Die Bucht ist – neben El Cabrón im Südosten – bekannt als Gran Canarias bester Tauchspot. Sie ist windgeschützt, sodass das Wasser relativ ruhig und strömungsarm ist. Man kann direkt von der Hafenmole ins Wasser steigen und sieht schon in geringen Tiefen von 12–18 m eine erstaunliche Vielfalt an Fischen.

Leuchttum Faro de Sardina
Zum nordwestlichsten, von einem Leuchtturm gekrönten Inselkap fährt man Richtung Gáldar und biegt kurz darauf links ab. Ein wenig abenteuerlich ist es schon, in den ausgewaschenen

ENGEL DES MEERES 🅴

Warum eigentlich gehen Taucher so gern in Sardina unter Wasser? Weil es hier – nebst anderem Getier – den seltenen Engelhai gibt. Den klangvollen Namen hat der Fisch von seinen Flossen, die wie die Flügel eines Engels aus einem flachen Körper von ca. 1 m Länge herauswachsen. Wer den ›Engel‹ zum ersten Mal sieht, glaubt deshalb keinen Hai, sondern einen Rochen vor sich zu haben. Der platte Rumpf ermöglicht dem Fisch eine grandiose Tarnung: Er legt sich dicht auf den Sandboden, von dem er optisch kaum zu unterscheiden ist. Die meiste Zeit des Tages bleibt er dort und wartet auf vorbeischwimmende Beute. Menschen greift der Engel nur an, wenn sie zufällig auf ihn drauftreten – also bitte aufpassen!

Lavafelsen vor dem Faro herumzuklettern, die starke Brandung zu genießen und die Krebse in den Felsspalten zu beobachten. Könnte ein toller Ort sein, wären da nicht die an der Küste und landeinwärts entstandenen »Geistersiedlungen« aus Spaniens Bau-Boom-Zeit …

Essen

Aussichtsreich über dem Strand
La Pizarra: Drinnen elegant unter Meereswandbildern oder draußen auf der Terrasse schwebend über dem Atlantik bekommen Sie gute Meeresfrüchte, frischen Fisch und hausgemachte Desserts (lecker ist der Mandelkuchen). Freundlicher, flotter Service. Bestellen Sie dazu Inselwein oder spanisches Craft Beer.
Playa de Sardina, T 928 88 11 39, www.saboresdelmar.lapizarra.es, Mi geschl., €€

In einer Höhle
La Cueva: Bei José Salguero gibt es ›mediterrane Autorenküche‹, viele Salate und viel Fisch, alles schön angerichtet. Aber wenn der Koch mal seinen freien Tag hat, fällt die Qualität rapide ab. Frisches Blau dominiert in der Höhle, gern sitzt man auch auf der kleinen Außenterrasse.
Av. Alcalde Antonio Rosas 80, T 928 88 02 36, Di geschl., Preise um 20 €

Auf der Mole
El Ancla: Einfache Fischküche in einer Pinte auf der Mole: wuselig, lärmig und auch bei Canarios sehr beliebt. Die Portionen sind riesig, die Ware ist frisch und der Service freundlich-flott – was will man mehr? Kurios ist der Anblick von Tauchern in voller Montur, die von der Mole ins Wasser steigen …
Paseo de los Muellos s/n, T 928 55 14 96, Di–So 12–18 Uhr, Preise um 15 €

Feiern

• **Open Fotosub Sardina:** Nov. Während die Hobby- und Profitaucher unter Wasser steigen, um das beste Foto zu schießen, steigt an der Promenade eine Party.

Infos

• **Busse:** Stündlich verkehren Busse zwischen Sardina del Norte und Gáldar (T 928 89 67 41, www.guaguasguzman.com).
• **Fiesta del Carmen:** 16. Juli. Zu Ehren der Schutzheiligen der Fischer fährt eine bunt bewimpelte Bootsprozession aufs Meer.

Zugabe
Wasser in der Halbwüste

Charco Azul

Im Sommer sind die Hänge sonnenverglüht, doch wenn es im Winter einmal regnet, stürzen von den 1000 m hohen Felswänden des Tamadaba regelrechte Ströme hinab. Bevor sie das Meer erreichen, bilden sich in den Schluchten herrliche Badewannen – eine besonders schöne findet man im Barranco del Risco beim gleichnamigen Ort (s. S. 146)! ∎

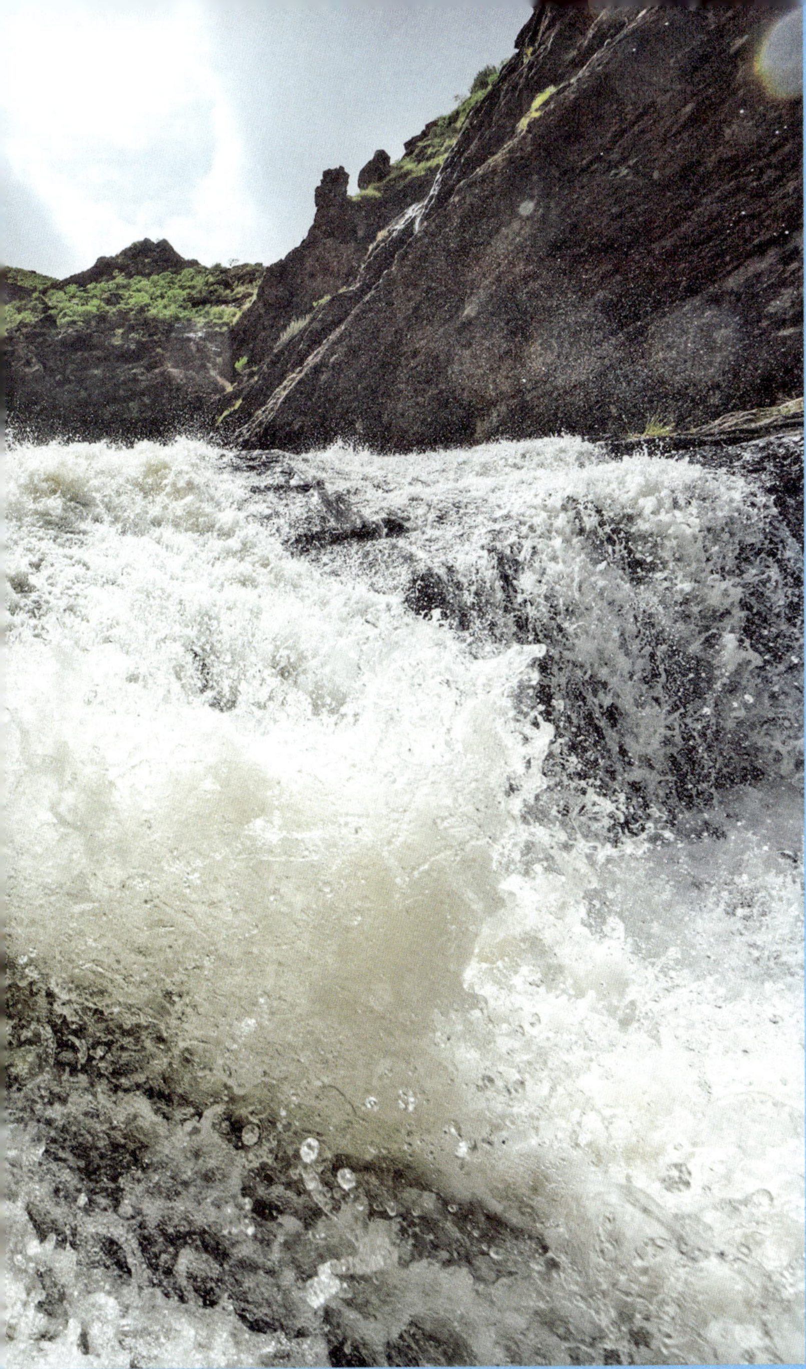

Der Norden

Ländlicher Tourismus — hier ist er im Kommen. Die Küste ist brandungsumtost, die mittleren Höhenlagen sind fruchtbar und üppig grün. Dank der seit 500 Jahren blühenden Landwirtschaft entstanden Orte mit schönen historischen Zentren.

Seite 168, 170
Cueva Pintada ⭐
Drehen Sie die Uhren mehr als 500 Jahre zurück: im Museo y Parque Arqueológico Cueva Pintada in Gáldar.

Seite 174
El Roque
Der Fels in der Brandung überrascht mit einem guten Fischlokal.

Seite 176
Los Tilos de Moya
Eine Wanderrunde im kleinen Lorbeerreservat lässt sich immer einschieben. Spazieren Sie im Schatten der Bäume!

Herber Käsegeschmack dank Distelblütensaft

Seite 178
Barranco de Azuaje
Eine tiefe Schlucht mit Lorbeerwaldflora – steigen Sie hinein ins grüne Verlies!

Seite 179
Arucas' ›Kathedrale‹
Sie gilt als schönste Inselkirche – mit filigranen Türmen, riesigen Rosettenfenstern und Säulen wie Palmen.

Seite 179
Rumprobe
In Arucas weiht man Sie ins Geheimnis des ›Feuerwassers‹ ein, dann können Sie es kosten.

Eintauchen

Seite 182
Teror ⭐

Probieren Sie auf dem Sonntagsmarkt die lokale Wurst! Pikant ist Chorizo de Teror, der Paprika eine knallige Farbe verleiht, süß die Blutwurst Morcilla Dulce dank Mandeln und Rosinen. Und süß ist auch das von Terors Nonnen in klösterlicher Klausur hergestellte Gebäck.

Seite 184
Finca de Osorio

Im Adelsgut mit seinem großen Park kann man zwischen Exoten lustwandeln.

Seite 186
Jardín Canario

Spaniens größter Botanischer Garten bei Tafira erstreckt sich über eine Barranco-Wand bis ins Tal. Hier wachsen alle Ur-Canarios – vom Drachenbaum bis zur seltenen Glockenblume. Ein Spaziergang ist spannend und sehr erfrischend!

&

Seite 190
Bodega-Trip

Kosten Sie jahrhundertealte einheimische Trauben, die nie der Reblaus zum Opfer fielen. Zwischen Bandama und Monte Lentiscal reifen sie auf Lavaerde heran, die ihnen viele Mineralien schenkt.

Nicht nur in der Casa del Vino in Santa Brígida wird manch ein Fass geleert.

»Der Canary ist ein wunderbar eindringlicher Wein, er parfümiert das Blut, noch eh' man fragen kann, was das denn sei.« (Shakespeare, 1600)

erleben

Grün und fruchtbar

»Alle Schönheit der Insel ist dem Norden zugewandt«, so schrieben die ersten Chronisten. Verschwenderisch wuchern Exoten am Wegesrand, die Gärten stehen in voller Blütenpracht. Jedes Tal präsentiert sich in einem anderen Grün. Olivfarbene Lorbeerwäldchen erhielten sich bei Moya, von Eukalyptus gesäumte Alleen führen zu den Hochalmen von Montaña Alta. Bei Arucas sind die Täler mit Bananen bepflanzt, bei Valleseco mit Orangenbäumen. Weinreben bedecken den Vulkanboden östlich Monte Lentiscal. Der Pflanzenteppich der mittleren Höhenlagen verdankt sich dem Passat. In einer Höhe zwischen 400 und 1100 m kondensiert er zu Wolken, die sich an den Nordflanken der Berge stauen und durch Bäume ›gemolken‹ werden. Die sich im Lauf des Vormittags schließende Wolkendecke löst sich meist erst am Nachmittag wieder auf. *Panza del burro* (Eselsbauch) wird sie genannt: Legte sich einst ein Bauer zur Siesta in den Schatten unter den Bauch seines Esels, erblickte er ein Grau, das dem der Passatwolke glich.

Wo Wasser ist, da ist Reichtum. Es speist eine Landwirtschaft, die bis zum Aufkommen des Tourismus die Lebensgrundlage der Insel war. Fast alle historischen Städtchen Gran Canarias liegen deshalb im Norden. Von Wohlstand künden schöne Kirchplätze und Straßenzüge.

Wer sich länger in der fruchtbaren Gegend aufhalten möchte, findet Landhotels in fast allen Orten. Nur auf das Bad im Atlantik muss man weitgehend verzichten: Die Klippenküste ist zu rau und brandungsumtost.

> **ORIENTIERUNG**
>
> **Infos:** www.nortedegrancanaria.es
> **Verkehr:** Die GC-2 erschließt den Inselnorden. Kommt man von Süden, umfährt man Las Palmas, indem man dem Hinweisschild ›Gáldar‹ folgt (auf der Rückfahrt von Norden achte man auf das Hinweisschild ›Telde – Aeropuerto‹). Die wichtigsten Buslinien sind die 101–103 und die 105; sie verbinden die Orte der Nordküste miteinander: Agaete–Gáldar–Santa María de Guía–Las Palmas. Von Las Palmas fahren Busse außerdem in die Bergdörfer des Nordens: nach Moya (Linie 116–117), Arucas (Linie 206/210), Teror (Linie 216), Santa Brígida (Linie 303–311) und Vega de San Mateo (Linie 303). Infos: www.guaguasglobal.com

Gáldar ♀ C/D1

Wenn man die ausufernden Neubausiedlungen sieht, möchte man am liebsten Gas geben. Doch das Städtchen hat Sehenswertes: einen verkehrsberuhigten Altstadtkern mit schöner Plaza, der Santiago-Kirche und einer vorspanischen ›Bemalten Höhle‹. Wahrzeichen der Stadt ist der Bergkegel des Pico de Gáldar (434 m). Wegen seiner Ähnlichkeit mit dem Vulkankegel des Teide auf Teneriffa, der bei gutem Wetter zu sehen ist, wird er auch ›Taschen-Teide‹ genannt. Neben Arucas im Osten ist das Gebiet um Gáldar die größte Bananenanbauregion der Insel. In jüngster Zeit werden aber die zunehmend unrentablen *plátanos* durch andere exotische Früchte und Blumen ersetzt.

Erbaut auf altkanarischen Ruinen
Gáldar war – zusammen mit Telde im Osten – die erste Hauptstadt Gran Canarias. In vorspanischer Zeit stand hier der ›Palast‹ einer der beiden altkanarischen *guanartemes,* der Inselherrscher. Der letzte ›Häuptling‹ des Nordwestreichs, Tenesor Semidán, ergab sich 1483 dem Konquistador Juan Rejón, wurde an den spanischen Hof gebracht und auf den christlichen Namen Fernando Guanarteme getauft. Zum Lohn für sein Einlenken erhielt er den Barranco de Guayedra (s. S. 147).

Flanierstraße Capitán Quesada
Spaß macht ein Spaziergang über die verkehrsberuhigte Hauptstraße. Man passiert rechts die kleine Markthalle **La Recova** mit farbenfrohen Wandmalereien des in Gáldar geborenen Künstlers Antonio Padrón (1920–68). Ein paar Schritte weiter ist ihm das attraktive **Museo Antonio Padrón** gewidmet. Es zeigt seine selbstbewusst kanarischen Werke, inspiriert von den archaischen Formen der Ureinwohner, von Expressionismus und Kubismus. Über den Garten gelangt man in sein Atelierhaus, wo Werke geistesverwandter Künstler zu sehen sind.

Leben auf dem Vulkan: Ob irgendwann der ganze Berg mit Häusern bedeckt sein wird?

An der gegenüberliegenden Straßenseite öffnet sich die **Plaza de los Faicanes** mit der Skulptur einer großen *pintadera*, einem geometrisch geschmückten altkanarischen Tonstempel. Und am Ende des Platzes begegnet man **Tenesor Semidán** – eine Skulptur huldigt dem letzten altkanarischen Inselherrscher. Den Hintergrund bildet die Prunkfassade der mächtigen Wassergesellschaft Edificio de la Heredad de Aguas. Wieder zurück auf der Fußgängerstraße, passiert man das Casino von 1847, keine Spielhölle, sondern ein geselliger Treff – werfen Sie einen Blick in den verspielt gestalteten Innenhof!

Museo Antonio Padrón: Capitán Quesada 3, www.antoniopadron.com, Di–So 10–18 Uhr, Eintritt 3 €

Rund um die Plaza de Santiago

Die Altstadt wird von der neoklassizistischen Kirche, der **Iglesia de Santiago de los Caballeros,** überragt. Das große Gotteshaus belastete den Geldbeutel der Stadt so sehr, dass sie erst etwa 100 Jahre nach dem Baubeginn 1778 fertiggestellt werden konnte. Sie ist Santiago geweiht, dem Nationalheiligen Spaniens, unter dessen Patronat die Eroberung der Inseln ausgefochten wurde. Als schwertschwingender Heiliger ist er am Altarraum dargestellt. Ältestes religiöses Relikt der Kirche ist die *pila verde*, ein ›grünlicher Taufstein‹, an dem die ersten Ureinwohner getauft wurden. Er steht im rechten Seitenschiff. Weitere wertvolle Kirchenschätze sind im **Museo de Arte Sacro** im hinteren Kirchenbau aufbewahrt.

Geht man vom Gotteshaus um die von alten Lorbeerbäumen und Araukarien beschattete Plaza de Santiago, eine der schönsten der Insel, gelangt man zum alten Rathaus, der **Casa Consistorial.** Eingepfercht im engen Patio steht ein Drachenbaum (1718), dessen wuchtige Krone das Gebäude fast zu sprengen scheint. Über die angrenzende Touristeninfo gelangt man ins spektakuläre **Teatro** anno 1912: Um die Kuppel schlingt sich ein von altkanarischen Motiven inspirierter, schier endloser Lebensbaum nach oben – geschaffen von dem kanarischen Künstler Pepe Dámaso hundert Jahre später.

Iglesia de Santiago de los Caballeros: meist Di–So 8–12.30, 17.30–20 Uhr; Museo de Arte Sacro (Zugang über F. Guanarteme): Di–Fr 10–16, Sa, So 10–13 Uhr

Cueva Pintada

Im Archäologischen Park

Ein paar Schritte vom Kirchplatz befindet sich die ›Bemalte Höhle‹ – die stoische Figur der Prinzessin Arminda alias Doña Catalina weist den Weg (Tour s. S. 170).

Schlafen

Mit Historie am schönsten Platz

Hotel Agáldar: 1896 als »Hotel Inglés« (Englisches Hotel) gegründet, durfte es mehr als 100 Jahre später unter neuem Namen auferstehen. Das historische Gründerzeitgebäude neben der Kirche bewahrt mit seinem Innenhof und umlaufenden Galerien den Charme verflossener Epochen. Die gemütlichen Zimmer, das Restaurant und die Chillout-Terrasse mit Pool sind stilistisch dem Zeitgeist angepasst.

Plaza de Santiago, 20 Zimmer, T 928 89 74 33, www.hotelagaldar.com, €€

Essen

Im Schatten der Kirche

La Trastienda de Chago: Etwas vom alten Tante-Emma-Charme ist geblie-

ben im rustikal-gemütlichen Ambiente. Fleisch, Gemüse und Obst kommen von der familieneigenen Metzgerei bzw. Finca, daraus zaubert Carmelo Mujica kanarisch-kreative Gerichte – das Auge isst mit. Frau Neri serviert und empfiehlt den passenden kanarischen Wein.
Calle Andamana 5, T 928 89 72 54, Mi–Sa mittags und abends, €€–€€€

Drei Schritte vom Platz
MyRey: Der Schwerpunkt in Joannas originell gestyltem Lokal liegt auf Fleisch, gegart auf dem Vulkangrill (toll: Schweinelendchen mit Birne). Wohl nur hier gibt es *cachopo*, das Nationalgericht von Spaniens nördlicher, d. h. kühler Provinz Austurien. Es besteht aus zwei Rinderfilets, die mit Schinken, Käse, Eiern gefüllt und anschließend paniert werden – heftig deftig! Wer nicht auf Tier steht, bestellt mit Pilz gefüllte ›Säckchen‹, Ziegenkäse in Blätterteig mit Mango, Lachs-Türmchen mit Limette, auch die Dattelkroketten schmecken! Mit windgeschützter Terrasse.
Calle Tenesor Semidán 6, T 928 39 24 36, Do 13–16, 20–23, Fr–Sa 13–2, So 13–17 Uhr, €€

Posieren bitte!
El Postureo Lounge Bar: Gegenüber dem Eingang der Cueva Pintada bietet Nauzet Fusion-Küche in Fantasy-Ambiente: Fisch in Koriander-Mojo auf Süßkartoffel und Yucca, in Soja mariniertes Schweinefleisch filippinisch, Gemüse-Wok und Salate ...
Calle Bentejuí 18, T 828 73 55 36, Do–Sa 12–16, 20–23, So 12–16 Uhr, €€

Evergreen
Ca'Juancri: In dieser urigen Bar in einem alten Stadthaus fast noch am Platz bekommt man gute Tapas – saftig-zart schmeckt die Tortilla! Mit Straßenterrasse.
Calle Tagoror 2–5, tgl. außer Mo 8–22.30 Uhr, €

Einkaufen

Wochenmarkt
Auf dem **Donnerstagsmarkt** (8–14 Uhr) auf dem Kirchplatz und in den umliegenden Gassen findet man Kunsthandwerk, Kitsch und Kommerz.

Markthalle
Die kleine Markthalle **La Recova** in der Flanierstraße (Capitán Quesada 29, Mo–Sa 8–13 Uhr) bietet Obst und Gemüse in großer Auswahl, einen Bio-Laden sowie den Blütenkäse der Region (s. S. 264).

Feiern

● **Fiesta de Santiago Apóstol:** 25. Juli. Am spanischen Feiertag zu Ehren des Nationalpatrons, der zugleich Schutzherr der Pilger ist, defiliert eine große Mittagsprozession durch die Stadt. Abends ist die *batalla de flores* angesagt, eine ›Blumenschlacht‹. An den Tagen vorher und nachher wird das Erntedankfest mit einem festlichen Umzug, Viehmarkt und Feuerwerk gefeiert.
● **Festival Internacional de Cine:** Okt. Beim Internationalen Filmfestival verwandelt sich die ganze Stadt in eine Bühne (http://ficgaldar.es).
● **Frontón King Pro:** Okt. Eines der vier weltweit wichtigsten Bodyboard-Festivals der APB World Tour an der gigantischen Welle El Frontón (frontonking.com).

Infos

● **Touristeninformation:** Plaza de Santiago, T 928 89 58 55, www.galdar.es.
● **Busse:** nach Agaete und Puerto de las Nieves (101–103), La Aldea de San Nicolás (101), Valle de Agaete (102) und Las Palmas (103, 105). Infos: www.guaguasglobal.com.

TOUR
Zeitreise zu den Ureinwohnern ⭐

Agaldar und die Cueva Pintada

Hinter Panzerglas steht eine weibliche Mini-Figur. Gern wird sie ›Venus von Gran Canaria‹ genannt, denn ihre Hüften und Brüste sind überbetont – ebenso wie bei ihren steinzeitlichen Geschlechtsgenossinnen in Europa, etwa der ›Venus von Willendorf‹.

Archäologin María Caballero will diesen Vergleich nicht gelten lassen. »Von Venus keine Spur«, meint sie, »diesen Begriff haben sich männliche Kollegen einfallen lassen, die Frauen allzu gern mit dem Erotischen verbinden.« Und sie schüttelt den Kopf: »Schau mal, wie winzig die Figur ist! Sie passt exakt in eine Hand! In die Hand einer Gebärenden!« María ist überzeugt: »Die Figur ist ein Idol, das der Frau im schmerzensreichen Moment der Geburt Glück bringen sollte!« Indem sie das Figürchen drückte, so María, hatte die Frau das Gefühl, mit magischer Kraft aufgeladen zu werden …

Sesam öffne dich!
In Vitrinen ist noch mehr zu sehen, z. B. verzierte Tongefäße und *pintaderas,* Stempel mit geometrischem Muster, die vermutlich zum Versiegeln von Getreidespeichern oder dem Tätowieren der Haut dienten. Der museale Vitrinen-Raum ist nur das Entrée, eine Art Sesam-öffne-dich, zum 10 000 m² großen **Archäologischen Park Cueva Pintada**.

Gran Canarias Vorzeige-Kultstätte befindet sich in Gáldar, wo einer der beiden Inselherrscher residierte. Im 6. Jh. gegründet, war die altkanarische Siedlung bis kurz nach der Conquista bewohnt. Danach verfiel sie und wurde vergessen. Erst 1862 wurden Teile von ihr, so die Cueva Pintada (›Bemalte

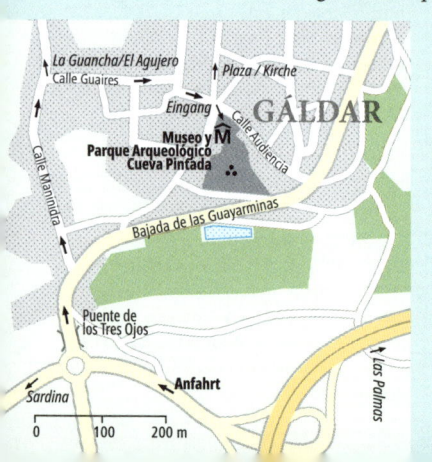

Infos

♀ C/D 1

Dauer:
ca. 2 Std.

Museo y Parque Arqueológico Cueva Pintada:
Calle Audiencia 2, Gáldar, T 928 89 57 46, www.cuevapintada.com, Di–Sa 10–18, So 11–18 Uhr (letzter Zugang 90 Min. vor Schließung), geschl. 1., 5., 6. Jan., 1. Mai, 24., 25., 31. Dez., Eintritt 6 €, erm. 3 € (bis 18 J. frei)

Höhle‹), zufällig wiederentdeckt. Weitere 145 Jahre mussten vergehen, bis man sie 2006 für Besucher zugänglich machte.

Arminda erzählt ihre Geschichte...
Nach dem Museumsbesuch werden Sie auf eine Zeitreise geschickt: In einem 3D-Film erzählt Arminda, Tochter des letzten altkanarischen Herrschers, wie ihr Volk unterworfen, sie selbst zwangsgetauft und dem Eroberer Guzmán zur Frau gegeben wurde. Ein zweiter Panoramafilm berichtet vom Leben der Ureinwohner vor der Ankunft der Europäer.

Derart eingestimmt betreten Sie die **Ruinen des realen ›Agaldar‹**. Unter einem riesigen Stahldach sind die Reste von 60 Häusern zu sehen, die bei den Ausgrabungen freigelegt wurden. Im Zentrum der Siedlung befindet sich die aus Tuff geschlagene **Cueva Pintada**, die man durch eine Glasblase betritt. »Sie war ein zeremonielles Zentrum«, so María, »und noch heute ist sie ein Ort, der die Menschen bewegt.«

Altkanarische Künstler ebneten die Wände des rechteckigen Raums mit Mörtel und Ton. Alsdann malten sie auf die glatte Oberfläche mit lehmigem Weiß, Rostrot, Braun und Grau einen Fries aus Rechtecken, Dreiecken und Kreisen. Vieles spricht dafür, dass es Vorentwürfe gab, denn entstanden ist eine wohlproportionierte Komposition. Ihre Bedeutung ist bisher nicht enträtselt, doch wird vermutet, dass es sich bei dem Fries um einen Mond-Sonnen-Kalender handelt, der zur Bestimmung von Aussaat und Ernte diente. Das Muster hat auffallende Ähnlichkeit mit Höhlenmalereien in Nordwestafrika – ein weiteres Indiz dafür, dass die Altkanarier mit den Berbern verwandt sind.

Weltkulturerbe?
Gran Canarias Archäologen hoffen, dass die UNESCO das Vermächtnis der Altkanarier zum Weltkulturerbe erklärt. Dann könnten weitere, bisher vernachlässigte Fundstätten aufpoliert werden. So dämmern in der Nähe von Gáldar, an der Küste bei **El Agujero**, die Reste einer altkanarischen Siedlung vor sich hin; die benachbarte Nekropole von **La Guancha** ist nur von einem Eisengitterzaun umstellt.

Santa María de Guía ♀D1/2

Das Städtchen, das mit Gáldar fast verschmolzen ist, überrascht jenseits der Durchgangsstraße: Dort entdeckt man stille, kopfsteingepflasterte Gassen und eine Plaza mit imposanter Kirche, herrschaftliche Bürgerhäuser aus dem vorletzten Jahrhundert und ein schmuckes Museum.

Saint-Saëns grüßt!
Von der Durchgangsstraße folgt man dem Schild ›Casco‹ zur schattigen Plaza. An ihrem Rand steht die **Iglesia Santa María** mit einer eindrucksvollen, barock inspirierten Kirchenfassade. Das Innere birgt zahlreiche Kunstwerke des berühmten kanarischen Bildhauers und Sohnes der Stadt, José Luján Pérez (1756–1815). Einfühlsam gestaltet sind seine »Dolorosas«, die Darstellungen der Schmerzensmutter. Zwei Beispiele findet man in der Seitenkapelle links vom Hauptaltar, an dem eine weitere Figur des Künstlers steht – dort ist es ein Christus.

Stimmgewaltig ist die Kirchenorgel, die auf Anregung von Camille Saint-Saëns gekauft wurde. Der berühmte Komponist besuchte zwischen den Jahren 1889 und 1909 sieben Mal die Insel und residierte in Guía. Hier komponierte er einige seiner Stücke und ließ es sich auch nicht nehmen, auf der Orgel zu spielen (s. S. 252).

Musik, Musik …
Musikalisch geht es auch im **Museo Néstor Álamo** zu. Es ist einem kanarischen Allround-Talent gewidmet. Der in Guía geborene Néstor Álamo (1906–94) komponierte Folk-Musik, schrieb Prosa und entwarf Gebäudefassaden. Im Herrenhaus wird sein Werk vorgestellt, zugleich erfährt man viel über kanarische Musik: von den Klageliedern der Ureinwohner bis zur zeitgenössischen Oper. Im gleichen Haus befindet sich auch die **Touristeninfo**. Das schicke **Kulturhaus** ein paar Schritte weiter zeigt interessante Kunstausstellungen und lädt oft zu Konzerten ein.

Museo Néstor Álamo: Calle San José 7, Mo–Sa 10–15 Uhr, Eintritt 1 €; **Casa de Cultura:** Calle Canónigo Gordillo 22, meist Mo–Fr 9–13, 17–20 Uhr

Einkaufen, Essen

Spezialität des Orts ist Blütenkäse (s. S. 264). Probieren Sie ihn in **La Bodega de Guía,** einem historischen, aufgehübschten Laden bei Pepe, *el de Pavón* und Sohn Fran (Calle Marqués del Muni/Ecke Médico Estévez, Mo–Fr 10–18, Sa–So 10–14 Uhr). Familiär geht es bei Juan Diego in seinem Lädchen **El Cambuyón** zu, wo Sie neben Käse viele andere Inseldelikatessen bekommen: vom Kirchplatz aus per Geheimroute aufwärts zur Calle Poeta Bento (Mo–Di geschl.). Am Kirchplatz selbst lockt das **Casino** mit einer aussichtsreichen Terrasse, Hausmannskost und gut gelauntem Wirt Fran (Sa geschl.). Urig ist das Ambiente in der **Tienda Arturo,** wo Señor Arturo außer Käse Korb- und Flechtwaren, Spielzeug und kanarische Messer verkauft (westl. Ortsausgang Richtung Gáldar, unregelmäßig geöffnet). Das Kontrastprogramm erleben Sie in der modern-sterilen Markthalle **Mercado de Agrícola,** wo Bauern ihre Produkte verkaufen (Kreisel Ortsausgang Richtung Gáldar, Fr–So 8–16 Uhr).

Feiern

- **Fiesta del Queso:** Ende April–Mai. Beim Käsefest präsentieren viele Produzenten auf dem Dorfplatz ihre Ware.

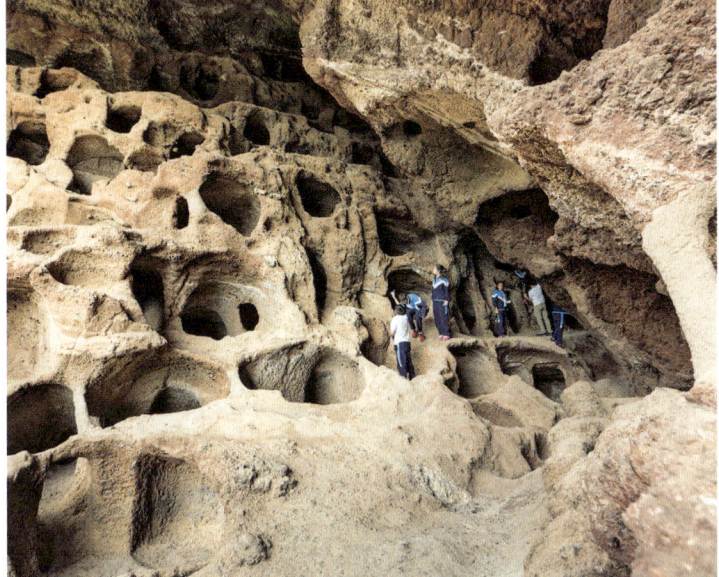

In diesen ›Löchern‹ von Cenobio de Valerón wurden in vorspanischer Zeit Vorräte für Hungerzeiten gelagert. Allerdings waren die Öffnungen verschlossen und wurden sogar versiegelt.

- **Fiestas de la Virgen:** Aug. Nahtlose Abfolge von Festen zu Ehren der Jungfrau, gefeiert wird hauptsächlich am Wochenende mit Blumenschlacht, Musik und Tanz.
- **Fiesta de las Marías:** 3. Wochenende im Sept. Dankfest für die Befreiung von einer Heuschreckenplage. Auf die *bajada de la rama* am Samstag, der ›Herabkunft des Zweiges‹, folgen am Sonntag die Prozession und die *romería,* der Erntedankzug mit Festwagen und Folklore-Gruppen.

Infos

- **Touristeninfo:** Calle San José 7 (Museo Néstor Álamo), T 928 55 30 43, http://descubreguia.com, Mo–Sa 10–15 Uhr, Sept. geschl.
- **Busse:** regelmäßig via Gáldar nach Agaete und Puerto de las Nieves (103). Infos: www.guaguasglobal.com

Cenobio de Valerón D1/2

Ein spektakulärer Ort: Die GC-291, vor dem Bau der Schnellstraße die einzige Verbindung zwischen Las Palmas und dem Nordwesten, windet sich um fast senkrecht aufragende Schluchtwände und führt – 2 km östlich von Guía – zu einem ›Kloster‹ *(cenobio)* am Rand eines Abgrunds. Nachdem man die Kasse passiert und 200 Stufen erklommen hat, steht man unmittelbar vor einer weiten Felsöffnung mit 300 wabenartig in den Tuff gehauenen Höhlen.

Lange Zeit glaubte man, hier hätten *harimaguadas*, altkanarische Priesterinnen, in freiwilliger klösterlicher Abgeschiedenheit gelebt – darauf deutet auch der spanische Name hin. Archäologische Forschungen haben aber ergeben, dass es sich hier nicht um ein Kloster, sondern um einen kollektiven Vorratsspeicher handelt, in dem die Ureinwohner Getreide lagerten. Schautafeln in der dezent restaurierten Höhlenanlage erläutern die altkanarischen Bräuche. Auf dem Berg hoch über den Höhlen sind noch wenige Überreste eines *tagoror*, eines Versammlungs- und Gerichtsplatzes mit steinernen Sitzen, erhalten. Von den Höhlen aus sind sie aber nicht erreichbar.

Wer sich besonders für altkanarische Versammlungsplätze interessiert, kann besser erhaltene und leichter erreichbare in Cuatro Puertas (s. S. 67) und am Roque Bentayga (s. S. 205) sehen.

GC-291, www.arqueologiacanaria.com, Di–So 10–17, im Sommer bis 18 Uhr, Eintritt 3 €; Anfahrt mit Bus nicht möglich; Anfahrt: LP-2, salida 20

El Roque ♀E1

Wenige Kilometer vor dem großen Verkehrskreisel von El Roque/Moya fährt man über die **Puente de Silva,** mit 125 m eine der höchsten Brücken Spaniens. Der Name geht auf den Portugiesen Diego de Silva zurück, dessen Schiffe noch vor der spanischen Eroberung in diesem Küstenbereich landeten. Er soll von den Ureinwohnern besiegt, dann aber begnadigt worden sein.

Wenig später fallen an der Küste bereits die Häuser von El **Roque** auf – malerisch stapeln sie sich auf einer von der Brandung umspülten Felszunge. Eine Gasse geleitet durch das Labyrinth und endet weit über dem Meer an einem brandungsumtosten Kap. An diesem spektakulären Ort kann man sich niederlassen und im Lokal **Locanda** frisch gebrühten Kaffee oder fangfrischen Fisch genießen. Surfer schätzen die hier meist hohen Wellen – vor allem »La Soledad« (s. S. 290) und finden im etwas landeinwärts gelegenen Surfcamp **Soledad Big Waves** Kost und Logis – natürlich können auch Nicht-Surfer im alten kanarischen Haus einkehren und sich die Bistro-Küche schmecken lassen. Noch schicker in Konzept und Styling ist das edle **Jacío Hostel & Restaurant Nativo** an der Küstenseite der GC-2.

Locanda: T 928 61 00 44, Di–Sa 10–24, So bis 19 Uhr, €€€; Soledad Big Waves: Carretera de la Costa 52, T 635 82 45 88, www.soledadbigwaves.es, €; Jacío Hostel/Nativo, T 928 47 25 49, www.nativolaspalmas.com, €€

San Felipe ♀D/E1

Wer Zeit hat, setzt die Fahrt über die GC-751 zum lang gestreckten Dorf San Felipe fort. Zunächst passiert man das Naturschwimmbecken **Charco San Lorenzo** mit dem gleichnamigen Fischlokal. Ähnlich ist das Angebot in der **Ca'Pino** kurz vor dem Ende der Straße an der Playa de Felipe: Schön ist der Strand anzuschauen, aber gefährlich zum Schwimmen!

El Charco/Ca'Pino, beide an der GC-751, Mo geschl., €

Moya 📍 D/E2

Moya, das wegen seiner grünen Umgebung auch ›Villa Verde‹ (grüne Stadt) genannt wird, erstreckt sich entlang dem Steilrand der gleichnamigen Schlucht. Im Winter ist es hier oft kühl und feucht – ziehen Sie sich warm an!

Maria am Abgrund
Den Ort dominiert die von Norden aus weithin sichtbare Kirche, die fotogen über dem Abgrund thront. In der **Iglesia La Candelaria** steht die Statue der ›Lichtbringerin‹ aus Candelaria auf Teneriffa. Einer der damals hier ansässigen Nachkommen eines Eroberers der Nachbarinsel, Hernando de Trujillo, brachte das Standbild von dort mit – die Tinerfeños haben es ihm bis heute nicht verziehen. Die Jungfrau sollte Gran Canarias Schutzheilige werden, unterlag aber schließlich der ›Kiefernjungfrau‹ aus Teror. Von der Plattform hinter der Kirche bietet sich ein weiter Blick hinunter in den Barranco de Moya – noch besser ist der Blick vom benachbarten Friedhofsvorplatz!

Atlantikdichter
Gegenüber der Kirche steht das stattliche Geburtshaus des Dichters Tomás Morales (1884–1921), heute das **Museo Tomás Morales**. Der Dichter verbrachte hier seine Kindheit und war später Arzt in Agaete. Berühmt wurde er mit seiner Gedichtsammlung ›Rosen des Herkules‹, in der er den Atlantik besingt.
Paseo de Tomás Morales 1, Di–So 10–18 Uhr, www.tomasmorales.com, Eintritt 2 €

Landschaft, Landschaft …
Wenige Schritte von der Kirche entstand in einem 300-jährigen Haus das Kunstzentrum **Centro de Arte e Interpretación del Paisaje**. Bereits der vorbildlich restaurierte Bau macht Spaß mit seinen Natursteinmauern. Und dann sind da noch die wechselnden Ausstellungen, die kanarische Kunst im Kontext der Insellandschaft zeigen. Die Werke stammen vorwiegend aus dem Fundus des Sammlers.
Calle Padre Juanito s/n, Di–Sa 10–14, 16–20 Uhr, Eintritt frei

Essen

Längs der Fußgängerstraße Miguel Hernández öffnen nette Bistros und Cafés. Außerdem:

Der Name ist Programm
La Trastienda: »Mehr als ein Laden« (trastienda) schräg gegenüber dem Busterminal. In der rustikalen Tasca mit Fasstischen gibt es diverse Käsesorten der Region, dazu (glasweise) spanisch-kanarischen Wein und eingelegte Oliven. Alles auch zum Mitnehmen für unterwegs.
Paseo Doramas 25, T 616 42 62 32, Do–So 11–15, 19–23 Uhr

Tapas bei Tante Emma
Casa Juana/Tienda de Aceite y Vinagre: Einer der wenigen verbliebenen alten Läden: Juana bietet Tapas und verkauft lokale Süßigkeiten, u. a. Bizcochos de Moya, eine Art Baiser-Gebäck.
Calle Magistral Marrero 15, Mo geschl.

Infos

- **Touristeninformation:** Calle Miguel Hernández 4, www.villademoya.es, Mo–Fr 9–14 Uhr.
- **Busse:** Vom Busbahnhof (estación de guaguas) nahe dem Kirchplatz fahren Bus 116 und 117 nach Las Palmas, Bus 127 nach Fontanales. Alle Verbindungen s. www.guaguasglobal.com.

Los Tilos de Moya ♀D2

Im Lorbeerwald

Nahe Moya überlebten Reste des Lorbeerwalds, der einst große Teile dieser Höhenstufe bedeckte, aber nach der Conquista rücksichtslos abgeholzt wurde. Um die wichtigste Stelle dieses geschützten Restwalds zu erreichen, fährt man vom Zentrum 2 km Richtung Guía und biegt dann links am Schild ›Camino Los Tilos‹ in den Fahrweg ein. Ein kleines Forsthaus informiert über den Lorbeerwald (Centro de Interpretación de la Laurisilva, Mo–Fr 9–13 Uhr, Eintritt frei). Am hinteren Rand des Natursteinbaus startet der **Sendero del Bosque**, ein 2 km langer, leichter Rundlehrpfad. Er macht mit vielen Arten von Lorbeerbäumen bekannt und bietet tolle Aussichten über die Schlucht: Erst geht es schluchtaufwärts, dann queren Sie die Straße nach links, wo sich der Camino links (nordwärts), etwas erhöht fortsetzt. Zuletzt steigen Sie zu einem Querweg hinab und biegen links ein zum Start der Tour.

Attraktiv ist auch die schmale GC-704, die sich durch den Barranco de los Tilos bis nach Fontanales hinaufwindet. Aber Vorsicht bei Gegenverkehr!

Fontanales ♀D3

Das Bergdorf ist von Kastanienbäumen umgeben und auf Terrassenfeldern wächst Gemüse, das dank des guten Klimas mehrmals jährlich geerntet wird. Kein Wunder, dass dem Schutzpatron der Bauern gleich zwei Dorfkirchen geweiht sind – eine große und eine kleine! Der hl. Bartholomäus wurde immer angerufen, wenn Heuschreckenschwärme aus dem nahen Afrika die Felder abzufressen drohten. Zwischen Fontanales und dem Weiler Juncalillo schlängelt sich eine wenig befahrene Nebenstraße (GC-702) durch eine Landschaft, die auf der Insel einmalig ist. Berghänge und Hügel sind im Winter und im Frühjahr mit grünen Wiesen überzogen, die Weideplätze vieler Schafherden sind. Dank der Passatwolken, die sich hier vor allem im Winter stauen, ist die Region die niederschlagreichste der Insel. Im Sommer dagegen stehen die silbrig-verdorrten Grasflächen in hartem Kontrast zu den immergrünen Kiefernwäldchen.

Via Juncalillo erreicht man **Pinos de Gáldar,** einen rustikalen Aussichtsbalkon hoch über einem Vulkankrater. Über seine kargen Flanken schaut man

---

URKANARISCH: RESTAURANT SIBORA UND VALLE VERDE

Fátima und ihre vier Geschwister halten den Laden in Schwung: Im **Restaurant Sibora** servieren sie Klassiker der kanarischen Küche, dazu Fleisch und Fisch vom Grill. Und im **Valle Verde** (›Grünes Tal‹) zwischen dem Lokal und der Dorfkirche haben sie fünf Häuser aus Edelholz errichtet. Mit ein oder zwei Schlafzimmern, Wohnküche und Terrasse bieten sie Komfort und Behaglichkeit; den rustikalen Garten mit Grill hat man meist für sich allein. Im Preis inbegriffen ist ein üppiges Frühstück mit viel Obst und frisch gepresstem O-Saft, das ›den ganzen Tag hält‹. Hier fühlen sich nicht nur Wanderer wohl! (Cabañas Valle Verde/Sibora, Calle Párroco Juan Díaz Rodríguez 3, Fontanales, T 928 62 04 24, valleverde@gmail.com, Apartment mit Frühstück 70 €).

auf die grünen Fluren des Nordens – bei klarer Sicht geht der Blick bis nach Las Palmas.

Infos

- **Busse:** Mit Linie 127 kommt man nach Moya. Infos: www.guaguasglobal.com

Firgas ♀E2

Wer in einem Restaurant auf Gran Canaria Mineralwasser bestellt, erhält fast immer ›Agua de Firgas‹. Das schmackhafte Wasser stammt aus einer Schlucht 5 km südlich des Ortes, die aufgrund ihrer Fruchtbarkeit ›Las Madres‹ (die Mütter) heißt. Wer hat, der will nicht geizen: Stolz präsentiert das Gemeindestädtchen seinen Wasserreichtum, der es vor allen anderen Orten auf der Insel auszeichnet.

In der Nähe des schmucken Kirchplatzes startet der **Paseo de Gran Canaria.** Stufenförmig führt er bergauf, gesäumt von andalusischen Kachelbänken und 22 Wappen, welche die Inselgemeinden repräsentieren. Sein Clou aber ist die Wasserkaskade in der Mitte, die in weitem Bogen hinunterrauscht. Am Ende der Promenade beginnt eine zweite Wasserkaskade: Der **Paseo de Canarias,** gleichfalls stufenartig aufwärts führend, zeigt auf jeder Terrasse eine andere Kanareninsel im Relief, eingefasst von Wappen und Postkartenmotiven.

Von den Promenaden lohnt ein Seitenblick: Die **Casa de Cultura,** ein ehemaliges Hotel zeigt in der Galerie wechselnde Ausstellungen. In ihrem Schatten steht eine liebevoll restaurierte Wassermühle, die von 1512 bis 1959 Energie lieferte.

Essen

Rings um den Kirchplatz öffnen nette Tapas-Bars. In der einfach-rustikalen **Casa de Marcos** am südlichen Ortsrand bekommen Sie fast ausschließlich Gerichte aus Firgas-Kresse: Suppe, Salate, Kroketten. Calle Las Madres 54, www.elrincondemarcos.com, tgl. 12–17 Uhr, €

Infos

- **Touristeninformation:** Calle El Molino 12, T 928 61 67 47, www.firgas.es, Mo–Fr 8–14 Uhr.
- **Busse:** Vom Busbahnhof *(estación de guaguas)* im Ortszentrum fahren 2–4 x tgl. Busse nach Las Palmas (4), häufiger nach Arucas (211).

Arucas ♀E/F2

In dieser Stadt fühlt man sich in verflossene Epochen versetzt: Schöne Bürgerhäuser stehen an Flanierstraßen, es gibt eine filigrane ›Kathedrale‹, einen exotischen Park und eine Rumfabrik. Über allem thront der Stadtberg, ein perfekter Vulkankegel mit Aussichtspunkt.

Dass in Arucas alles so schmuck aussieht, hat mit Wasserreichtum zu tun: Ihm verdankt die Stadt profitable Exportgüter, erst Zuckerrohr, dann Bananen, die heute zunehmend durch Blumen ersetzt werden. Arucas' Schönheit hat auch mit den umliegenden Steinbrüchen zu tun: Hier wurde ein »graublauer Basalt« geschlagen, mit dem Fenster und Türen adrett umrahmt wurden. Einen Zwischenstopp ist Gran Canarias drittgrößte Stadt auf jeden Fall wert, dank einem wunderschönen Hacienda-Hotel kann man hier auch seinen ganzen Urlaub verbringen.

TOUR
Durchs grüne Dickicht

Im Barranco de Azuaje

Die Umgebung von **Firgas** steht im Zeichen von Wasser. Im ganzjährig grünen **Barranco de Azuaje,** in dem eine Quelle sprudelt, haben sich Relikte der Lorbeerwaldvegetation erhalten. Zwei Zugänge stehen zur Wahl:

Zum verlassenen Kurhotel
Von der GC-350 zweigt bei Km 1,8 eine Erdpiste in den Barranco ab und passiert zunächst die **Fuente Santa,** eine ›heilige Quelle‹, in der sich Kanarier mit eisenreichem Wasser eindecken. Schräg gegenüber stehen die romantischen Ruinen des **Balneario de Azuaje,** eines ehemaligen Kurhotels. Folgt man dem Weg am Hotel vorbei ein Stück aufwärts, kommt man zu einem **Rastplatz** – ideal für ein schattiges Picknick! Anschließend wird die Schlucht enger und dschungelhafter; inmitten der wilden Szenerie bilden sich nach regenreichen Wintern Tümpel aus, in denen man gern seine Füße kühlt.

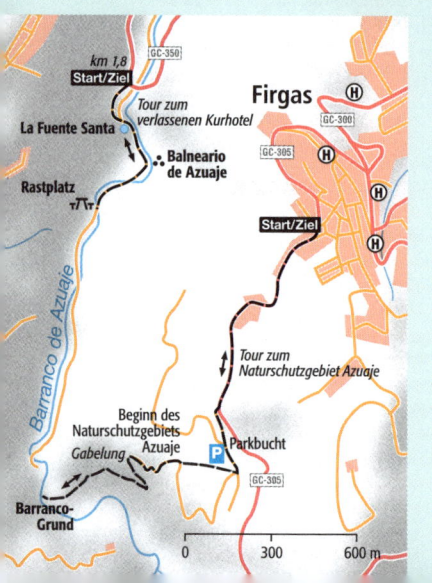

Zum Naturschutzgebiet Azuaje
Der zweite Zugang erfolgt über die GC-305: 1,5 km hinter dem Ort (nicht ausgeschildert, 250 m nach Haus 34) biegt man vor einer Linkskurve rechts in eine steile Asphaltpiste ab, verlässt sie aber sogleich (Schild: Trapichillo, Parkbucht) auf einer Betonpiste und diese nach 100 m auf einem rechts abzweigenden, steingepflasterten Weg. Längs einer Mauer führt er hinab, mündet nach 150 m in eine Betonpiste (Trafoturm), die man nach 200 m nach scharf links verlässt. Ein Schild am Fuß eines Eukalyptusbaums verkündet den **Beginn des Naturschutzgebiets Azuaje,** in das ein romantischer Weg hinabführt. Nach 300 m eine **Gabelung:** Wir halten uns links und erreichen bald den üppig grünen **Barranco-Grund,** in dem meist ein Bächlein plätschert.

Infos

📍 E2

Fuente Santa:
unregelmäßig geöffnet

Zum verlassenen Kurhotel:
45 Min. hin und zurück

Zum Naturschutzgebiet Azuaje:
2 Std. hin und zurück

Dreh- und Angelpunkt

Der Hauptplatz von Arucas, die **Plaza de la Constitución,** ist von herrschaftlichen Bürgerhäusern eingerahmt, die im Zuge des Bananenbooms Ende des 19. Jh. entstanden. Dazu zählen das Rathaus *(casas consistoriales)* und die ehemalige Markthalle *(mercado)*.

Stadtoase

Stattlich ist auch ein Herrenhaus am Rand des Platzes, das der Familie Gourié, der Gründerin der Rumfabrik (s. u.), gehörte. Das darin untergebrachte Stadtmuseum lohnt einen Besuch, denn es zeigt nicht nur traditionelle kanarische Architektur, sondern auch Werke einheimischer Künstler des 20. Jh. Da gibt es Gemälde von Santiago Santana, die von archaischen Formen der Ureinwohner inspiriert sind, sowie auch viele Skulpturen, die Arucas' Steinmetztradition Tribut zollen. Zwischen gefälligen Arbeiten steht Ungewöhnliches, z. B. von José Perera Válido, der »frierende«, »angespannte«, »unglückliche« und »resignierte« Menschen zeigt (im Untergeschoss). Der aus Arucas stammende Manolo Ramos (s. u.) ist mit meisterhaften Akten vertreten.

Ein Tor öffnet den Weg zum Stadtpark, der mit Brunnen, Wasserspielen und Steinbänken die reinste Erholung ist. Durchzogen wird er von kleinen Seitenkanälen, die mit seltsamen Schiebetürchen versehen sind. Diese spielen auf das System der Verteilung des kostbaren Nasses an, das die Wasseraktienbesitzer reich gemacht hat. Die Wasserbörse (Heredad de aguas, s. S. 261) wurde unmittelbar nach der Conquista gegründet, ihr Stammhaus nebenan ist eines der prächtigsten der Stadt.

Calle Barranquillo 1 (Jardines Municipales), Mo–Sa 10–16 (im Sommer bis 15) Uhr, Eintritt frei

Bummel durch die Altstadt

Anschließend spaziert man über die Fußgängerstraße Calle León y Castillo und besucht die **Touristeninfo.** Dann kommt man durch die Calle Gourié, wo im prachtvollen Patio der **Casa de la Cultura** ein großer Drachenbaum steht (Calle Gourié 3, Mo–Fr 9–14 Uhr, beides Eintritt frei).

Von Gaudí inspiriert

Wahrzeichen von Arucas ist die dunkle, die weiße Häusermasse überragende **Iglesia San Juan Bautista** mit vier hoch aufschießenden Türmen. Wegen ihrer Größe wird sie gern als ›Kathedrale‹ bezeichnet, obwohl sie nur eine Pfarr- und keine Bischofskirche ist. Sie wurde ab 1909 im neugotischem Stil – manche sagen: im Zuckerbäckerstil – errichtet und besteht aus dunklem Arucas-Basalt, einer langsam erkalteten Lava, die schwer zu bearbeiten, aber dafür sehr resistent gegen klimatische Einflüsse ist. An ihr haben sich Arucas' Steinmetze als wahre Meister erwiesen, indem sie in die Oberfläche eine Fülle von Ornamenten und feinsten Details eingemeißelt haben. Wohin man schaut, sieht man Schmuck, sei es die Fensterrose über dem Hauptportal, die verzierten Erker oder die Turmspitzen. Innen beeindruckt die Kirche durch farbenfrohe Glasfenster und schlanke Säulen. Werfen Sie auch einen Blick hinter den Hauptaltar, wo ein meisterhaft geschnitzter nackter Christus liegt – ein Werk von Manolo Ramos (s. u.).

Plaza de San Juan, tgl. 9.30–12.30 und 16.30–18 Uhr

Erst gucken, dann kosten

Am Westausgang von Arucas entstand 1884 die erste mit Dampfkraft arbeitende Zuckerfabrik der Kanarischen Inseln. Aus ihr wurden 1911 die **Destilerías Arehucas,** eine Rum- und Likörfabrik, leicht zu erkennen am hohen Schornstein. Heute zählt sie zu den wichtigsten Rumkellereien Europas und vertreibt ihre Erzeugnisse weltweit, ihren wichtigsten Rohstoff – Zuckerrohr – muss sie allerdings importieren. Bei der informativen Führung (auf Deutsch) erfahren Sie, wie aus Zuckerrohr hochprozentiger Rum entsteht: Das Rohr wird so lange gepresst, bis ein süßer Saft austritt, der erst fermentiert, dann destilliert wird. Anschließend muss er mindestens zwei Jahre im Eichenfass ruhen, damit sich sein Aroma entfaltet. Bei der Führung spazieren Sie durch ein Labyrinth aus 4308 Fässern, in denen 2 Mio. Liter Rum reifen. Auf einigen haben Promis ihre Unterschrift hinterlassen, so das spanische Königspaar, der Tenor Plácido Domingo, der deutsche Politiker Willy Brandt u.v.m. Nach der Tour darf probiert werden: Blanco, der ›Weiße‹, ist jung, transparent und ideal für Cocktails. Drei Jahre muss Oro, der ›Goldene‹, lagern, um seine gelbe Farbe aus dem Eichenfass zu ziehen. Wegen seines volleren Geschmacks wird er gern pur getrunken. Die Luxus-Varianten, Añejo, Añejo Reserva und Capitain Kidd (7, 18 und 30 Jahre), rechtfertigen den höheren Preis durch die lange Lagerzeit. Auch mit Honig versetzte Mischlinge gibt es: Ron Miel Guanche & Doramas.

Calle Era de San Pedro 2, T 928 62 49 00, www.arehucas.es, Mo–Do 9.30–14, Fr 9.30–18 Uhr, 45-minütige Führung mit Verkostung 6 €, Gratis-Parkplatz

Arucas-Basalt

Gegenüber der Rumfabrik macht das kleine **Centro de Interpretación El Labrante** mit einer weiteren Facette der Stadt bekannt: Es zeigt die Arbeit der Steinmetze, die jahrhundertelang aus Arucas' Steinbrüchen dunkle Basaltblöcke schlugen und berbeiteten. Kaum ein historisches Bauwerk auf den Kanaren, das auf diesen kostbaren Stein verzichtet hätte … Ein paar Schritte weiter auf der Straße El Cerrillo ist ein kleiner Steinbruch seit dem 16. Jh. aktiv, in dessen **Museo La Cantera** traditionelle Abbaumethoden mit modernen kontrastiert werden. Eine Ausstellung zeigt Skulpturen aus Arucas-Stein, gestaltet von Arucas-Künstlern.

Centro de Interpretación El Labrante: Camino de los Callejones 4/Ecke El Cerrillo, www.piedraslacantera.com, Mo–Fr 9–18 Uhr, Eintritt frei; Museo La Cantera: El Cerrillo s/n, Mo–Fr 9–19 Uhr, Eintritt frei

Kegel über der Stadt

Montaña de Arucas: Eine schmale Straße windet sich spiralförmig um den Vulkankegel hinauf zum begrünten Gipfel, wo man in alle Himmelsrichtungen ein weites Panorama genießt: Mehrere lauschige Balkone hängen über dem Abgrund und bieten wahlweise Aussicht auf die Rumfabrik (Mirador del Ron) und auf die Nachbarinsel Teneriffa (Mirador del Teide) sowie auf die Inselhauptstadt (Mirador de Las Canteras). Im grünen Bananenmeer Richtung Südwest erkennt man die Hacienda del Buen Suceso (s. rechts).

Exotisches

An der Straße nach Bañaderos, 1 km unterhalb der Stadt, liegt hinter einem Palast

---

MANOLO RAMOS M

Sogar auf den Kanaren wenig bekannt, doch ein Meister seines Faches: Als Kind trieb sich Manolo (1899–1971) in Arucas' Steinbrüchen herum, wo er sah, wie aus Felsblöcken Skulpturen wurden. Da beschloss er, Bildhauer zu werden. In seinen Frauen- und Männerkörpern ist jeder Muskel virtuos herausgearbeitet – schauen Sie sich die Akte im Museo Municipal und den Christus in der ›Kathedrale‹ an!

ein botanischer Garten. Angelegt wurde der **Jardín de la Marquesa** 1880 von Arucas' Grafen, die hier von ihren weiten Reisen mitgebrachte Exoten pflanzen ließen. Auf verschlungenen Wegen spaziert man an Palmen aus aller Welt vorbei, an Paradiesvogelblumen, Engeltrompeten und einem 400-jährigen Drachenbaum. Am Teich lassen sich farbenprächtige Pfauen blicken und schlagen ein Rad.

Schräg gegenüber befindet sich die Zufahrt zur Hacienda del Buen Suceso, dem ›Landgut des guten Erfolgs‹. Als der Anbau von Bananen für die Grafen nicht mehr ›gut‹ genug war, verwandelten sie ihr herrschaftliches Anwesen in ein Landhotel und die 500 000 m² große Bananenplantage in eine Naturkulisse.

Auch Gäste, die hier nicht wohnen, können im Garten mit alten Palmen und Drachenbäumen einen Kaffee trinken.

GC-330 Km 4,2, www.jardindelamarquesa. com, Mo–Sa 10–18 Uhr, Eintritt 6 €

Alles Banane!

Exotisches erwartet Sie auch in der Hacienda La Rekompensa anno 1804. Hier wird die Geschichte der Banane erzählt, der »begehrtesten Frucht der Welt«, die vor 12 000 Jahren in Papua-Neuguinea begann. Beim Gang durch die Plantage und im Museum erfahren Sie, wie die Frucht heranreift. Im Shop werden Bananenprodukte angeboten, im Bistro Degustationsmenüs mit Bananenkuchen und -creme.

Museo del Plátano: Camino del Laurel 7 (auf der GC-20 ca. 3 km Richtung Küste), www.haciendalarekomensa.es, tgl. außer Sa 10–17 Uhr, Führung 10 € (inkl. Bananenprobe)

Schlafen

Schlafen wie die Grafen

Hacienda del Buen Suceso: Aus grünen Bananenfeldern leuchtet ein orangefarbener Gutshof heraus – es ist die **Hacienda del Buen Suceso,** ein koloniales Anwesen anno 1572, das im Laufe der Jahrhunderte immer größer und prachtvoller wurde und heute ein Hotel beherbergt. Die wenigen Gäste teilen sich Lounge-Terrassen in alle Himmelsrichtungen, immer mit Blick auf Palmen, Drachenbäume und das Bananenmeer. Am Pool, im Dampfbad und im Jacuzzi mit Glaskuppel ist man meist allein – so viel Weitläufigkeit ist selten auf den Kanaren. Gefrühstückt und diniert wird im ehemaligen, schick aufgemachten Stall. Den Absacker genießt man mit anderen Gästen im Kaminsalon, bevor man sich ins blütenweiße Bett legt

GC-330 Km 4,2, T 928 62 29 45, www.haciendabuensuceso.com, 18 Zi., €€

Essen

An der zentralen Flanierstraße (León y Castillo/Gourié) gibt es nette Bistro-Bars, ideal für den kleinen Hunger.

Frische Marktküche

El Mercado: Hinter der ehemaligen Markthalle im Zentrum der Stadt wird in modern-rustikalem Ambiente Hausmannskost mit Pfiff serviert.

Calle Servando Blanco Suárez 7, Mi–So 12,30–24 Uhr, Tapa ab 4 €

Außerhalb für Fleischesser

Casa Brito: In rustikal-elegantem Ambiente wird Fleisch vom Grill serviert. Es ist alles andere als preiswert (unter 30 € p. P. kommt man nicht davon), aber die Qualität des Fleisches ist 1-A. Am Wochenende besser reservieren.

Pasaje Ter 17, an der Straße nach Teror, T 928 62 23 23, www.casabrito.com

Feiern

- **Corpus Christi:** Fronleichnam. Farbenprächtige Teppiche werden auf den

Straßen und Plätzen der Stadt ›ausgerollt‹. Sie bestehen aus Blumen und gefärbtem Sand, die kunstvoll zu Ornamenten und Bibelmotiven zusammengestellt werden. Bei der großen Prozession schreitet die Menschenmenge über sie hinweg.
- **San Juan Bautista:** 24. Juni. Zu Ehren des Patrons gibt es erst eine Prozession, dann ein Erntedankfest mit Tanz, Gesang und Feuerwerk.

Infos

- **Touristeninformation:** Calle León y Castillo 10, T 928 62 31 36, www.turismoarucas.com, Sa–So geschl. Zentral, attraktiv und kompetent.
- **Busse:** Gut kommt man nach Las Palmas (Linie 206/210), El Roque und Teror (Linie 215). Infos: www.guaguasglobal.com
- **Parken:** Das Auto stellt man am östlichen Rand der Altstadt auf einem großen Gratis-Parkplatz ab (Recinto Ferial).

Teror ⭐ 9 E3

Mit ›Terror‹ hat das Städtchen nichts zu tun, im Gegenteil: Mit seiner Altstadt und der Wallfahrtsbasilika gehört es zu den schönsten des Archipels. Hier wird die größte religiöse Inselfiesta gefeiert und jeden Sonntag steigt ein großer Markt.

Das kanarische Lourdes

Alle Inseln des kanarischen Archipels haben ihre Schutzheiligen, meist ›Sonderausführungen‹ der Jungfrau Maria. Lanzarote verehrt seine Jungfrau der Vulkane, Fuerteventura seine Jungfrau des Felsens – Gran Canaria seine Jungfrau von der Kiefer. Und ihre Geschichte geht so:

Es begab sich im Jahre 1481, Gran Canaria war schon fast den Heiden entrissen, dass den noch ungläubigen Hirten im Tal von Terori die Jungfrau erschien – in strahlendem Glanz, hoch oben in der mächtigen Krone einer Kiefer. Davon überwältigt machten sich die Hirten auf nach Las Palmas, um sich taufen zu lassen. Die Kunde der Erscheinung drang zu Juan Frías, dem Bischof der Insel. Der pries Gott, die Jungfrau Maria und die Hirten und eilte zum Ort der Erscheinung. Dort entdeckte er als Beweis einen großen Stein aus Jaspis mit den Fußabdrücken der Jungfrau und erklärte, ein Wunder sei geschehen. Nur Ungläubige werden sagen: zur rechten Zeit, um im Zuge der letzten Kämpfe die Ureinwohner von der Macht der neuen Zivilisation zu überzeugen und die Missionierung in Gang zu bringen. Der Bischof ließ umgehend eine Kapelle am Ort des Wunders errichten, Wallfahrer kamen und schworen auf die Heilwirkung der Kiefernzapfen und des Wassers, das sich immer wieder im Stamm des mächtigen Baumes sammelte. Die Wunder, von denen Pilger berichteten, machten Teror zum wichtigen Wallfahrtsort. Der legendäre Baum fiel zwar im 17. Jh. einem Sturm zum Opfer, aber die Attraktion der wundertätigen Jungfrau blieb ungebrochen. Jedes Jahr am 8. September, dem Jahrestag der Erscheinung, pilgern Tausende, auch von anderen Inseln, nach Teror.

Etliche der Wallfahrer, zumeist im Bus oder Auto angereist, rutschen die letzten Meter auf Knien zum Altar oder küssen sogar den Boden der Kirche. Alle acht Jahre (2024, 2032 …) findet die große Bajada de la Virgen statt, der ›Abstieg‹ der Jungfrau in einer langen Prozession hinunter nach Las Palmas.

Doch die Fiesta de Nuestra Señora del Pino ist nicht nur für die Frommen des Inselvolks wichtig, sondern auch für

Auf der Calle de los Balcones konzentriert sich das Leben, hier ist immer was los. Aber schauen Sie auch mal nach oben, zu den Balkonen, die erzählen nämlich etwas über den Häuslebauer: je prächtiger das Holzwerk, desto reicher der Auftraggeber.

das Militär. Schließlich steht die Jungfrau im Rang eines Capitán General, wozu sie 1929 von König Alfonso XIII. befördert wurde. Dieser Karrieresprung ermöglicht es auch Militärs, ihr standesgemäß zu salutieren. Zu ihrem großen Fest am 8. September, dem wichtigsten Inselfeiertag, grüßt das Regiment sie mit Marschmusik.

Pracht ist Macht

Mitten in der Altstadt liegt die kopfsteingepflasterte, nostalgisch angehauchte Plaza mit einer Riesen-Araukarie und der **Basilica Nuestra Señora del Pino.** Das heutige neoklassizistische Gotteshaus von 1760–67 beeindruckt durch seinen achteckigen Glockenturm, die von Naturstein eingefassten Fassaden und die bizarren Wasserspeier, die bei Regen tatsächlich auf die Passanten spucken. Der Innenraum ist effektvoll gestaltet. Er ist sehr dunkel, sodass die durch die verglaste Kuppel exakt über der Vierung einfallende Sonne ein geheimnisvolles Licht Richtung Hauptaltar wirft. Dort steht in einem glänzenden Schrein die überreich geschmückte Statue der Jungfrau aus dem 15. Jh.: Halb lächelnd, halb traurig blickt sie auf die Menschen nieder. Ihr Thron und Baldachin sind aus Silber, Mond, Krone, Nimbus und Engel aus reinem Gold. Von der Rückseite der Kirche kann man über eine Treppe hinter dem Altar zur Marienfigur hinaufsteigen und ihr auf diese Weise näherkommen.

In den Räumen des kleinen **Museo Sacro** sind ihre Weihgaben ausgestellt: Die Armen haben ihr Miniaturnachbildungen geheilter Gliedmaßen gespendet, die Wohlhabenden Schmuck und juwelenbesetzte Gewänder. Der ausgestellte Reichtum ist freilich nur ein Bruchteil dessen, was die Kiefernjungfrau im Lauf von über 500 Jahren empfing. Ein großer Teil ihres Schatzes wurde im Jahr 1975 in einer Nacht- und Nebelaktion gestohlen – einer der spektakulärsten Kunstraube in der Geschichte Spaniens.

Plaza del Pino, Mo–Fr 9–13 u. 15.30–19.45, Sa 9–20, So 7.30–19.30 Uhr, Eintritt frei; Museum: Sa, So 10–15 Uhr, Eintritt 1,50 €

Bischofspalast reloaded
Hinter der Basilika befindet sich der **Palacio Episcopal**, heute eine **Casa de la Cultura** (Kulturzentrum) mit Galerie. Der Kultur ist auch die benachbarte weite Plaza Sintes gewidmet, an der ein repräsentatives Auditorium entstand.

Plaza de Pio XII, Mi–Fr 12–14 Uhr, Eintritt frei

Von Gottes Gnaden
Vor der Basilika befindet sich in einem herrschaftlichen Haus das **Museo Manrique de Lara**, das mit Antiquitäten zeigte, wie einst die Inseladel lebte.

Plaza del Pino 3, z. Zt. geschl.

Ein Stück Südamerika
Auf der gegenüberliegenden Seite des Platzes geht die **Plaza Teresa de Bolívar** ab, die Teror mit einem Stück Weltgeschichte verknüpft. Teresa heiratete den Venezolaner Simón Bolívar, den berühmten General und Helden des Befreiungskampfes Südamerikas gegen die spanische Kolonialherrschaft zu Beginn des 19. Jh. Die aztekisch inspirierten Steinfriese an Brunnen und Bänken erinnern an die kanarische Amerika-Connection.

Kleiner Bummel
Vom Kirchplatz geht die **Calle de los Balcones** ab. Sie ist von schmucken Bürgerhäusern gesäumt, deren gedrechselte Holzbalkone einst als Statussymbol dienten: Je aufwendiger gestaltet, als desto reicher galt der Besitzer. In einige Häuser sind Läden eingezogen, in denen Souvenirs *made in Teror* verkauft werden.

Etwas außerhalb
1,5 km nördlich von Teror an der GC-43 Richtung Arucas öffnet sich ein großes schmiedeeisernes Tor zur 207 ha großen **Finca de Osorio** (GC-43 Km 7,8, tgl. 9–17 Uhr, Eintritt frei). Eine lange Allee führt zu einem 500 Jahre alten Herrenhaus mit romantischem Garten und Wasserspielen, das heute für Öko-Workshops, Pilz- und Botanik-Seminare genutzt wird. Kurz vor dem Haus passiert man einen runden Platz *(cruce de siete caminos),* von dem markierte Wege in alle Himmelsrichtungen abzweigen: zu einer Quelle und zu einem Lorbeerwäldchen, zu einem Picknickplatz und einem Gehege mit schwarzen Schweinen. Überall wachsen Himalaya-Magnolien, Jacaranda-Bäume und Araukarien …

Hinweis: Seit auf der Finca der spanische Blockbuster »Palmen im Schnee« gedreht worden ist, kamen so viele Besucher, dass ein bürokratisches Eintritts-Prozedere eingeführt wurde: Offiziell muss man sich drei Tage im Voraus online anmelden (s. u.), oft kommt man aber auch ohne ›Passierschein‹ in den Park. Offizielle Anmeldung via spanischsprachigem Formular unter Angabe von Namen und Personalausweisnr. (http://cabildo.grancanaria.com/osorio).

Schlafen

In Teror und Umgebung vermitteln Agenturen (s. S. 242) Fincas auf Wochenbasis.

Essen

Rings um den Kirchplatz öffnen Bars und Bistros mit ›Touristenpreisen‹. Zwei Ausnahmen liegen etwas im Abseits:

Gut versteckt
Como Como 15: Unterm offenen Dachstuhl oder auf der Gartenterrasse genießt man Rais Speisen: Salate und Poke-Schalen, Tintenfisch und Lammfleisch. Dazu Biowein, Craft Beer oder Cidre.
Calle de los Viñatigos 15, T 639 84 44 63, Di–So 13–16, Do–Sa 20–22.30 Uhr, €–€€

Etwas außerhalb
El Rincon de Marcos: Mit Panoramafenstern, einer Terrasse und Weitblick bis Las Palmas. Wichtigste Zutat ist die im Inselnorden angebaute Wildkresse, zu Salat, Suppe und Eintopf, zu Kroketten und Aioli, Marinaden und Mojo-Soßen.
Ctra. Teror a Arucas 2, T 928 63 66 27, www.elrincondemarcos.es, €€

Einkaufen

Am Kirchplatz findet man noch einen altertümlichen Tante-Emma-Laden, auf der Straße der Balkone Souvenirläden – dazu gibt es einen Sonntagsmarkt.

Düfte, Düfte
La Casa del Perfume: Seit sechs Generationen, sprich: seit 1872, macht Familie Martell in Parfüms. Von 163 Rezepturen werden jedes Jahr ein Dutzend neu in Deko-Fläschchen auf den Markt gebracht. Auch mal ein nettes Souvenir!
Calle Obispo Marquina 1, https://casadelperfumecanario.com

Klostergebäck
Monasterio del Císter: Am Eingang zum Kloster der Zisterzienserinnen findet man einen Schalter, durch den die in Klausur lebenden Nonnen ihre Süßigkeiten herausrücken, z. B. Anisbällchen *(bollos de anís)* und mit ›Engelshaar‹ gefüllte Teigtaschen *(truchas)*.
Calle del Castaño 24 (Barrio de Arriba)

Bewegen

Wandern
Der alte Pilgerweg von Teror nach Cruz de Tejeda ist als S-10 markiert.

Infos

- **Touristeninformation:** Calle Real de la Plaza, T 928 61 38 08, www.teror.es, Di–Sa 9–16 Uhr.

SÜSSES UND PIKANTES AUS TEROR

Auf dem **Sonntagsmarkt** von Teror ist der Teufel los – um verstopfte Straßen zu vermeiden, kommen Sie möglichst vor 10 Uhr! Verkauft werden nicht nur Weihkerzen und Rosenkränze für die Jungfrau, sondern auch schnöde Lebensmittel. Deftig und pikant sind *chorizos*, die Knoblauch- und Paprikamettwürste, die in langen Ketten vor den Ständen hängen, daneben die *morcillas*, mit Mandeln und Rosinen süß abgeschmeckte Blutwürste, eine Spezialität der Region. Sogar die Nonnen des hiesigen Zisterzienserklosters sind mit von der Partie. Sie offerieren Anisbrötchen, Marzipankuchen und mit Kürbiskonfitüre gefülltes Gebäck, hergestellt in klösterlicher Ruhe (9–14 Uhr). Wer nicht zum Markt kommen kann, besucht sie im Kloster!

TOUR
Heilige Bäume und betrunkene Ratten

Spaziergang durch den Jardín Canario

Infos

📍 G3

Dauer:
ca. 2 Std.

Jardín Canario:
oberer Eingang
GC-110 Km 1,7,
unterer Eingang
GC-310 Km 1,8,
www.jardincanario.
org, Mo–Fr 7.30–18,
Sa–So 9–18 Uhr,
Eintritt frei

Anfahrt:
Bus 302–303, 311
ab Las Palmas

Drachen- und Lorbeerbäume, mannshohes Erika, Kanarische Kiefern, von denen Flechten lamettaartig herabhängen, wasserspeichernde Rosetten, knallrote Glockenblumen: Auf 27 ha angelegt, ist der **Jardín Canario** nicht nur der größte, sondern auch einer der schönsten botanischen Parks Spaniens. In einem Tal und an dessen steilen Flanken wachsen Pflanzen naturnah und nach ›Familien‹ sortiert.

Viele ›Individualisten‹
Über 2000 verschiedene Arten sind bisher bekannt, ungefähr ein Viertel davon kommt nur hier vor, nirgends sonst auf der Welt. Damit haben die Kanaren eine größere Biodiversität als etwa die 34-mal größeren Britischen Inseln! Die hohe Zahl der kanarischen ›Individualisten‹ erklärt sich aus der langen Zeit der Isolation, fernab von Verbindungen zur Außenwelt. Als der Archipel vor 20 Mio. Jahren erstmals aus dem Atlantikboden über Meereshöhe emporwuchs, bestand er nur aus nacktem Vulkangestein. Neue Samen kamen mit dem Wind angeweht, wurden vom Meer angespült oder im Gefieder von Vögeln transportiert. Hatten sie auf den Inseln aber einmal Wurzeln gefasst, konnten sich die Pflanzen ungestört entfalten und im Laufe der Zeit optimal an die Besonderheiten ihres neuen Lebensraumes anpassen.

Legendäre Drachenbäume
Wählt man den **oberen Parkeingang** und folgt dem **Camino de los Dragos**, passiert man zunächst Drachenbäume, die »berühmteste Schöpfung der Pflanzenwelt« (A. von Humboldt). Im Dunkel ihrer dichten Kronen und in

ihrem dicken, oft hohlen Stamm sahen die Altkanarier den Sitz von Geistern. Dass sich der harzige Saft des Baums beim Austreten rot färbte und wie das Blut eines lebenden Wesens erschien, machte den Glauben an magische Kräfte zur Gewissheit. Kein Wunder daher, dass ihm heilende Wirkung zugesprochen wurde und er zur Mumifizierung der Toten diente.

Egal wie heiß es auch sein mag, ein Spaziergang durch den schattigen Jardín Canario geht immer!

Kanarische Kiefern und musealer Lorbeer

Tief im Tal spenden Kanarische Kiefern Schatten. Ihre Nadeln sind länger als die ihrer europäischen Artverwandten, sodass sie mit ihnen die Feuchtigkeit aus den Wolken kämmen. Nebelnässe zapfen auch die lederartigen Blätter der Lorbeerbäume an. ›Laurisilva‹ nennt man den Urwald, der einst weite Teile Europas und Nordafrikas bedeckte, bevor er aufgrund des Klimawandels infolge der Eiszeiten zugrunde ging. Nur auf den Kanaren konnte er überleben, weil die Temperaturen hier unverändert mild blieben. Nach der Conquista fiel er allerdings der Rodung zum Opfer, nur ein karger Rest überdauerte in Los Tilos de Moya (s. S. 176). Der Name ist abgeleitet von *til*, dem Stinklorbeer. Sein Geruch lockt Ratten an, die sich an den eichelähnlichen Früchten berauschen: Betrunken torkeln die Tiere umher, bevor sie leblos liegen bleiben. Unter 2000 wasserspeichernden Spezialisten ist die Kandelaberwolfsmilch besonders eindrucksvoll: Ritzt man ihre dicken dornigen Arme ein, tritt ein milchiger Saft hervor, der so ätzend ist, dass mit ihm Altkanarier in Küstennähe Fische betäubten. Außerdem sieht man die Kanarische Palme, aus deren Harz Palmensirup gewonnen wird, sowie mehr als 30 Aeonium-Arten mit dicken, rosettenförmigen Blättern. Zuletzt kann man am **unteren Parkeingang** in einem **Ausstellungszentrum** Wanderausstellungen sehen.

- **Busse:** Vom Busbahnhof (*estación de guaguas*) kommt man gut nach Las Palmas (Linie 216), Vega de San Mateo (Linie 214), El Roque und Teror (Linie 215). Infos: www.guaguasglobal.com
- **Fiesta de Nuestra Señora del Pino:** 8. Sept. Wichtigstes religiöses Fest zu Ehren der Inselheiligen. Tausende von Wallfahrern kommen aus allen Himmelsrichtungen (s. S. 182).

Valleseco ♀E3

Das Gegenteil von einem ›trockenen Tal‹ (*valle seco*): Rings um den Gemeindeort wachsen Obst und Gemüse in Hülle und Fülle. Im Zentrum steht die obligatorische Kirche, an ihrer Rückseite öffnet das **MECIV,** ein attraktives Ethno-Museum. Eine originale Gofio-Mühle stimmt auf die übrigen Säle ein, in denen man alles Wichtige über das kanarische Grundnahrungsmittel lernt. Im Museum ist auch die Touristeninfo mit Kunsthandwerksladen untergebracht (Calle Párroco José Hernández Acosta 11, Mo–Fr 9–15.30 Uhr, www.vallesecograncanaria.com, Eintritt frei). Auf dem Platz vor dem Museum findet am Wochenende ein kleiner **Bio-Markt** statt (Fr 16–20, Sa 10–20, So 9–15 Uhr). Hier gibt's guten Apfelkuchen und Cidre!

Tafira ♀G3

Las Palmas' Speckgürtel: Ein paar Autominuten oberhalb der Hauptstadt lebt die wohlhabende Schicht in gartenumfassten Villen. Im ›Unteren Tafira‹ (Tafira Baja) hat die Anfang der 1990er-Jahre gegründete Universität in einem modernen Campus ihre naturwissenschaftlichen und technischen Fakultäten untergebracht. Hier befindet sich auch Spaniens größter Botanischer Garten (s. S. 186). Über Tafira gelangt man zum Vulkankrater Bandama (s. S. 63).

Infos

- **Busse:** Mit Buslinie 303 kommt man in den Ort Santa Brígida und in die Hauptstadt Las Palmas. Infos: www.guaguasglobal.com

Santa Brígida ♀F3

Wegen seines frischen Klimas auf 500 m Höhe und der grünen Pracht war Santa Brígida schon Ende des 19. Jh. bei Briten als Wohnort beliebt. Hier ließen sie sich Hotels und schöne Villen erbauen. Bis heute ist es eine Wohngegend der Wohlhabenden geblieben. Das Städtchen zieht sich 4 km längs der eukalyptusgesäumten GC-15 und umfasst mehrere Ortsteile – vom historischen Zentrum rund um den hübschen Kirchplatz (bei Km 4) bis Monte Lentiscal mit der Hotelfachschule (Km 0). An der Durchgangsstraße im historischen Zentrum steht die **Casa del Vino,** das restaurierte ›Weinhaus‹ (s. S. 190). Nahebei führen kopfsteingepflasterte Gassen zur Kirche. Diese thront auf einem Platz mit Weitblick über das grüne Tal; ein paar Schritte entfernt öffnen nette Terrassenlokale.

Am meisten Spaß macht ein Gang durch den **Parque Agrícola Guiniguada** (unterhalb der Casa del Vino): Schön angelegte Wege führen vorbei an einem Palmenhain, an kleinen Ziegen- und Eselsställen, Gemüse- und Obstbeeten. Eine Erinnerung an die bäuerliche Welt anno dazumal! (Eintritt frei)

Wein, Gemüse und frische Früchte – die bäuerliche Vergangenheit lebt in Santa Brígida auf Murals weiter.

Schlafen

Hier wird noch geübt
Escuela Santa Brígida: 3 km nördlich des gleichnamigen Ortes, im ›Vorort‹ Monte Lentiscal: Das Vier-Sterne-Haus wurde Ende des 19. Jh. von Briten gegründet und 100 Jahre später von Grund auf renoviert. Heute dient es als Hotelfachschule, die vor allem im Service beispielhaft sein will. Die 41 mit Stilmöbeln eingerichteten Zimmer geben sich *very British*, Lese- und Schachraum haben Club-Charakter, und der Quiney's Pub könnte ebenso gut in England bestehen. Zum Haus gehören ein Pool-Garten sowie das renommierte Restaurant Satautey, in dem in Gastro-Wochen experimentiert wird. Groß ist die Auswahl kanarischer Weine (tgl. ab 19 Uhr).
GC-15 Km 0,4, T 828 01 04 00, www.hotelescuelasantabrigida.com, DZ ab 110 €

Essen

Im Ortszentrum Santa Brígida gibt es kleine Bistros, im ›Vorort‹ Monte Lentiscal – gegenüber der Hotelfachschule – gleich mehrere gute Adressen (Carretera del Centro 130–138, s. auch S. 190).

Einkaufen

Alles bio im Schatten der Kirche
Bazar Natural: Bio-Obst und Gemüse, trendige Getreidesorten, lactose- und glutenfreie Produkte, auch Kosmetika.
Calle Tenderete 8

Infos

• **Busse:** Nach Las Palmas (Linie 303–311) und Vega de San Mateo (Linie 303). Infos: www.guaguasglobal.com

TOUR
Bei kanarischen Winzern

Bodega-Trip mit Auto oder Rad

Infos

♥ F/G 3/4

Länge: knapp 30 km ab/bis Santa Brígida

Casa del Vino:
GC-15 Km 3,9,
T 928 64 42 72,
www.rutadelvinode
grancanaria.net,
Mi–Fr 12–23,
So 12–17 Uhr

Bodega San Juan:
GC-802 Km 0,9, T
62 99 11 64, www.
bodega-sanjuan.com,
Mo–Fr 10.30 und
12.30 Uhr

Im 16. Jh. war kanarischer Wein in ganz Europa berühmt, Shakespeare pries ihn als »wunderbar eindringlichen Tropfen, der das Blut parfümiert, noch eh' man fragen kann, was das denn sei«. Im Anbaugebiet zwischen Santa Brígida und Bandama knüpft man heute an vergangenen Ruhm an.

Im Haus der (Kanaren-)Weine

In **Santa Brígida** eröffnete in einem Herrenhaus aus dem 18. Jh. die **Casa del Vino**, in der man fast alle ›geschützten‹ Inselweine kosten und kaufen kann. Folgt man der von Eukalyptus gesäumten GC-15 Richtung Norden, vorbei an altehrwürdigen Villen, kommt man nach **Monte Lentiscal**. Biegt man am Kreisel rund 300 m hinter dem Hotel Santa Brígida rechts in die Straße GC-802 Richtung Bandama ein, passiert man die **Finca El Mocanal/Bodega San Juan**. Eine Allee führt zum Weingut, wo Sie bei einer Führung die Geschichte des Weins kennenlernen.

Der Boden macht's

Ein Stück weiter sieht man den dunklen Kegel der **Caldera de Bandama** (s. S. 63). An seinen mit Lavagrus bedeckten Flanken kriechen dicht am Boden Reben, die sich bis in den großen Krater an seinem Fuß herunterziehen. »Bandama« ist die Verballhornung des Namens Vandama und erinnert an einen Pionier des grancanarischen Weinanbaus. Es war der Flame Daniel Van Damme, der kurz nach der Conquista auf die Insel kam und tief im Krater Reben pflanzte. Was keiner für möglich hielt, trat ein: Der Anbau auf Lava erwies sich als voller Erfolg und ebnete dem kanarischen Wein den Weg zu den Tischen von Europas High Society. Doch der Wegfall des britischen Absatzmarktes im 17. Jh. machte den

Hier darf auch gezecht werden!

Infos

Bodega Hoyos de Bandama: Camino a la Caldera 36, T 630 47 27 53, www.bodegahoyosdebandama.com, Mo–So 10–14, Sa bis 17 Uhr

Bodegón Vandama: GC-802 Km 2,4, T 928 35 27 54, www.bodegonvandama.com, Mi–Sa 13–16, 20–24, So 13–17.30 Uhr

Bodega Los Lirios: Camino de los Lirios (GC-801), T 629 58 42 70, www.bodegaloslirios.com, Mo–Fr 9–15 Uhr

Bodega El Volcán: Ctra. a la Atalaya 15 (GC-80), T 650 42 96 59, Fr–So 13–17, 20–23 Uhr

Winzern zu schaffen, der Befall mit Mehltau gab dem Wein den Rest. Fortan wurde er nur in kleinen Mengen für den Hausgebrauch angebaut. Erst als die EU in den 1990er-Jahren Subventionen bereitstellte, trat eine Wende ein. Heute schmückt sich der Inselwein »mit geschützter Herkunftsbezeichnung« – fast 60 Kellereien sind registriert.

Von Bodega zu Bodega

Einer, der die EU-Hilfe nutzte, war der Besitzer der **Bodega Hoyos de Bandama:** In seiner restaurierten Kellerei zwischen Kegel und Krater können Sie Weine kosten, die auf mineralienreichem Boden heranreiften. Das gilt auch für die Weine der benachbarten **Bodegón Vandama:** Vom Garten blickt man über Weinfelder auf den Vulkan, im Haus sitzt man gemütlich in Sichtweite der alten Presse. Zum roten Hauswein ›Vandama‹ passt hervorragend Fleisch, das auf dem Holzkohlengrill vorgegart wird und anschließend auf einem Mini-Tisch-Grill *(brasero)* nach Gusto weiterbrutzelt. So können Sie sich beim Essen Zeit lassen, ohne dass es kalt wird!

Wein und mehr

Ein anderes Konzept verfolgt nahebei die **Bodega Los Lirios**, bei der Sie ein Picknick buchen und dieses im Weingarten einnehmen können. Auch Kunstausstellungen und kleine Märkte werden organisiert. Am Wochenende haben Sie eine weitere Option: Sie fahren auf der GC-80 – über La Atalaya hinaus – bis zur **Bodega El Volcán.** Hier werden in einem luftig-rustikalen Innenhof zum hauseigenen Wein deftige Tapas serviert.

Vega de San Mateo ♀ E/F4

›Fruchtbare Aue des hl. Matthäus‹ – so heißt der Name übersetzt. Wasserreichtum und gute Böden machen den Ort in 800 m Höhe zum Zentrum von Landwirtschaft und Viehzucht. An der Durchgangsstraße präsentiert sich San Mateo aber nüchtern, von Aue keine Spur. Man muss sich in die Nähe der Kirche begeben, um etwas von dem alten Dorf zu spüren: Die erhöhte Plaza wird von Bäumen beschattet, die hier startenden Gassen sind von schlichten Bürgerhäusern gesäumt. Eine Stippvisite lohnt auch die alte Gofio-Mühle auf der anderen Seite der Durchgangsstraße – und sei es nur, um den Duft des gerösteten und frisch gemahlenen Getreides zu schnuppern (Calle El Agua 8, tgl. ab 8.30 Uhr).

Markttag
Beste Stimmung herrscht in San Mateo am ›Tag des Herrn‹. In der **Markthalle** werden die inselbesten Äpfel und Birnen verkauft, Orangen, Zitronen, Quitten, Mispeln, Nüsse und Maronen, Süßkartoffeln und Yams-Wurzeln. Man findet Kräuter mit Öko-Zertifikat, lokalen Ziegen- und Schafskäse, Brot aus dem Holzofen und Wein. Wem es in den Bergen zu kalt ist, der kauft Honigwein, ›der den Magen wärmt‹, lecker auch der Laurelillo-Honig vom gleichen Anbieter. Hungrig geworden, stärkt man sich mit Maiskolben und Stockfisch vom Grill. Danach schwingt man auf der Plaza am Busbahnhof das Tanzbein (Mercadillo del Agricultor Sa, So 9–14 Uhr, bessere Stimmung So).

Schlafen, Essen

Romantik auf dem Land
Las Calas: Das hundertjährige Anwesen liegt in einer Talmulde 2 km oberhalb von San Mateo. Die sieben Zimmer gruppieren sich rings um einen Hofgarten mit Orangen- und Mandarinenbäumen. Sie sind mit liebevollen kleinen Details im Landhausstil eingerichtet, im Winter werden sie beheizt. Anfahrt: Von der GC-15 bei Km 14,7 nach La Lechuza einbiegen, 500 m zum Platz, dort links dem Schild folgen.
El Arenal 36, La Lechuza, T 928 66 14 36, www.hotelrurallascalas.com, DZ 120 €

Die Rettung!
El Rescate: Das populäre Lokal mit dem Namen ›Rettung‹ bietet hausgemachte *churros con chocolate* (frittiertes Spritzgebäck, das in heiße Schokolade getaucht wird) und fast alle Klassiker der kanarischen Küche, auch in halber Portion (*media ración*).
Calle Principal 1, Mi geschl., Menü 8 €

Einkaufen

Bio & Recyceltes
Hedra: In diesem Bio-Laden nahe der Kirche verkauft Señor Agoney von Vollkornbrot bis zu Natur-Kosmetik alles Wichtige, dazu – wie in einer Apotheke anno dazumal – getrocknete Kräuter von der Insel und praktische Souvenirs aus recycelten Materialien.
Calle Principal 35, www.hedra.org

Infos

- **Touristeninformation:** Calle Doctor Ramírez Cabrera 11, T 928 66 13 50, www.sanmateoturistico.es, Mi–So 10–14 Uhr.
- **Busse:** Vom Busbahnhof (*estación de guaguas*) kommt man gut nach Las Palmas (Linie 303), Teror (Linie 214), Tejeda–Maspalomas (Linie 305, 18). Infos: www.guaguasglobal.com

Zugabe
Kanaren-Klassiker

Papas arrugadas con mojo

Sie sind bei jedem Essen mit von der Partie: *Papas arrugadas con mojo*. ›Papa‹ ist weder Vater noch Papst, sondern die Kartoffel – der Name stammt aus dem frühen 16. Jh., als die Erdknolle aus Amerika eingeführt wurde. Die Kanaren kennen mehr als 20 Kartoffelsorten. Darunter haben einige melodische Namen: Die *papa negra*, die »schwarze«, wird beim Kochen dunkelgelb wie Eidotter; die *papa bonita*, die »hübsche«, ist fest, zart und leicht süß. Meist ist es Letztere, die für *papas arrugadas* verwendet wird.

Arrugadas heißen die Kartoffeln, weil sie »runzelig« aussehen: Erst werden sie in stark salzigem Wasser gegart, dann wird dieses weggeschüttet. Auf kleiner Flamme und unter Schütteln des Topfes dämpfen die Kartoffeln ab, wobei das auskristallisierte Salz an der Schale haftet. Die Haut sieht dann tatsächlich runzelig aus, aber die Kartoffel schmeckt! Der Ursprung dieser Zubereitungsart geht auf jene Zeit zurück, als Kartoffeln als Wegproviant dienten und mit dem stets verfügbaren Meerwasser weich gekocht wurden.

Weil *papas* allein noch keine Mahlzeit abgeben, griffen die Canarios auf eine Soße zurück, die mit portugiesischen Einwanderern auf die Insel kam. Sie heißt *mojo* (sprich: moho) und verrät ihren Ursprung im portugiesischen *molho* (= Soße): Im Mörser werden Chilischoten mit Knoblauch, Öl, Essig und Meersalz zerstampft, bis sich eine cremig-homogene Soße bildet. Natürlich kann man heute auch den Mixer nehmen. Wer den Geschmack des Knoblauchs abschwächen will, lässt ihn zuvor in siedendem Wasser garen.

Aufgrund ihrer Schärfe wird die Soße, die eine orangene Farbe hat, *mojo picón* genannt (beißender *mojo*) oder auch *mojo rojo* (roter *mojo*). Runzelkartoffeln mit rotem *mojo* werden gern zu gegrilltem Fleisch gereicht. Zu Fisch wird die grüne, mildere Soßen-Variante favorisiert: Statt Chili nimmt man bei *mojo verde* frischen Koriander und/oder Petersilie. Übrigens ist *mojo* die einzige einheimische Soße – alle anderen sämigen Varianten sind Importe. ∎

Links grüne und rote Mojo-Soße, rechts Runzelkartoffeln – eine einfache, aber köstliche Mahlzeit! Oder eine Beigabe zu Fisch bzw. Fleisch.

> Die Kanaren kennen mehr als 20 Kartoffelsorten.

Das Zentrum

Ein fantastisches Wanderrevier — mit dem knapp 2000 m hohen ›Schneegipfel‹, dem ›Wolkenfels‹, tiefen Canyons, Kiefernwäldern und Seen. Einsam ist die Region, doch ein paar Dörfer gibt es: Tejeda gehört zu den schönsten Orten Spaniens.

Seite 197
Cruz de Tejeda
Vom höchsten Pass führen markierte Wege in alle Himmelsrichtungen, z. B. zu den ›Höhlen des Herrn‹.

Seite 200, 202
Tejeda ⭐
Ende Januar, wenn die Mandelbäume blühen, ist es im ›Mandeldorf‹ Tejeda besonders schön.

Seite 204
Terrassenlokale in Tejeda
An Holztischen gibt es Speis und Trank mit Aussicht auf eine grandiose Bergsilhouette.

Die schwarze Biene liebt Bergblüten.

Seite 205
Roque Bentayga
Zum Opferplatz der Ureinwohner, dem Himmel nah, führt ein kurzer, steiler Weg. Zuvor können Sie einen Blick ins kleine Besucherzentrum werfen, in dem die Riten der Ureinwohner erläutert werden.

Seite 206
Versteckte Weiler
Kaum jemand findet den Weg zu ihnen, denn die Straße ist schmal und etwas ausgesetzt … El Roque, La Solana und El Chorrillo kauern grandios im Schatten des Bentayga – und sind wunderschön!

Eintauchen

Seite 208
Höhlenmuseum in Artenara
Das originellste Ethno-Museum der Kanaren – auch altes Handwerk können Sie hier erlernen.

Seite 209
Altavista
Der Name ist Programm: ›hohe Sicht‹ in alle Himmelsrichtungen. Der Kammweg ist das Ziel und belohnt mit Blicken mal über zerklüftete Schluchten, mal übers Meer bis Teneriffa.

Seite 213, 214
Roque Nublo ⭐
Wie ein Gigant thront der ›Wolkenfels‹ am Abgrund – er will erwandert werden, natürlich am besten bei gutem Wetter und keinesfalls zur Mittagszeit, dann ist eine Menschenkarawane dorthin unterwegs, und sogar die Parkplätze sind rar.

Seite 224
La Fortaleza
Ein Felsen wie eine natürliche, uneinnehmbare Festung. Kein Wunder, dass hier die Ureinwohner Schutz vor den Konquistadoren suchten! Heute können Sie die ›Festung‹ durch eine Riesenhöhle queren, um sie auf einem befestigten Steig halb zu umrunden. Ein kleines Abenteuer!

Bier mit Mandelgeschmack produziert die Brauerei Texeda – in Tejeda.

»Mit ihren gezähnten Kämmen und aufschießenden Felsen erscheinen die schwarzen Mauern der großen Caldera wie eine danteske Vision. Sie gleichen den Wänden der Hölle ...«
(Unamuno, 1910)

erleben &

Großartige Gebirgslandschaft

Dies ist das ›andere‹ Gran Canaria. Es macht 40 % der Inselfläche aus, in der aber nur 2,4 % der Bevölkerung leben: von Zersiedlung keine Spur, hier sieht es fast so aus wie vor 500 Jahren.

Quer durchs Zentrum verläuft die Cumbre, ein Kamm, der sich vom Tamadaba-Massiv im Nordwesten über Artenara und Cruz de Tejeda Richtung Osten spannt. Er bildet die Wetterscheide der Insel: Während der Passat seine in Wolken gespeicherte Feuchtigkeit auf der Nordseite zurücklässt, sinkt er als trocken-warmer Fallwind an den von der Sonne beschienenen südlichen Berghängen hinab. Wie ein Wasserfall schwappen die Wolken über den Kamm, um sich in Windeseile aufzulösen – ein schönes Naturschauspiel! Von der Cumbre senken sich sternförmig Täler und Schluchten Richtung Küste hinab. Voneinander getrennt sind sie durch Gebirgswände, die von markanten Felsnadeln *(roques)* gekrönt sind. Die von Wind und Wetter freigelegten ehemaligen Vulkanschlote – so der Roque Nublo und der Roque Bentayga – wurden von den Altkanariern als heilig verehrt. Die meisten Urlauber lernen das Zentrum Gran Canarias im Rahmen von Ausflügen kennen, doch lohnt es sich, in dieser spektakulären Landschaft mehr Zeit zu verbringen.

ORIENTIERUNG

Infos: www.medianias.org
Wichtig zu wissen: Von November bis März kann es auf der Nordseite von den mittleren Höhenlagen bis hinauf in die Gebirgsregion empfindlich kühl werden. Sonniger und wärmer ist es dagegen auf der Südseite, d. h. von Tejeda bis Fataga. In fast allen Bergdörfern gibt es gute Unterkünfte; restaurierte Landhäuser finden sich nicht nur in den Dörfern, sondern auch ›mitten in der Pampa‹. Achten Sie bei der Buchung darauf, dass es Elektroöfen gibt! Besonders schön präsentiert sich die Region zur Mandelblüte im Januar/Februar!
Busse: Das Zentrum ist weniger gut erschlossen als der Rest der Insel. Immerhin gibt es die Linie 18, die in Maspalomas startet und mehrmals täglich über San Bartolomé, Ayacata bis Tejeda fährt. Von dort hat man mit Linie 305/303 Anschluss nach Vega de San Mateo und Las Palmas. Von San Bartolomé fährt Bus 34 über Santa Lucía und Temisas nach Agüimes.

Cruz de Tejeda

📍 D4

Zwar liegt der höchste Pass (1500 m) nicht ganz im geografischen Mittelpunkt der Insel, doch bildet er den wichtigsten Dreh- und Angelpunkt im Inselzentrum. Hier schneiden sich Straßen und Königswege aus allen Himmelsrichtungen. Früher war es üblich, an solchen Weggabelungen Kreuze aufzustellen. So auch hier: Dem archaischen Steinkruzifix verdankt Cruz de Tejeda seinen Namen. Doch markant ist der Pass noch aus einem anderen Grund. So deutlich wie nirgendwo sonst auf der Insel erlebt man hier die Wetterscheide: Während der Nordhang oft wolkenverhüllt ist, präsentiert sich der wenige Schritte entfernte Südhang in strahlendem Sonnenschein. Grandios ist das Schauspiel, wenn sich die über den Kamm schwappenden Schwaden in Windeseile auflösen und der Blick auf einen gigantischen Kessel frei wird. An diesem herausragenden Ort wurde in den 1930er-Jahren ein Parador, ein staatliches Vorzeigehotel, errichtet – es sollte in der abgelegenen Bergregion ›sanften Tourismus‹ beflügeln.

Wo viele Tagesausflügler passieren, blüht das Geschäft: An zahlreichen Souvenirständen wird dubioses Kunsthandwerk verkauft, ein Mann mit Esel empfiehlt sich als Fotomotiv, eine Frau versucht, Besuchern ihre Kulinaria aufzuschwatzen. Trotzdem lohnt in Cruz de Tejeda ein Stopp: Von der Terrasse des Parador bietet sich ein weites Panorama auf den Tejeda-Kessel, an dessen Rändern zerklüftete Felstürme aufragen; tief im Tal versteckt liegt das Bergdorf Tejeda.

Vom Cruz de Tejeda, Gran Canarias höchstem Pass, führen markierte Wanderwege in alle Richtungen. Mit oder ohne Wolkenfall – der Blick in die Caldera ist atemberaubend.

TOUR

Zu den Höhlen des Herrn

Panoramawanderung zu den Cuevas del Caballero

Infos

📍 D 4

Länge/Dauer:
7,3 km/3 Std.

Schwierigkeit:
leichte bis moderate
Tour, je 200 m
im An- und Abstieg

Anfahrt:
Bus 18 und 305

Die Rundtour längs der Wetterscheide belohnt mit großartigen Tiefblicken in die Caldera de Tejeda. Am Wendepunkt liegt ein spektakulärer Ausguck der Altkanarier. In **Cruz de Tejeda** geht es auf der GC-150 zwischen Parador und Souvenirbuden 150 m bis zum Parkplatz. Hier schwenken wir (ganz links) in den Weg nach Valsendero/Artenara ein, der steil bergan führt – die anstrengendste Passage der Tour! Nach 30 aussichtsreichen Minuten senkt sich der Weg zur GC-150 am **Mirador Degollada de las Palomas** hinab. Rechts neben dem Mirador setzt er sich fort und führt aufwärts in Kiefernwald, wo er sich zur Piste weitet. Achtung: Nach insgesamt 2,2 km (ca. 40 Min. ab Start) verlassen Sie die Piste nach links mit dem Wegweiser Artenara/Agaete. Fortan führt der Weg an der Abbruchkante entlang – die Panoramen sind kaum zu toppen! Nach insgesamt 3,3 km (ca. 1.15 Std.) mündet er in eine Piste, die uns rechts nach Cruz de Tejeda zurückbringen wird.

Zuvor aber gehen wir ein paar Schritte nach links zu den **Cuevas del Caballero** (›Höhlen des Herrn‹). Tritt man durchs Felsfenster, sieht man gegenüber den Roque Bentayga und den Roque Nublo; hangelt man sich nach rechts, kommt man zu (vergitterten) Höhleneingängen. Anschließend geht es auf Piste durch Mischwald zurück. Nach 750 m passiert man ein **Steinkreuz** und hält sich an der Gabelung rechts Richtung Cruz de Tejeda. 150 m weiter wird ein Linksabzweig ignoriert. Gleiches gilt nach weiteren 430 m. Nach wieder 360 m passieren wir den Abzweig, an dem unsere Runde ihren Ausgang nahm, und bummeln geradeaus 800 m zum Mirador Degollada de las Palomas, von wo es auf bekanntem Weg nach Cruz de Tejeda zurückgeht.

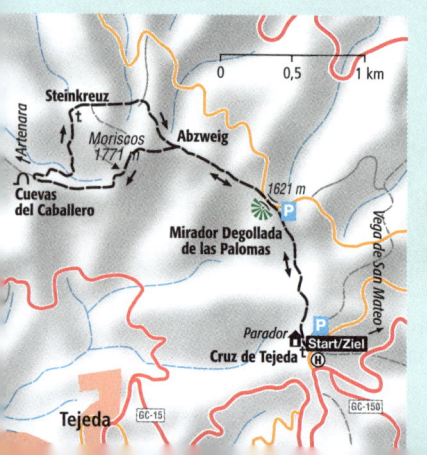

Schlafen

Staatliches Gütesiegel
Parador Cruz de Tejeda: Entworfen wurde der Parador im ›neokanarischen Stil‹ in den 1930er-Jahren von dem einheimischen Künstler-Duo Néstor und Miguel Fernández de la Torre. Die Brüder griffen typische Architekturelemente der Insel auf und veredelten sie, sodass ein großzügiger Berghof entstand. Aufwendig restauriert wurde er als Vier-Sterne-Haus wiedereröffnet, wobei der ursprüngliche Entwurf weitgehend erhalten blieb. Türen, Lampen und Mobiliar wurden nach historischen Skizzen angefertigt; in gehoben-rustikalem Stil gestaltet sind auch die 43 Zimmer mit Bergblick (Klimaanlage, Heizung). Nach einer Wanderung entspannt man im Spa oder im kanarischen Spezialitätenrestaurant.
T 902 54 79 79, www.parador.es, DZ ab 115 €, Senioren u. Studenten erhalten Rabatt

Klein & rustikal
El Refugio: Gegenüber dem Parador kann man gleichfalls komfortabel übernachten. 10 im Landhausstil eingerichtete Zimmer (mit Heizung), Salon, Sauna, kleiner Pool (nicht beheizt!).
T 928 66 65 13, www.hotelruralelrefugio.com, DZ ab 85 €

Essen

Urig – trotz Ansturm
Asador de Yolanda: Das rustikale Lokal besitzt zwei Außenterrassen – eine an der Straße und eine weitere auf dem Dach. Außer Grillfleisch gibt es herzhafte Eintöpfe. Beliebt ist auch *solomillo Nublo*, ein zartes Filet in Pilzsoße. Viele trinken hier nur ein Glas Wein oder eine Tasse Kaffee.
Cruz de Tejeda, T 928 66 62 76, www.asadoryolanda.com, tgl. 9–19 Uhr, Preise um 18 €

Bewegen

Wandern
Von Cruz de Tejeda führen markierte Wanderwege in alle Himmelsrichtungen durch grandiose Landschaften:
Weg 1: Neben dem Restaurant El Asador de Yolanda startet Weg S-50, der via Mirador Degollada Becerra und Llanos del Garañón nach La Goleta am ›Wolkenfels‹ führt (2,5 Std.).
Weg 2: Zwischen den Straßen GC-150 und GC-15, neben der Touristeninfo, führt ein anfangs unscheinbarer Weg S-15 in etwa 1 Std. nach Las Lagunetas hinab.
Weg 3: Am großen Parkplatz, 150 m Richtung Artenara (auf der GC-150), starten zwei Wege: Links geht es via Cuevas de Caballero (s. S. 198) nach Artenara (3 Std.), rechts auf einem alten Pilgerpfad nach Teror (4 Std.).

Infos

• **Touristeninformation:** Gegenüber dem Parador gibt es einen Infostand.
• **Verkehr:** Mit Bus 305 kommt man nach Tejeda bzw. San Mateo, Bus 18 fährt via Tejeda und Ayacata bis Maspalomas.

Ausflüge Richtung Westen und Süden

Von Cruz de Tejeda kommt man auf der GC-150 zu zwei Aussichtspunkten: westwärts (Richtung Artenara/Pinos de Gáldar) zum **Mirador Degollada de las Palomas** bei Km 9, ostwärts zum noch schöneren **Mirador Degollada Becerra** (GC-150 Km 2,4).

Hält man sich an der Kreuzung nach weiteren 2,4 km in dieser Richtung rechts, gelangt man zum Picknickplatz **Llanos de la Pez**. Fährt man an besagter Kreuzung geradeaus, erreicht man schließlich die zum **Pico de las Nieves** (s. S. 213) abzweigende Nebenstraße.

2 km unterhalb von Cruz de Tejeda liegt auf einer Bergterrasse der idyllische Weiler **La Culata**, Startpunkt markierter Wanderwege nach Tejeda und Cruz de Tejeda sowie zum Roque Nublo. Erreichbar ist er über die GC-15 und wartet mit der urigen Bar Roque Nublo auf, wo zum Lokalwein Vino de Tejeda deftige Fleischgerichte serviert werden. Restaurierte Landhäuser werden über Agenturen des Turismo Rural vermittelt (s. S. 242).

Tejeda ⭐ 📍D4

Dank engagierter Bürgermeister und reichlich fließender EU-Gelder ist die Landflucht gestoppt – Turismo Rural ist auf dem Vormarsch. Gern legt man hier einen Zwischenstopp ein, auch für einen längeren Aufenthalt ist Tejeda eine gute Wahl. Wer in grandioser Bergwelt wandern will, findet hier eine breite Unterkunftspalette – von der einfachen Pension über restaurierte Landhäuser bis zum rustikalen Komforthotel findet sich alles. Ein weiterer großer Vorteil ist das Klima. Das 1000 m hoch gelegene Dorf ›badet‹ in Sonnenschein, während nur wenige Kilometer entfernt Cruz de Tejeda in Wolken hängt. Allerdings kann es im Winter abends recht kühl werden!

Schönstes Dorf Spaniens?

Tejeda, das schon früher einmal die Auszeichnung ›schönstes Dorf‹ Spaniens erhalten hat, präsentiert sich heute so attraktiv wie nie: Terrassenförmig ist es in die Bergflanken geschlagen, seine weißen Häuser sind zum Tal hin ausgerichtet, an dessen gegenüberliegender Seite die beiden mythischen Roques aufragen.

In den Straßen herrscht eine subtile Farbregie aus Granitgrau, Kupferrot, Holzbraun und Grün. So gut wie nirgends sieht man eine Reklametafel. Die Straßen sind mit Naturstein gepflastert, jeder Gehsteig wurde in einen Aussichtsbalkon verwandelt. Dort haben die Dorflokale ihre Tische – selbstverständlich sind diese aus Holz und von weißen Sonnenschirmen überspannt.

Viel Neues wurde in den letzten Jahren gebaut, doch sehr geschickt in das bestehende Dorfensemble einbezogen: Die Bibliothek duckt sich unauffällig unter dem Kirchplatz, ein Freibad samt Festplatz füllt eine Tallücke, und die drei Museen sind von traditioneller Architektur inspiriert. Auch viele Details erfreuen das Auge: Die Straßennamen sind in Stein gemeißelt, man sieht Mülleimer aus geflochtener Weide, und überall quillt Buntes aus Blumenkübeln. Einziger Wermutstropfen ist der große (leider notwendige) Parkplatz am südlichen Ortsausgang.

Terrassenförmig angelegt

Anfangs fällt die Orientierung in Tejeda nicht leicht: Über die obere Durchgangsstraße, die im Ortsbereich Avenida de los Almendros (= GC-60; ›Mandelboulevard‹) heißt, wird der Verkehr an Tejeda vorbeigelenkt. Interessant ist die unterhalb, parallel zu ihr verlaufende, verkehrsberuhigte Dorfhauptstraße, die aus jedem Winkel eine prachtvolle Aussicht bietet. Sie startet an der Infostelle bei der Tankstelle, führt an Terrassenlokalen und Läden, dem Rathaus- und dem Kirchplatz sowie an den Museen vorbei, bevor sie wieder in die GC-60 einmündet. Der unterste Ortsteil La Tosca erschließt sich über eine von der Kirche steil hinabführende Gasse.

Museen

Kunst am Berg
Museo de Esculturas: Gegenüber der Kirche, die für ein so abgelegenes Bergdorf sehr stattlich ist, befindet sich das ›Skulpturenmuseum‹. Es stellt Werke des in Tejeda geborenen, vom Expressionismus inspirierten Bildhauers Abraham Cárdenes aus. Dazu gibt es wechselnde Ausstellungen.
Leocadio Cabrera 2, www.tejeda.eu/museo-abraham-cardenes, Mo geschl., Eintritt frei

Altes modern
Museo de Tradiciones: Folgt man der Straße am Hotel Fonda de la Tea vorbei, kommt man zu diesem Museum. Eine hohe, aus sorgfältig geschichteten Natursteinen errichtete Freitreppe führt zu einem restaurierten Anwesen. Der Eingang ist einem traditionellen Tante-Emma-Laden nachempfunden, und auch sonst wird hier alles getan, um Besuchern einen lebendigen Eindruck von der Vergangenheit zu vermitteln. Multimedial wird man in Geologie und Biologie, Geschichte und Ethnographie der Region eingeweiht.
Calle Párroco Rodríguez Vega 6, www.tejeda.eu/museo-tradiciones, Mo–Fr 12–16 Uhr, Eintritt 3 €

Heilkräuter & Hexerei
Centro de Plantas Medicinales: Ein paar Schritte weiter, wo die Straße eine scharfe Biegung macht, sieht man in einem grünen Seitental einen länglichen Natursteinbau, davor einen Kräutergarten mit Beeten in Reih und Glied. Das seltsame Haus beherbergt das Zentrum für Heilpflanzen. Hier kann man Kräutersammlern beim Sortieren zuschauen, eine Tasse frisch aufgebrühten Tees trinken und einiges über die Verwendung wilder und auch gezüchteter Kräuter erfahren. Ein Video zeigt, versteckt in einer ›Voodoo-Ecke‹, wie Gran Canarias ›Hexenmeister‹ noch heute die Kräfte der Natur zu nutzen wissen (s. S. 274). Das ausgefallenste Stück im Zentrum ist eine originale Apotheke aus dem 19. Jh. Sie beeindruckt mit Edelholzregalen, säuberlich beschrifteten Majolika-Gefäßen und einem Giftschrank.
Calle Párroco Rodríguez Vega 10, facebook: centro-de-plantas-medicinales-de-tejeda, Di–So 10–15 Uhr, Eintritt 3 €

Schlafen

Das kleine Bergdorf hat eine erstaunliche Vielzahl an Unterkünften: ein Hotel, Apartments und eine Pension, dazu Landhäuser, die über die Agenturen (s. S. 242) vermietet werden. Weitere Unterkünfte befinden sich im nahen Cruz de Tejeda.

Wohlfühlhaus
Fonda de la Tea: Ein Gasthof, in dem Reisende schon in alten Zeiten Kost und Logis fanden, wurde von Señora Fina in ein zeitgemäß rustikales Hotel verwandelt. Es befindet sich im Ortskern und gefällt mit seinen Natursteinmauern, Terrakotta und viel Holz. Die Rezeption ist einem Tante-Emma-Laden nachempfunden, den es bereits im ursprünglichen Gasthof gab, daneben befindet sich der gemütliche Kaminraum. Die zwölf Zimmer sind unterschiedlich, aber immer mit Holzmöbeln eingerichtet (Flachbild-TV, Gratis-WLAN, Klimaanlage, Heizung, Fön). Alle verfügen über Balkon und Blick auf die Bergwelt. Direkten Zugang zur großen Gemeinschaftsterrasse haben die Zimmer im zweiten Stock. Das Frühstücksbüfett wird im Mini-Restaurant eingenommen. Ist im Hotel alles besetzt, bietet Fina nahebei vier bequeme Apartments (ab 70 €) sowie mehrere Landhäuser.
Calle Ezequiel Sánchez 22, T 928 66 64 22, www.hotelfondadelatea.com, €–€€

TOUR
Makronen, Marzipan und Mus ★

Im ›Mandeldorf‹ Tejeda

Infos

📍 D 4

Dulcería Nublo:
Calle Hernández
Guerra 15,
tgl. 9–20 Uhr

Heladería La Lexe:
Calle Dr. Domingo
Hernández Guerra
19, tgl.

»Mein Vater hat sein Leben lang Mandeln verarbeitet. Und vor ihm mein Großvater.« Señora Rosa hat ein adrettes weißes Häubchen auf dem Kopf und wirkt gut gelaunt. Kein Wunder: Fast jeder, der durchs Bilderbuchdorf Tejeda kommt, besucht sie und deckt sich mit Süßem ein. »Die Mandeln«, so Rosa, »haben in den Bergen beste Bedingungen: Hier ist es trocken, warm und windgeschützt, so kann die Pflanze ihr volles Aroma entfalten!« Sie holt ein Tütchen Mandeln unterm Tresen hervor, die Früchte wirken fast mickrig, auf jeden Fall kleiner als unsere Supermarkt-Mandeln. Rosa scheint meine Gedanken zu lesen, denn sie sagt: »Sie sehen klein aus, das stimmt, aber ihr Geschmack! Es ist die natürliche Anbauweise, die sie so wohlschmeckend macht: Statt in großen Anpflanzungen wachsen hier die Bäumchen ohne Dünger und Pestizide halbwild am Hang.« Und ich erfahre, dass fast die gesamte Ernte Gran Canarias von Rosa und ihrem Mann José Antonio aufgekauft wird. Dennoch deckt diese nur ein Viertel des Bedarfs der **Dulcería Nublo**. 100 000 kg Mandeln verarbeiten sie pro Jahr und kommen nicht umhin, Ware aus La Palma und von den Balearen dazuzukaufen.

Makronen, Marzipan und Mus

Rosa führt mich in ihre Manufaktur neben dem Laden. Hier werden die Mandelschalen nach der Ernte zerknackt, die Keimlinge alsdann getrocknet. »Wir schälen die Mandeln nicht«, erläutert Rosa, »denn die Mandelhaut enthält wertvolle Nährstoffe.« Wir passieren eine Art Ofen: »Hier werden die Mandeln geröstet, damit sie ihr Aroma besser entfalten. Und dort«, sie zeigt auf eine

Trotz viel Arbeit immer gut gelaunt: Señora Rosa in ihrer Dulcería Nublo

Riesenpfanne, »in Zucker gebrannt. Die meisten freilich zermahlen wir roh, um aus dem Mandelpulver Süßes zu kreieren.« Ich darf kosten: Mandelkuchen, Makronen, Törtchen und mit Schokolade überzogene Mandelpralinen. Und als Krönung der Kostproben *bienmesabe,* ein Mus, das wörtlich übersetzt ›schmeckt-mir-gut‹ heißt. Und nebenan in der **Heladería La Lexe** gibt es herrlich cremiges Mandeleis!

Süße und bittere Mandeln

Mandeln kann man nicht nur zu Süßem verarbeiten. Über einen anderen Verwendungszweck informiert das **Centro de Plantas Medicinales** (Zentrum für Heilpflanzen). Der Natursteinbau wirkt von außen so hermetisch wie das Geheimwissen, das Pflanzenkunde einst war. Über die Mandel erfährt man, dass sie zur Hälfte aus Öl besteht, das reich ist an Phosphor, Kalzium, Vitamin A und B. So nahrhaft ist sie, dass sie zerrieben und mit Wasser vermischt Diabetikern und Herzkranken als Milchersatz empfohlen wird. Auch äußerlich kommt die Mandel zum Einsatz. Ihr kalt gepresstes Öl ist ein hervorragender Feuchtigkeitsspender und wirkt Hautalterung vor. Allerdings ist es sehr teuer, denn für 1 l Öl müssen 20 kg Mandeln ausgepresst werden. In einer originalen Apotheke aus dem 19. Jh. ist ein Keramikgefäß für Amigdalin reserviert, ein Pulver aus bitteren Mandeln, das nach dem Verzehr hochgiftige Blausäure abspaltet. Vögel, die Bittermandeln essen, verenden in Krämpfen. Beim Menschen hat der Verzehr von ca. 20 rohen Bittermandeln die gleiche Wirkung. Allerdings stößt der Bitterstoff auf so große Abwehr, dass die Mandeln frühzeitig ausgespuckt werden.

Gran Canaria und die Mandel

Nahe dem Zentrum führt eine Natursteintreppe zum **Museo de Historia y Tradiciones**. Dort erfährt man, welche kulturelle Bedeutung die Mandel für die Insel hat: »Ich bin der Schatten eines Mandelbaums, ich bin Vulkan, Lava und Asche« – so heißt es in der ersten Strophe der kanarischen Nationalhymne.

Centro de Plantas Medicinales:
Calle Párroco Rodríguez Vega 10, Di–So 10–15 Uhr, Eintritt 3 €
(s. S. 201)

Museo de Historia y Tradiciones:
www.tejeda.eu/museo-tradiciones, Calle Párroco Rodríguez Vega 6, Mo–Fr 12–16 Uhr, Eintritt 3 €
(s. S. 201)

Roque Bentayga abzweigen, dann an der Gabelung nach 400 m links halten – nach 1,5 km ist schließlich das Centro erreicht.

Centro de Interpretación Roque Bentayga, GC-671, T 928 47 48 51, www.grancanaria.com/bentayga, Mo–Fr 10–16, Sa, So 10–18 Uhr, Eintritt frei

Nach El Chorrillo ♀ C/D4

Auch die Rückseite des Roque Bentayga ist spektakulär! Biegt man von der GC-60 bei Km 6,3 in die GC-607 ein, hält man sich nach 400 m diesmal rechts und folgt der Straße, die in vielen Kurven hinabschraubt: Abgründe, Felsfestungen, Gebirgsstaffeln, wohin man schaut! Bis vor einigen Jahren waren die Häuser verlassen, die Gärten verwildert und die meisten Bewohner fortgezogen. Nun kommen die ersten zurück, zumindest am Wochenende wollen sie die wilde Romantik des Tales genießen.

Nach 3,5 km ist der Weiler **El Roque** erreicht, der wie ein Nest zwischen zwei mächtigen Felsen hängt. Nur alpin erfahrene Wanderer wagen den Aufstieg zu den **Cuevas del Rey,** den ›Höhlen des Königs‹. Der anfangs mit Holzgeländer gesicherte, später ausgesetzte Weg beginnt kurz vor den ersten Häusern und führt in 10 Min. zur rechteckigen, 11 x 7 m großen Cueva, die vermutlich einem Herrscher samt Beraterstab als Versammlungsort diente. Ihre ursprüngliche, rötliche Ausmalung ist noch an einigen Stellen erkennbar, die in den Boden eingesenkten 44 Mulden dienten kultischen Zwecken.

Leichter als die Cuevas ist das nächste Dorf zu erreichen: **La Solana,** von Orangenbäumen gesäumt, mit idyllischer Plaza. Die Straße quert eine Seitenschlucht und endet nach 8,5 km im gleichfalls schönen **El Chorrillo.**

Wo die Straße aufhört, startet ein aussichtsreicher Königsweg, der in knapp 1 Std. nach **El Carrizal** führt – ein weiteres spektakulär gelegenes Dorf.

Artenara ♀ D4

›Zwischen Felsen versteckt‹ *(artenaran):* So nannten die Altkanarier das Dorf in 1270 m Höhe. Großartig ist seine Lage an der Abbruchkante zur Caldera, über die hinweg der Blick bis zu den Felstürmen auf der gegenüberliegenden Kesselwand reicht. Wie ihre präshispanischen Vorfahren leben viele der 500 Dorfbewohner in Höhlen, die durch Fassadenvorbauten allerdings oft nicht sofort als solche erkennbar sind.

Risco Caído

Mit Hilfe seiner Höhlen stieg Artenara nun zum Top-Reiseziel auf. 2019 hat die UNESCO Risco Caído und die werbewirksam so genannten »heiligen Stätten der grancanarischen Berge« zum Weltkulturerbe erklärt.

Im ›abgestürzten Fels‹ **Risco Caído** machten kanarische Archäologen im Jahr 2011 einen sensationellen Fund: Sie stießen auf eine Höhle, die von einer großen natürlichen Kuppel überwölbt ist. Diese scheint mit konzentrischen Kreisen ausgemalt, die sich bei näherem Hinsehen jedoch als mineralische Ablagerungen erweisen. Offenbar waren die Ureinwohner von diesem Raum so beeindruckt, dass sie ihn kultisch und künstlerisch aufwerteten: Mit großem Aufwand schlugen sie in die Kuppel eine rechteckige Öffnung, und zwar dergestalt, dass das Licht im Lauf des Tages, aber auch im Lauf des Jahres eine bestimmte Bahn über die Höhlenwand nimmt. In diese haben sie 30 Dreiecke unterschiedlicher Größe geritzt.

Kommt in den Bergen öfter vor: Schafe und Ziegen auf der Straße ... und dazu natürlich der Wachhund, der die ganze Truppe zusammenhält.

Durch die unregelmäßige Öffnung – so der Archäologe Julio Cuenca – fällt das Licht so ein, dass man fast von einer »Filmprojektion« sprechen kann. Zum Frühlingsbeginn wird das Profil einer Frau an die Höhlenwand geworfen, zum Sommerbeginn durchdringt ein Lichtstrahl das größte der in Fels geritzten Dreiecke und zum Herbstbeginn sieht man eine schwangere Lichtgestalt. Der sommerliche Lichtstrahl war wohl ein Aufruf, mit der ›Produktion‹ des Nachwuchses zu beginnen. Neun Monate später – zur Zeit frühlingshafter Fülle – sollten viele Babys zur Welt kommen. Dies hätte auch den Vorteil, dass frisch Geborene, deren Mutter keine Milch hatte, von anderen Frauen gestillt werden konnten. Die UNESCO-Auszeichnung ist unter den Bewohnern allerdings umstritten. Die einen meinen: »Mit der Ruhe ist es vorbei.« Die anderen sehen viel Geschäft und sagen: »Mit der Landflucht ist es dann vorbei.« Bleibt abzuwarten, wer recht behält.

http://riscocaido.grancanaria.com; Anfahrt: Nahe Lugarejos (C3) von der GC-217 am östlichsten Punkt des Sees Presa de los Pérez der Piste folgen, dann zu Fuß rechts 15 Min. den Steig hinauf

Replik Risco Caído

Da die originale Höhle dem gewaltigen Besucheransturm nicht mehr standhielt, wurde in Artenara eine originalgetreue Replik konstruiert. Diese befindet sich im Höhlen-Besucherzentrum und zeigt, was es mit dem geheimnisvollen Lichtspektakel auf sich hat. Außerdem wir man hier multimedial in die Lebenswelt der Ureinwohner eingeführt.

Centro de Interpretación de Risco Caído y las Montañas Sagradas: Camino de la Cilla, tgl. 10–17 Uhr, Eintritt frei

Dorftreff Plaza de San Matías

Im Mittelpunkt von Artenara liegt die verkehrsberuhigte Plaza de San Matías mit der gleichnamigen Kirche: Von außen abweisend, erstrahlt sie innen mit Holzdecken im Mudéjar-Stil und in Ockertönen gehaltenen Fresken des Kanariers José Arencibia (1914–68). Doch schöner als alles, was der Mensch erschafft, ist das Werk der Natur: Gehen Sie zum Balkon (am Restaurant La Esquina) vor und werfen Sie einen Blick in die Tiefe ...

Vom Kirchplatz können Sie zwei Wege einschlagen – beide führen zu Höhlen und Aussichtspunkten und lassen sich zu einer Runde verbinden.

»Versteinertes Gewitter«

Vom Kirchplatz kommen Sie zunächst zum **Mirador de Unamuno.** Hier steht lebensgroß in Bronze gegossen die Figur des spanischen Schriftstellers (1864–1934), der von Gran Canarias Bergpanorama so sehr angetan war, dass er schrieb, er glaube »ein versteinertes Gewitter« vor sich zu haben. Dieser Satz gefiel wiederum den Dorfbewohnern so gut, dass sie dem Dichter zu Ehren dieses Denkmal errichteten. Von hier kann er in alle Ewigkeit ›seinen‹ Blick genießen: zur Linken der ›Schneegipfel‹ und der ›Wolkenfels‹, gegenüber der Roque Bentayga, dazwischen wild zerklüftete Felswände und zur Rechten – platt wie ein Tisch – der Tafelberg Vega de Acusa, überragt vom Altavista.

Ethno-Mekka

Folgt man der dicht an der Abbruchkante verlaufenden Calle Párroco Domingo Báez, kommt man zu einem mehrstöckigen Höhlenanwesen, dem Museo Etnográfico Casas Cuevas de Artenara, schlicht **MECCA**. Es besteht aus einer urigen Küche und einer Bodega, Schlafzimmer mit Alkoven und einem Wohnraum, einer großen Keramik-Werkstatt mit vielen musealen Stücken – alles detailreich und liebevoll eingerichtet. Manchmal wird im Museum altes Handwerk vorgestellt, z. B. wie aus Mandeln Öl gepresst, Keramik von Hand geformt oder Kartoffelbrot gebacken wird. *

Im Fels

Folgt man der Straße noch ein Stück weiter und wechselt dann auf einen Treppenweg, gelangt man in den oberen Ortsteil. Ein kleiner Platz bietet Zugang zu einer Höhle, der **Ermita de La Cuevita,** der Kapelle der Höhlenjungfrau. Mit ihrer tief herabhängenden Decke wirkt sie winzig klein, doch fehlt es ihr weder an einem Altar noch an einer Kanzel, einem Beichtstuhl, Chor oder Taufbecken – all dies in roten Fels geschlagen! Aus Holz ist nur die 80 cm große Madonna in einer Wandnische, die Patronin der kanarischen Folklore. Über die schmale Straße Subida a La Cuevita kommt man zum Kirchplatz zurück.

EIN HOCH AUF HÖHLEN

Interessant ist, was ein Chronist im 16. Jh. über Artenaras Höhlen schrieb und bis heute gültig ist: »Inmitten eines großen Berges entdeckte ich Löcher nach Art von Vogelnestern. Es sind dies Höhlen, von denen einige gerundet, die anderen flach sind; die einen verfügen über nur einen Raum mit Platz für ein einziges Bett, die anderen sind mehrgeschossig. Alle sind in Fels geschlagen – mit nicht mehr Licht als jenem, das durch die Tür hereinscheint. Die Höhlen sind frisch im Sommer und wärmend im Winter. In ihnen hört man weder das Rauschen des Windes noch das Trommeln des Regens.«

TOUR
›Hohe Sicht‹ in alle Himmelsrichtungen

Wanderung auf den Altavista

Infos

📍 C4

Länge/Dauer:
9,5 km/2,5 Std. hin und zurück

Schwierigkeit: mittelschwer, je 300 m im An- und Abstieg

Hinweis: kein Busanschluss

Von Anfang bis Ende ein Panoramaweg! Gut ausgebaut führt er längs eines Kamms und eröffnet spektakuläre Ausblicke: auf der einen Seite ein zerklüfteter Talkessel mit einem Tafelberg, auf der anderen die Schluchten des Westens, das Meer und – bei klarer Sicht – der Zuckerhut des Teide auf Teneriffa. Zum Schluss ersteigt man den Altavista (1376 m) – wie der Name verrät, bietet er eine ›weite Sicht‹.

An der Tamadaba-Straße GC-216, knapp 5 km westlich von Artenara, befindet sich bei Km 1,4 die Aussichtsterrasse **Mirador El Sargento** (Parkmöglichkeit). Rechter Hand startet ein Wanderweg in lichten Kiefernwald. Die ersten Minuten sind die anstrengendsten: Steil geht es 220 m hinauf zu einer Gabelung, die aufgrund eines – nicht mehr existierenden – Kreuzes **Cruz de María** heißt. Hier hält man sich links und ignoriert fortan alle kleineren Abzweigungen, kann sich voll und ganz auf die Schönheit der Landschaft konzentrieren.

Am luftigen Felskamm **Risco Alto** bieten sich Ausblicke nach beiden Seiten. Erst nach insgesamt knapp 4 km (1,25 Std.), am Pass am Fuß des Altavista, heißt es aufgepasst: An der Gabelung gehen wir geradeaus hinauf (rechts geht es nach La Aldea!) und beginnen den Steilaufstieg aufs Gipfelplateau des **Altavista**, das wir 15 Min. später erreichen.

Wer nicht gut zu Fuß ist, lässt den Aufstieg aus und macht ein Picknick am Pass! Auf gleichem Weg geht es zur GC-216 zurück.

NOCH MEHR HÖHLEN 🅷

Last but not least: Hinter dem Kirchplatz (oberhalb des Höhlen-Besucherzentrums mit der Replik von Risco Caído) führt der Camino de La Cilla zu einem von einer riesigen Christus-Statue gekrönten Plateau hinauf. Durch ein Tor gelangen Sie in einen 60 m langen Tunnel, der Sie quer durch den Berg führt.

Einst wurde hier der Kirchenzehnt gelagert (*cilla* = Steuerabgabestelle), d. h. all die Güter, die Bauern von ihrer Ernte an den Klerus abtreten mussten. Davon heute keine Spur mehr: Am Ende des Tunnels treten Sie in gleißendes Licht und reiben sich die Augen. Sie stehen unter einem gewaltigen Felsüberhang mit fantastischer Fernsicht – natürlich gibt es an einem solchen Platz ein Ausflugslokal (s. rechts).

Schlafen, Essen

Wohnen in Höhlen
In Artenara gibt es weder Hotel noch Pension oder Apartment. Stattdessen kann man sich auf Wochenbasis in rustikalen Höhlenhäusern einquartieren (s. http://artenatur.com sowie Agenturen S. 242). Mit dem **Albergue Warung** gibt es eine nichtoffizielle Höhlen-Herberge – über sie wird auch ein einfaches, spektakulär gelegenes Cave House im nahen Acusa Seca vermietet (T 656 60 42 90, Manuel, €–€€).

Am Kirchplatz
Arte Gaia: Juanete bietet kanarische Klassiker von Ziegenkäse über Kichererbseneintopf bis Fleischbällchen, dazu lokalen Wein Marke Vega de Acusa. Auch lecker: Käsekuchen & Kaffee.
Plaza de San Matías 2, T 660 15 04 87, tgl. 9–21 Uhr, €–€€

Zutaten von Bio-Finca
Biocrepería Risco Caído: Veggie-Küche mit ›explosiv‹ gefüllten Vollkorn-Crêpes, Suppen, in Tonschale serviert und fantasievollen Desserts. Mit grüner Straßen- und aussichtsreicher Dachterrasse.
Av. Matías Vega 15, T 617 50 92 57, Sa–So 13.30–17 Uhr, €–€€

Licht am Ende des Tunnels
Mesón Mirador La Cilla: Auch wenn man keine Lust auf Hausmannskost hat, sollte man doch hier einkehren und zumindest einen Kaffee trinken: Nachdem man einen kurzen Tunnel passiert hat, öffnet sich der Blick auf ein gigantisches, wild zerklüftetes Tal – bis hinauf zu den Felsnadeln des Roque Bentayga und Roque Nublo.
Camino de la Cilla 8, T 928 66 62 27, tgl. 11–19 Uhr, €–€€

Bewegen

Wandern
Oberhalb des Dorffriedhofs *(cementerio)* führt ein markierter Wanderweg zum Höhlendorf Acusa (hin und zurück 3 Std., s. S. 211). Oberhalb der Kapelle La Cuevita startet der Weg zu den Cuevas del Caballero und nach Cruz de Tejeda (2,5 Std. eine Richtung; mit dem Taxi zurück).
S. auch u. Pinar de Tamadaba, Barranco de la Aldea und Tour S. 209

Infos

• **Busse:** Linie 220 verbindet Artenara mit Teror und Las Palmas. Infos: www.guaguasglobal.com

Lieblingsort

Tafelberg mit Aussicht

Inmitten zerklüfteter Gebirgswälle liegt – platt wie ein Tisch – die Hochebene **Vega de Acusa** (♀ C 4). Im Winter ist sie so grün, dass dort Schafe weiden, im Sommer wogen goldene Getreidefelder. Wer es nicht weiß, kommt nicht drauf, dass sich im Sockel unterhalb der ›Tischplatte‹ Dutzende von Höhlen verstecken. Seit den Zeiten der Ureinwohner sind sie bewohnt und durch krumme, blumenumrankte Treppenwege verbunden. Gern bliebe man hier länger, und tatsächlich kann man in den Höhlen sogar übernachten.

- **Fiesta de la Virgen de la Cuevita:** Ende Aug. Am vorletzten Sonntag des Monats wird die Höhlenjungfrau in einer feierlichen Prozession von der Kapelle zur Kirche getragen und am Sonntag darauf wieder zurück. Im Anschluss an die Veranstaltung findet ein Viehmarkt statt.

Pinar de Tamadaba ♀ C3

Ta-ma-da-ba: Der Name klingt wie eine Zauberformel, und tatsächlich erscheint der Kiefernwald märchenhaft. Oft wird er von feuchten Passatwolken durchweht, die mit weißen Schwaden die Hänge hinaufhuschen. Sie verfangen sich in den Zweigen der Kiefern, von denen sie ›gemolken‹ werden. So feucht ist es hier, dass Bartflechten wie langes Lametta von den Bäumen hängen. Bei Sonnenschein bietet sich ebenfalls ein schönes, wenngleich weniger geheimnisvolles Bild: Alles flirrt in grünem Licht, es riecht nicht mehr nach feuchtem Moos und Pilzen, dafür nach würzigem Harz.

Von Artenara geht es zunächst auf der GC-210 Richtung Westen bis zur Tamadaba-Ringstraße (GC-216), die in gut 1000 m Höhe gegen den Uhrzeigersinn um das Massiv herumführt. Mehrere Stopps bieten sich an: Beim Aussichtsplateau am Km 1,4 kann man zu einer herrlichen Tour aufbrechen (s. Wanderung auf den Altavista S. 209), bei Km 6,2 beginnt der einstündige Abstieg zum Stausee Presa de Lugarejos.

Bei Km 7,3 zweigt eine kleine Straße zum Tamadaba-Picknickplatz ab, und bei Km 7,6 besteht für Schwindelfreie die Möglichkeit, dem Camino Roque Faneque zur 1000 m hohen Abbruchkante des Tamadaba zu folgen (4,2 km hin und zurück).

Barranco de la Aldea ⊛
♀ B4

Von der Straße Artenara–Pinar de Tamadaba führt die schmale, kurvenreiche GC-210 durch Gran Canarias dramatischste Schlucht. Kurz bevor man die Hochebene Acusa auf dem gleichnamigen Tafelberg erreicht (Km 12,2), lohnt ein Abstecher auf einem Stichsträßlein zum Höhlendorf **Acusa Seca**. Die in den Fels eingelassenen Häuser waren schon in prähispanischer Zeit bewohnt. Sie ducken sich am Fuß einer gigantischen Felswand und bieten Ausblick auf eine grandiose Szenerie (s. S. 211).

Anschließend senkt sich die GC-210 hinab, man passiert Acusa Verde (Km 16) und eine historische Mühle auf einem ausgesetzten Felssporn (Km 18,7). In Spitzkehren geht es hinab in die Schlucht von La Aldea, dann vorbei an zwei Stauseen durch den wild zerklüfteten unteren Teil des Canyons, bis man nach 30 km La Aldea de San Nicolás erreicht (in umgekehrter Richtung s. S. 144).

El Juncal ♀ C5

Total abgelegen: Von der GC-60, die das zentrale Bergland erschließt, zweigt bei Km 11,4 eine schmale Straße ab, die sich wenig später gabelt: Rechts geht es auf der GC-606 ins Bergdorf El Carrizal (und weiter nach La Aldea de San Nicolás), nach links auf der GC-661 ins kaum weniger einsame El Juncal.

Von diesem Dorf führt eine Forstpiste ins Naturschutzgebiet Inagua-Pajonales, ein 1400 m hoher, von Schluchten flankierter und mit Kiefernwald bedeckter Bergrücken. Auf der Piste können Sie einen 1,3 km langen Bummel bis zu einem Forsthaus unternehmen. Dabei hören Sie nur Buntspecht, Blaufink und die Rote Schnepfe – die vom Aussterben bedrohten Arten haben hier ihr Refugium.

ckel und thront am Abgrund des Tejeda-Kessels. Er ist das Relikt eines ehemaligen Vulkanschlotes, der durch Erosion abgetragen wurde – nur das harte Kerngestein vermochte der Kraft von Wasser und Wind zu widerstehen (s. Tour s. S. 214).

Ayacata ♥D5

Das Dörfchen duckt sich auf 1300 m Höhe in einem Kerbtal zwischen steilen Felswänden und oft haushohen Felsblöcken. Es liegt im Schnittpunkt wichtiger Bergstraßen – und das Lokal Casa Melo profitiert davon: Von hier führen Straßen nach Tejeda und Maspalomas, nach Mogán und zum höchsten Punkt der Insel, dem Pico de las Nieves. Eine Strecke ist schöner als die andere, ich persönlich fahre am liebsten gen Osten. Noch bevor die Straße zum Pico de las Nieves abgeht, reiht sich auf einer Länge von 8 km ein ungewöhnliches Landschaftsbild ans nächste.

Infos

- **Busse:** Bus 18 fährt in nördlicher Richtung nach Tejeda (mit Linie 305 geht es via Cruz de Tejeda nach Vega de San Mateo); in südlicher Richtung fährt er über San Bartolomé de Tirajana nach Maspalomas.

Roque Nublo ⭐♥D5

Der 1813 m hohe ›Wolkenfels‹ ist das geologische Wahrzeichen der Insel. Gleich einer gigantischen Skulptur erhebt er sich 65 m über seinem So-

Pico de las Nieves ♥E5

Der ›Schneegipfel‹ ist mit 1949 m fast Gran Canarias höchster Berg – bei klarer Sicht überschaut man weite Teile der Insel. Von der Aussichtsplattform schweift der Blick über den gesamten Südwesten, 1000 m hinab in die Caldera de Tirajana, hinüber zu den Dünen von Maspalomas und bis nach Teneriffa mit dem Teide. Besonders schön ist das Panorama bei Sonnenuntergang, wenn sich lichtdurchflirrte Wolkenbänke zwischen die Gebirgsstaffeln schieben. Den Gipfel selbst darf man nicht betreten, da er militärischer Sperrbezirk ist. Von den beiden Kuppeln, denen er seinen Beinamen ›Los Pechos‹ (›Die Brüste‹) verdankt, wird der kanarische Luftraum überwacht. Allerdings kann man vom Wendeplatz auf einem Treppenweg noch ein paar Meter höher steigen …

Was es mit dem Schnee auf sich hat, kann man besser verstehen, wenn man vom Gipfelplateau zur Kreuzung zurückfährt und dort in die geradeaus weisende GC-135 einbiegt. Gleich zur Rechten sieht man den **Pozo de las Nieves**, die Rekonstruktion eines ehemaligen ›Schneebrunnens‹. Hier wurde der hin und wieder fallende Schnee zu Eis gepresst, das sich in dieser Höhe lange hielt. Per Maultier wurde es in die Hauptstadt befördert, wo es – in Zeiten, da es noch keinen Kühlschrank gab – im Krankenhaus therapeutischen

TOUR
Wo die Ureinwohner zu ihren Göttern sprachen ✪

Wanderung zum ›Wolkenfels‹ – Roque Nublo

Infos

📍 D 5

Start/Ziel:
Parkplatz La Goleta

Länge/Dauer:
5 km/2 Std. hin und zurück

Schwierigkeit:
leicht bis mittelschwer, je 200 m im An- und Abstieg

Die Tour belohnt mit großartigen Rundumblicken, am Wendepunkt wartet eine bizarre Felslandschaft. Die Wanderung führt zuerst um den Nublo-Sockel herum, dann hinauf zum Felsgiganten. Unternehmen Sie sie möglichst früh am Vormittag bzw. am späten Nachmittag, um nicht im ›Pilgerstrom‹ zu laufen!

Vom Parkplatz **La Goleta** folgen Sie dem breiten Kammweg geradeaus. Während unten im Tal die Häuser von Ayacata wie Spielzeugwürfel anmuten, ragt geradeaus der Wolkenfels auf, links von ihm betet der felsige ›Mönch‹, der **Roque Fraile**. Man erreicht ihn nach 800 m an einer Gabelung, an der man sich rechts hält und entgegen dem Uhrzeigersinn die Umrundung des Roque Nublo startet (geradeaus geht es direkt zum Berg).

Nun laufen Sie im Schatten von Kiefern und erhaschen zwischen den Ästen Ausblicke auf tiefe Schluchten. Nach weiteren 700 m ignorieren Sie am **Blanca-Pass** den Links- und Rechtsabzweig, laufen geradeaus zur ›Bugseite‹ des Nublo-Massivs – die gesamte Caldera

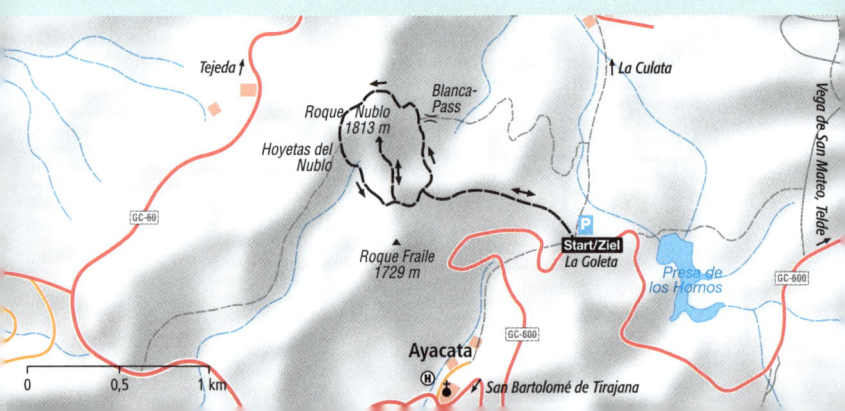

Es gibt kaum ein kanarisches Volkslied, das den Roque Nublo nicht besingt.

de Tejeda liegt Ihnen zu Füßen! Nach weiteren 15 Min. – der Weg ist mittlerweile nach links (südwestwärts) eingeschwenkt – ist die Gabelung **Hoyetas del Nublo** erreicht: Hier geht es links weiter, kurzzeitig steiler. Am Ende des Aufstiegs nach 600 m wartet wieder eine Gabelung (Wegweiser), an der Sie links einschwenkend das 1743 m hohe Plateau des **Roque Nublo** erreichen. Aus der weiten Fläche ragt der Basaltturm auf, an seinem Fuß kauert ein Stein gewordener Riesenfrosch. Haben Sie sich satt gesehen, kehren Sie zur letzten Gabelung zurück und folgen dem Weg nach links zum Start zurück.

Achtung! Um zu verhindern, dass die Landschaft um den Roque zu einem großen Parkplatz wird, ist geplant, einen Bus-Shuttle von Artenara, Cruz de Tejeda, Tejeda und Ayacata einzurichten. Die nächsten Parkplätze werden in Ayacata und Llanos de la Pez sein, von wo man zum Start der Roque-Tour wird wandern müssen.

SCHWARZE BIENE B

Abeja Negra Canaria: So heißt die Inselbiene, eine Unterart ihrer afrikanischen Verwandte. Sie ist wenig angriffslustig, dafür sehr produktiv und steht seit 2014 unter Naturschutz. Von den 11 000 Bienenstöcken, die auf der Insel stehen, werden 70 % von der Schwarzen Biene bewohnt. Jeder Stock produziert ca. 15 l Honig, der würzig nach den Blüten der Gipfelregion schmeckt.

Zwecken diente. 250 m weiter kann man links des quadratischen Asphaltplateaus (Hubschrauberlandeplatz) zum **Pozo de la Nieve Grande,** dem ›Großen Schneebrunnen‹, hinabsteigen. Wählt man die Rückfahrt via Ayacata, fährt man auf der GC-600 erst durch fruchtbares Obstanbaugebiet, dann durch Kiefernwald zum beliebten Picknickgelände **Llanos de la Pez** (gemauerte Grillvorrichtungen). Nahe Km 9 liegt linker Hand die Campingfläche Bailico. Bei Km 9,1 zweigt links der alte Pilgerweg Camino de Santiago ab, der via Cruz Grande nach San Bartolomé führt (3 Std.). Auf der Weiterfahrt erstreckt sich rechts tief in einer Schlucht der mit 1550 m höchstgelegene Stausee der Insel, die **Presa de los Hornos.**

Schlafen

Völlig abgelegen
Campamento El Garañón: Nur für ausgebuffte Wanderer mit Schlafsack – spartanische Übernachtung in Waldhütten, oft in Gesellschaft kanarischer Schulklassen. Anmeldung mind. 7 Tage im Voraus. Erreichbar über eine an der GC-600 bei Km 6,9 abzweigende, ausgeschilderte Forstpiste, zu buchen über Vivac Aventura, T 928 41 32 82, www.vivacaventura.com, mit Glück auch vor Ort bei Señor Ramón (T 928 17 00 49), 14 € p. P.

Presa Cueva de las Niñas ♀C5

Auch Stauseen gibt es im Bergland, die sich so gut in die Landschaft einfügen, als seien sie ein Stück Natur. Bei Ayacata zweigt bei Km 14,3 die GC-605 in Westrichtung ab und führt längs einer locker mit Kiefern bestandenen Schlucht abwärts. Nach 10 km passiert man die Zufahrt zum Stausee Presa de Cueva de las Niñas. Seinen Namen ›See der Höhle der Mädchen‹ verdankt er den Schäferstündchen, die Hirtinnen an diesem romantischen Flecken hielten. Ein ländliches Idyll ist der See noch heute (s. Lieblingsort rechts). Egal ob man via Mogán oder Soria weiterfährt – jede Tour bietet tolle Ausblicke und führt längs steiler, kieferngespickter Felswände abwärts.

Presa de Chira ♀D6

Und noch ein See: 3 km südlich von Ayacata führt die GC-604 durch Kiefernwald nach Cercados de Araña am Stausee Chira. Nach einem knappen Kilometer kann man einen Abstecher zum Picknickplatz Pinar de Santiago unternehmen. Von Cercados de Araña, das sich nur in den Ferien belebt, führt der Fahrweg links am Stausee entlang zu einer Herberge unmittelbar an der Staumauer. Sie ist

Lieblingsort

Picknick am Stausee

Ein krakenartig ausgreifender See im Bergland, gesäumt von duftendem Kiefernwald – gibt es einen schöneren Flecken für ein Picknick? Am Ufer der **Presa Cueva de las Niñas** (📍 C 5) stehen Holztische und Grillöfen, aus einer Quelle sprudelt Wasser. Man hört nichts weiter als das Picken des Buntspechts und den Wind, der leise durch die Kiefernzweige weht. Viele Kanarier haben den See für sich entdeckt und kommen am Wochenende, um zu feiern und zu grillen. Werktags dagegen ist es hier fast menschenleer.

kanarischen Gruppen vorbehalten. Kurz darauf endet der Asphalt, nur Wanderer können weitergehen. Bis vor Kurzem konnte man eine Wanderung rund um den See unternehmen. Doch nun entsteht ein großes Wasserkraftwerk, das sowohl den Chira- als auch den Soria-See umfasst (s. S. 119).

Schlafen

Landhäuser
Über Agenturen (s. S. 242) können Fincas am Chira-See gebucht werden, z. B. die Casa Las Colmenas mit zwei Schlafzimmern, Seeblick-Terrasse und Pool-Garten.

San Bartolomé de Tirajana ♀E5

Kaum zu glauben, dass von diesem stillen Örtchen am Rand einer Fels-Arena die Goldgruben der Costa Canaria gemanagt werden. San Bartolomé ist ›Hauptstadt‹ einer der reichsten Gemeinden Spaniens. In vortouristischer, gar nicht allzu lang zurückliegender Zeit, war die florierende Landwirtschaft die einzige Quelle von Reichtum. Und wo Reichtum war, da stand das Rathaus. Weil das jahrhundertelang so war, sehen die Einwohner heute keinen Grund, das zu ändern. Ihre Devise: Einmal Gemeindeort, immer Gemeindeort.

Der Kirchplatz: eine Schaubühne
Und so steht hier eine große Kirche und ein noch größeres Rathaus. Die **Iglesia de San Bartolomé** geht auf ein Gelübde eines Konquistadoren zurück: Als dessen Truppen am 24. August 1479, dem Tag des hl. Bartholomäus, im Kampf mit den Ureinwohnern unterlagen, schwor er, dem Heiligen zu Ehren eine Kirche zu bauen, wenn die Eroberung von Erfolg gekrönt würde. So kam der Ort zu seiner Kirche und seinem spanischen Namen. Im Volksmund blieb die altkanarische Bezeichnung ›Tunte‹ bis heute gebräuchlicher. Den kriegerischen Geist unterstreicht Santiago (Jakobus), Patron der schließlich doch erfolgreichen Eroberung. Gleich zweifach steht der schwertschwingende Nationalheilige in der Kirche. Neben dem ›großen‹ wird vor allem der ›kleine‹ verehrt, eine 80 cm große, archaische Figur aus dem 15. Jh. Alle fünf Jahre wird ihm zu Ehren auf Gran Canaria der Camino de Santiago begangen, die Querung der Insel von Süd nach Nord (s. www.trip-to-go.com/camino-santiago-gran-canaria).

Wie Großbauern lebten
Ein paar Schritte vom Platz wurde im Haus einer ehemaligen Großgrundbesitzerfamilie das **Museo Etnográfico** eingerichtet, das bäuerliche und feudale Wohnkultur zeigt. Im Obergeschoss befindet sich der herrschaftliche Salon, im Erdgeschoss sind Stall, Scheune und Schuppen, ein Tante-Emma-Laden sowie die museale Arztpraxis des letzten Hausbesitzers erhalten. Einen Blick lohnt am nördlichen Ortsausgang auch das ehemalige Mühlenanwesen, die **Hacienda del Molino**.

Casa Museo Yánez, Calle Antonio Yánez s/n, Mo–Fr 9–14.30 Uhr, Eintritt frei

Schlafen

Berghotel aus dem Bilderbuch
Hotel Rural Las Tirajanas: Hoffentlich wird es bald wieder geöffnet! Hier wollte der aus dem Dorf stammende Baulöwe Santana Cazorla etwas Gutes tun. Das noble Berghotel strotzt vor Granit, Marmor und Edelholz – an nichts wurde gespart, um ein exklusives Wohngefühl

zu vermitteln. Selbst eine Kapelle fehlt nicht. Das Beste sind die Panoramafenster, durch die man von früh bis spät am wechselnden Naturschauspiel teilhaben kann und über den Tirajana-Kessel bis zum Meer schaut. Sowohl die 60 Komfortzimmer als auch der große, attraktive Spa-Bereich (mit halbüberdachtem, beheiztem Pool, Saunen und Jacuzzi) sind zum Talkessel geöffnet. Man kann Mountainbikes leihen und an geführten Wandertouren teilnehmen, es gibt einen Quarzsand-Tennisplatz. Den Abend lässt man bei einem Glas Tirajanas-Wein im Kaminsalon ausklingen ...
Calle Oficial Mayor José Rubio s/n, T 928 56 69 69, www.hotelrurallastirajanas.com, €€

Essen

Lokale Spezialitäten

Längs der Durchgangsstraße öffnen Bars und Lokale, in denen man die lokalen Obstschnäpse *mejunje* und *guindilla* aus Rum, Palmensirup, Orangen und Zitronen bzw. Kirschen probieren kann. Besonders schön sitzt man auf der rustikalen Straßenterrasse oberhalb des Kirchplatzes. Gegenüber bietet die Ortsbäckerei **Panadería de Tunte** seit 1948 nicht nur frische Backwaren, sondern auch lokale Kulinaria.

Für Wein-Degustationen empfiehlt sich die **Bodega Las Tirajanas**, die Führungen samt Kostprobe anbietet (Calle Las Lagunas s/n, im oberen Ortsbereich, T 628 21 66 83, www.bodegaslastirajanas.com, 6–9 €, Di–Sa 10–14 Uhr, Eintritt frei, Degustation nur nach Voranmeldung).

Bewegen

Wandern

Von der Durchgangsstraße führen steile Gassen ins Oberviertel, wo nahe dem Hotel Las Tirajanas eine Panorama-Wanderung startet (s. S. 220).

Feiern

● **Fiesta de Santiago:** 25. Juli. Zum Fest des Apostels Jacobus kommen fromme Seelen aus allen Himmelsrichtungen. Man pilgert zu Fuß oder mit dem Auto dorthin, wo sich seine Statue früher befand: zu den Überresten der Kapelle im Kiefernwald von Cercados de Araña (Picknickplatz Pinar de Santiago).
● **Fiesta de San Bartolomé:** 24. Aug. Zu Ehren des hl. Bartholomäus finden eine Prozession sowie ein Vieh- und Handwerksmarkt statt.

Infos

● **Touristen-Info:** Plaza de Santiago 1, T 928 12 73 78, Mo–Sa 9–14 Uhr.
● **Busse:** Bus 18 verbindet San Bartolomé via Fataga mit Maspalomas, via Ayacata mit Tejeda und San Mateo. Mit Bus 34 kommt man über Santa Lucía nach Agüimes. Infos: www.guaguasglobal.com

Caldera-Autotour am Rand des Dorfes

Durch das Felsrund des Tirajana-Kessels führt die schmale, 2 km nördlich des Ortes abzweigende GC-654. Sie eröffnet fantastische Ausblicke und passiert grün umwucherte Weiler: erst Agualatente (den »Weiler des verborgenen Wassers«), dann Risco Blanco, den »Weißen Fels«, einen schon von Weitem sichtbaren Giganten. Über Taidía mit Orangen- und Zitronengärten erreichen Sie Santa Lucía, wo das Sträßchen endet. Natürlich kann man auch erst über die Hauptstraße GC-65 nach Santa Lucía fahren und das Felsrund in umgekehrter Richtung erkunden.

TOUR
Streifzug durch die Kiefernwälder des Südens

Panoramawanderung bei San Bartolomé de Tirajana

Infos

📍 D/E 5
Länge/Dauer:
14 km/4,5 Std.

Schwierigkeit:
lang, aber leicht bis moderat, je 400 m im An- und Abstieg

Nach steilem Aufstieg geht es auf gemütlicher Forstpiste durch duftenden Kiefernwald mit Blick über weite Täler. Der Abstieg erfolgt über einen ›Königsweg‹ mit Aussicht auf den Tirajanas-Kessel. Beim Schlussspurt passieren Sie die Bodega Las Tirajanas, wo Sie die Tour mit einer Weinprobe abrunden können.

Von der Bushaltestelle in **San Bartolomé de Tirajana** geht's am Kirchplatz vorbei bergab. Gegenüber der Dorf-Zapfsäule steigen wir über eine Freitreppe aufwärts, queren ein Sträßchen und eine Plaza, um sogleich

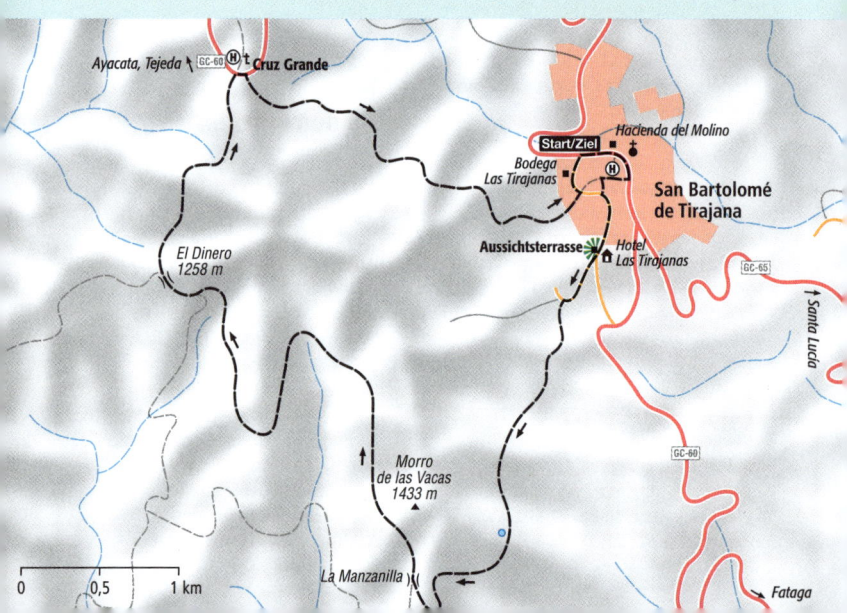

Die Kiefern im Zentrum der Insel ›kämmen‹ mit ihren langen Nadeln Feuchtigkeit aus den Wolken.

links in die Gasse Buenavista einzubiegen. Steil führt sie zur Straße hinauf, in die wir links einbiegen, an der nächsten Gabelung geradeaus gehen und sogleich die **Aussichtsterrasse** an der Zufahrt zum **Hotel Las Tirajanas** passieren. 200 m weiter biegen wir rechts in den asphaltierten **Camino del Pinar** ein, der sogleich links einschwenkt. Nach 200 m ignorieren wir einen Linksabzweig und biegen nach weiteren 300 m halbrechts in eine Betonpiste ein.

Nach weiteren 800 m Aufstieg verengt sich die Piste in einen Weg, der sich hinaufwindet zum Pass **La Manzanilla** (1,5 Std.). Wir schwenken rechts ein und folgen der Forstpiste, die uns in 6 km zur Straße GC-60 bringt. Wir folgen ihr nach rechts, passieren den Felsdurchbruch **Cruz Grande** und biegen rechts in eine Piste ein (S-50 San Bartolomé). Nach 200 m verlassen wir sie auf dem links abzweigenden Pfad, der im Zickzack bergab führt nach San Bartolomé. Bei der Zufahrt zur **Bodega Las Tirajanas** gelangen wir zur Straße, halten uns links, an der nächsten Gabelung wieder links und erreichen sogleich den Startpunkt der Tour.

Ein Einstieg in die Wandertour ist auch am Fuß des Hotels Las Tirajanas möglich.

Santa Lucía ●E6

Wer von der Costa Canaria kommt, reibt sich die Augen: So romantisch kann Gran Canaria sein? Vor schroffen Felswänden liegen grüne Haine, aus denen schlanke Palmen ragen. Im Ortszentrum werden weiße Häuser von einer maurisch inspirierten Kuppelkirche überragt, darüber führen Gassen in verwilderte Orangen- und Zitronengärten. Schön ist auch Santa Lucías Umgebung. Die Ortsteile Rociana, Casas Blancas und Ingenio (mit Olivenmühle) sowie Sorrueda mit idyllischem Stausee liegen eingebettet in große Palmenhaine.

Mehr als Esel

Fährt man ein Stück weiter nordwärts und biegt Richtung Taidía ein, kann man die Esel-Finca **Burro Safari Las Tirajanas** besuchen: Im Gehege stehen 60 zottelige Esel, von klein bis groß, von weißgrau bis schwarz, dazu gibt es einen kleinen Streichelzoo. Während Kinder auf dem Vierbeiner eine Runde drehen, können sich die Eltern in der rustikalen Taverne bei deftiger Hausmannskost stärken – vieles ist hausgemacht. Ein Ritt plus Menü mit Getränken kostet

Lassen Sie auf Ihrer Caldera-Tour Santa Lucía nicht einfach links liegen, das wäre wirklich schade! Schlendern Sie durch die Gassen und genießen Sie danach ein Glas des lokalen Tirajanas-Weines.

OLIVEN!

Von mehreren EU-subventionierten Olivenmühlen *(almazara)* liegt die in der Palmenoase von Ingenio de Santa Lucía am schönsten. Hier werden die Früchte gereinigt, dann samt Kern von einer Maschine zermalmt. Anschließend wird die breiige Masse aufgefangen und weiter ausgedrückt. Das Öl der ersten, kalten Pressung – frei von jeglichen Fremdstoffen – ist von bester Qualität und heißt Virgen Extra (Jungfernöl). Es hat einen ausgewogenen Geschmack und ein fruchtiges Aroma, das an Tomatenstauden erinnert. Das kanarische ›Jungfernöl‹ findet man in vielen Läden, verpackt in dekorativen Fläschchen.

10–15 €; zu kaufen gibt's außerdem leckeren Honig und Oliven aus eigenem Anbau.
GC-65 Km 5,1, T 928 18 05 87, www.burrosafari.com, Di–So 10–16 Uhr

Schlafen, Essen

Über Agenturen und www.santaluciarural.com können auf Wochenbasis restaurierte Fincas gemietet werden. Besonders schön liegen die Häuser im Palmenweiler Ingenio de Santa Lucía (z. B. Palmeral del Valle, La Casona del Olivar) sowie im Nachbarort Temisas.

Mit tollem Blick
El Mirador: Im Lokal an der Durchgangsstraße schauen Sie durch Panoramafenster bzw. von der Terrasse aufs Tal und genießen Traditionsküche (lecker: Ziegenfleisch, *cabra*) zum lokalen Tirajanas-Wein.
GC-65, T 928 79 80 05, Tapa mit Wein um 8 €

Feiern

- **Fiesta de Santa Lucía:** 13. Dez. An der Prozession nimmt eine eigens aus Schweden eingeflogene Festkönigin mit Lichterkrone teil.
- **Los Labradores:** Am folgenden Sonntag. Der Höhepunkt des Bauernfestes ist die Prozession, die von Karren mit gewaltigen Ochsen angeführt wird.

Infos

- **Busse:** Mit Bus 34 kommt man nach San Bartolomé bzw. in Richtung Küste (auf der Strecke Temisas–Agüimes–Vecindario–El Doctoral). Von der Costa Canaria (Linie 36) bzw. Las Palmas (Linie 1) muss man mit Bus bis Vecindario fahren, um Anschluss an Linie 34 zu bekommen.

Temisas   ♀ F6

Viele fahren an diesem Dorf achtlos vorbei, denn der Ortskern liegt ein paar Hundert Meter abseits der GC-505. Doch der kurze Abstecher lohnt, um einen malerischen Kirchplatz zu sehen, umringt von traditionell kanarischen Häusern. Rund um das Dorf wachsen Olivenhaine, aus deren Früchten vorzügliches ›Jungfernöl‹ gepresst wird.

Barranco de las Vacas
Einst vergessen, in Zeiten von Social Media mittlerweile ein Instagram-Star: Wenn Sie 5 km östlich Temisas (GC-550 Km. 15, Parkbucht) auf einem Trampelpfad hinabsteigen und den Brückentunnel queren, gelangen Sie in die »Schlucht der Kühe«. Eine schmale

TOUR
Die Welt aus der Vogelperspektive

Zur Felsfestung La Fortaleza

2015 machten Archäologen eine Entdeckung: Auf dem nach allen Seiten jäh abstürzenden Gipfelplateau von La Fortaleza, einer natürlichen ›Festung‹, gruben sie sechs altkanarische Rundbauten aus. Und darin: reiche Keramikfunde und eine kleine Idolfigur. Offenbar waren die Ureinwohner gute Kletterer, denn die Siedlung ist nur über einen einzigen, fast senkrechten Steig erreichbar. So hoch müssen Sie nicht hinauf, doch es lohnt, die Festung zu erkunden, sich in einem kleinen Besucherzentrum schlau zu machen und über einem Stausee zu rasten!

La Fortaleza
Fahren Sie von **Santa Lucía** auf der GC-65 ein Stück Richtung Küste und biegen in die Nebenstraße nach La Sorrueda ab (GC-651), erreichen Sie am weiß ummauerten Friedhofskarree vorbei **La Fortaleza,** auch Ansite genannt. Der Felsgigant, der mit drei Gipfeln – **Grande, Chica, Titana** – aus der Mitte der tiefen Schlucht ragt, erscheint tatsächlich als ›große Festung‹. Vom 3. bis 15. Jh. war sie bewohnt, diente als Kultplatz, Getreidespeicher, Wohnort und Nekropole.

> **Infos**
>
> **Centro de Interpretación:**
> GC-651, Km 1,9,
> www.lafortaleza.es,
> Di–So 10–17 Uhr,
> Eintritt 4 €

Während der Conquista verbarrikadierten sich hier mehr als 500 Ureinwohner. Nahe der Festung wird das Auto abgestellt, auf Piste geht es zu einem Plateau hinauf. Hier startet ein kurzer Steilweg zu einer großen, 25 m langen Durchgangshöhle. Queren Sie diese, erblicken Sie durch das gigantische Lichtfenster die Seitenschluchten – grandios! Auf einem aussichtsreichen Felssteig nach links kommen Sie in wenigen Minuten zum Auto zurück.

Mirador de Sorrueda

Folgen Sie dem Sträßchen weiter bergab, passieren Sie die Zufahrt zum **Mirador de Sorrueda.** Wenig später liegt unter uns der gleichnamige See, der sich unterhalb zerklüfteter Steilwände durch den Barranco zieht. Romantisch zeigt er sich nach winterlichem Regen, wenn er sich füllt und sich die vielen Palmen in seinem Wasser spiegeln.

Centro de Interpretación

Noch ein Stück weiter an der GC-651 gibt das Besucherzentrum **Centro de Interpretación la Fortaleza** Einblick in die Geschichte der Festung. Aus lokalem Vulkanstein auf einem Grundriss erbaut, der dem der Fortaleza entspricht, versucht es architektonisch ans Original anzuknüpfen. Videos erzählen vom Leben der Ureinwohner, die vom 12. bis 15. Jh. die Festung bewohnten; vor Ort gefundene Originalstücke sind in nachgebaute Alltagsszenen integriert. Nebenan öffnet das urige Lokal El Alpendre.

Nachgehakt

Kommen Sie von der Südküste, passieren Sie an Santa Lucías Durchgangsstraße eine kleine, kuriose Ritterburg. Jahrzehntelang beherbergte sie das Privatmuseum des Ex-Bürgermeisters Vicente Sánchez Araña. Als Hobby-Archäologe ›barg‹ er in den umliegenden Schluchten altkanarische Keramik, Werkzeuge und sogar eine Mumie. Anstatt die Funde dem Museo Canario in Las Palmas zu übergeben, bestückte er damit lieber sein Privatmuseum. Posthum wird sein Raub ins Recht gesetzt: Für 1 Mio. Euro baut die Gemeinde im Ortszentrum ein **Museo de Vicente Sánchez,** das seine Funde ausstellen soll. Übrigens promotete er viele Jahre in La Fortaleza eine Gedenkfeier zum ›Sieg über die Heiden‹ – diese immerhin ist untersagt worden.

Das Kleingedruckte

*Kanarischer Ringkampf (lucha canaria):
Mit elegantem Schwung gilt es, den
Gegner zu Boden zu befördern.*

Anreise

... mit dem Flugzeug

Maschinen starten von allen größeren Flughäfen Mitteleuropas mindestens einmal pro Woche, Gran Canaria ist in 4–5 Std. erreicht. Der Hin- und Rückflug kostet je nach Jahreszeit, Abflughafen und Kauftermin zwischen 200 und 600 € (z. B. www.condor.de, www.tuifly.com). Unterboten werden die Preise von Billigfliegern (www.ryanair.com, www.eurowings.com, www.norwegian.com, www.easyjet.com).

Im Schnitt deutlich teurer sind Linienflüge (www.iberia.com/de, www.lufthansa.com), bei denen man in der Regel auf dem spanischen Festland, meist in Madrid oder Barcelona, umsteigen bzw. zwischenlanden muss. Die Reisezeit dehnt sich dann oft auf 6–8 Std. aus.

Eine begrenzte Zahl von Last-Minute-Flügen wird über spezielle Agenturen wie L'tur (www.ltur.com) vermittelt, vor dem Kauf lohnt ein Blick auf die Website www.billigflieger-vergleich.de.

Sondergepäck wie Fahrräder, Surfbretter oder Tauchausrüstung muss rechtzeitig angemeldet werden und unterliegt besonderen Transportvorschriften und Zusatzkosten. Gleiches gilt für Tauch- und Golfgepäck bis zu einem Gewicht von 30 kg, Rollstuhl und Kinderwagen werden meist kostenlos befördert. Für den Transport im Taxi vom Flughafen zum Urlaubsort muss der Gast selber aufkommen.

Der internationale Flughafen **Aeropuerto de Gando** liegt im Osten Gran Canarias, auf halber Strecke zwischen der Hauptstadt Las Palmas und den Ferienzentren der Costa Canaria. Im Touristenbüro in der Ankunftshalle kann man sich mit Prospekten versorgen, Unterkunftsvermittlung ist nicht möglich. Im ...chen Seitentrakt haben alle **Autofirmen** ihre Büros.

STECKBRIEF

Größte Stadt: Las Palmas (ca. 378 797 Einw.)
Fläche: 1560 km²; Gran Canaria ist die drittgrößte kanarische Insel nach Teneriffa und Fuerteventura; der Durchmesser beträgt ca. 50 km, die Küstenlänge 236 km.
Einwohner: knapp 855 000
Amtssprache: Spanisch
Politische Gliederung: Die Kanaren bilden eine autonome Region mit eigener Regierung und Parlament. Las Palmas de Gran Canaria ist Hauptstadt der Ostprovinz mit Fuerteventura und Lanzarote, Santa Cruz de Tenerife ist Hauptstadt der Westprovinz mit La Palma, Gomera und El Hierro. Jede Insel hat eine eigene Regierung (cabildo).
Wirtschaft: Gran Canaria lebt von Dienstleistungen. Dazu gehört neben dem Tourismus vor allem der Hafen von Las Palmas. Selbst die größten Containerschiffe auf der Route Europa–Afrika–Amerika legen hier an, die USA und Kanada sicherten sich Stützpunkte für den Umschlag von Afrika-Rohstoffen. Landwirtschaft spielt auf Gran Canaria nur noch eine untergeordnete Rolle.
Vorwahl: 0034 für Spanien, 928 für Gran Canaria als fester Bestandteil jeder Telefonnummer
Zeitzone: MEZ minus 1 Std.

ZUR RUHE KOMMEN R

Beim **Stand-up Paddling** kann man bei ruhiger See herrlich entschleunigen! Auf dem Brett stehend gleitet man dahin, angetrieben durch die Kraft des Paddels. Alle Ferienorte bieten SUP-Surfen an, in Las Palmas kann SUP-Surfen mit Yoga kombiniert werden (s. S. 52).

Weltentrückt kann man sich auch in **Spas** fühlen. Im Zirkelbad verbringt man zwei bis drei Stunden im Wasser beim entspannten Nichtstun, während Hydrodüsen den Körper von Kopf bis Fuß sanft massieren. Fast alle Vier- und Fünf-Sterne-Hotels bieten außerdem Trocken-, Bio- und Feuchtsauna, Erlebnisduschen und Eisgrotte. Auf Thalasso-Therapie, d. h. auf die heilende Wirkung von erwärmtem Meerwasser, setzen die Wellness-Angebote der Hotels Gloria Palace in San Agustín und in Playa Amadores. In der Regel stehen die Spas gegen Bares auch Nicht-Hotelgästen offen (www.grancanariawellness.com).

Direktverbindungen der **Busfirma GLOBAL** gibt es nur mit Las Palmas, Playa del Inglés/Maspalomas und Puerto Rico/Playa del Cura. Die Busse sind blau und fahren weiter rechts vom Ausgang des Flughafens ab. Ab 6.15 Uhr kommt man mit dem Schnellbus 60 nach Las Palmas: alle 30 Minuten zum Parque San Telmo in der Altstadt (mit Anschluss ins Bergland und in den Norden) oder stündlich zum Parque Santa Catalina im Hafenviertel. Schnellbus 66 fährt ab 7.20 Uhr stündlich nach Playa del Inglés/Maspalomas (mit Anschluss nach Fataga/San Bartolomé) und Bus 91 ab 5.45 Uhr Puerto Rico/Playa del Cura nach Puerto de Mogán.

... mit dem Schiff

Wer einen längeren Aufenthalt auf Gran Canaria plant, wird möglicherweise mit eigenem Wagen und viel Gepäck anreisen wollen. Verbindungen zu den Kanarischen Inseln unterhalten Olsen und Armas vom südspanischen Hafen Cádiz aus. Die Anfahrt von Mitteleuropa bis Cádiz muss mit ca. zwei Tagen veranschlagt werden, die Überfahrt dauert weitere zwei Tage (www.fredolsen.es, www.navieraarmas.com, Ticketreservierung auch über DER-Reisebüros).

Bewegen und Entschleunigen

Baden

Seit Jahrzehnten steht Gran Canaria für Urlaub Marke Sonne & Strand. Die besten Strände finden Sie im Süden an der Costa Canaria von San Agustín bis Maspalomas; im Südwesten gibt es mit der Playa de Amadores einen weiteren Paradestrand. Im Norden bietet Las Palmas mit der Playa de las Canteras einen attraktiven Stadtstrand (s. Thema »Das Meer heilt alles«, S. 290). Doch bedenken Sie: Der Atlantik ist keine Badewanne – Strömung und Brandung sind nicht zu unterschätzen. Deshalb sollten Sie unbedingt die Beflaggung beachten und nur bei Grün ins Wasser gehen.

Die Hüllen fallen lassen und sich ganz und gar textilfrei von der Sonne bescheinen lassen – das tut gut! Offiziell ist Nacktbaden auf Gran Canaria zwar verboten, doch an einem Strandabschnitt von Maspalomas (zona naturista) ist es erlaubt. Unterkunftstipps für FKK-Fans gibt die Website www.fkkurlaub.de.

Bootsfahrten

Es schaukelt und schwappt – auf de Wasser ist man in einem anderen Elem Von den Häfen der Südwestküst guineguín, Patalavaca, Playa de

Puerto Rico, Puerto de Mogán) starten Schiffe zu kurzen und langen Trips aufs offene Meer bzw. entlang der Küste (s. S. 121 und S. 124).

Golfen

Außer Spaniens ältestem Golfplatz am Bandama-Krater (s. S. 66) im Norden gibt es vier weitere Plätze im Süden der Insel: in Maspalomas und Meloneras (s. S. 100, S. 107), Salobre und Tauro (s. S. 110, S. 126). Und auch der Osten bietet bei Telde zwei Plätze (http://gran canariagolf.com).

Radfahren

Die Insel ›erfahren‹ können Sie mit dem Fahrrad. Im Süden ist Free Motion in Playa del Inglés, im Norden die Bike Station Las Palmas 24 der beste Anbieter. Bei beiden können Sie vom Renn- über Mountain- bis zum E-Bike qualitativ hochwertige und gut gewartete Räder leihen sowie geführte Touren buchen. Als ›härteste Radtour Europas‹ gilt die Fahrt auf den knapp 2000 m hohen Pico de las Nieves, bei der stellenweise Steigungen von 23 % bewältigt werden müssen. Das freilich brauchen sich ›normale‹ Radurlauber nicht anzutun. Mit dem Shuttle-Bus werden sie in die Berge hinaufgefahren.

Wandern

Noch hat es sich nicht herumgesprochen, dass aufgrund der Vielfalt der Schluchten und der unterschiedlichen Klimazonen Gran Canaria ein fantastisches Wanderrevier ist: Fast 1000 Kilometer *caminos reales* (Königswege), teilweise steingepflastert und von Mäuerchen flankiert, machen mit unterschiedlichsten Landschaften vertraut (s. Thema S. 284). Von der Südküste kommt man leicht mit Bus 18 zu den Startpunkten in San Bartolomé, Cruz Grande, Ayacata, Tejeda und Cruz de Tejeda. Viele der im Buch vorgestellten Touren sind als Wanderungen konzipiert, daneben gebe ich – wo

Als Wanderziel ist Gran Canaria fast noch ein Geheimtipp. Deshalb haben Sie viele Wege für sich ganz allein ...

immer empfehlenswert – Wandertipps. Organisierte Gruppentouren werden in allen größeren Hotels angeboten.

Wassersport

An vielen Stränden des Südens und Westens kann man Tretboote, Wasserskier, Segeljollen, Jetskis und Banana Boats leihen (so in Playa del Inglés, Patalavaca/ Anfi, Puerto Rico, Amadores und Puerto de Mogán).

Tauchen ist an allen Ferienorten sowie in Las Palmas und Sardina möglich. Man kann Equipment leihen und Schnupper- bis Profikurse buchen. Anspruchsvolle Tauchgänge führen zu Schiffswracks, Grotten und Lavahöhlen. Die fischreichsten Spots befinden sich in Arinaga und Sardina (s. Ortsbeschreibungen).

Die besten Wellen für **Wellenreiter und Bodyboarder** bauen sich an der

Nordküste – von Las Palmas bis Gáldar – auf. In Las Palmas sowie in El Roque gibt es Surf-Camps (s. auch »Das Meer heilt alles«, S. 290).

Für Anfänger im **Windsurfen** ist der Südwesten mit geringeren Windstärken ideal. Fortgeschrittene steuern die Küste nordöstlich von San Agustín an. Surfschulen befinden sich in Bahía Feliz/Playa del Águila (s. S. 81), Playa del Inglés und Santa Aguéda. Profis fahren nordwärts die Küste hinauf nach Pozo Izquierdo, wo der Passat oft Windstärken von 7–8 Beaufort erreicht und auch im Juli Wettkämpfe des World Cup ausgetragen werden (www.grancanariawindandwavesfestival.com). Ans Windsurfzentrum ist eine Herberge angeschlossen, es gibt gute Ausrüstungsgeschäfte und eine auf Surfer zugeschnittene Gastroszene.

Einreisebestimmungen

Bürger aus EU-Staaten und der Schweiz benötigen zur Einreise einen gültigen Personalausweis oder Reisepass. Auch für Kinder ist der eigenhändig unterschriebene Ausweis mit Nationalitätsvermerk und Lichtbild vorgeschrieben.

Zur Einreise mit Hund oder Katze benötigt man einen EU-Heimtierausweis, die Tiere müssen durch eine deutlich erkennbare Tätowierung oder einen Mikrochip gekennzeichnet sein. In einem Begleitdokument muss der gültige Impfschutz gegen Tollwut nachgewiesen werden.

Wegen dem steuerlichen Sonderstatus der Kanaren gelten für Ein- und Ausfuhr folgende Mengenbeschränkungen: 200 Zigaretten oder 100 Zigarillos oder 50 Zigarren oder 250 g Tabak; 1 Liter Alkohol mit einem Gehalt über 22 % Vol. (Schweiz 15 %) oder 2 Liter bis 22 % Vol. (Schweiz 15 %), 4 Liter nicht schäumender Wein und 16 Liter Bier; dazu Waren einschließlich Kaffee und Tee zu bis zu einem Warenwert von 430 € (Reisende unter 15 Jahren: 175 €).

Essen und Trinken

Die kanarische Küche ist deftig und kräftig. Als Faustregel gilt: An der Küste isst man Fisch, in den Bergen Fleisch.

Fisch & Meeresfrüchte: Werden meist *a la plancha* zubereitet, d. h. auf heißer Metallplatte mit wenig Fett gebraten, dann mit Petersilie bestreut und mit Zitrone beträufelt.

Fleisch: In den Bergen wärmt man sich mit pikant eingelegtem Kaninchen *(conejo al salmorejo)*, Ziege *(cabra)* und Lamm *(cordero)* mit reichlich Knoblauch und Kräutern.

Beilagen: *Papas arrugadas con mojo*, kleine, feste Kartoffeln, die mit Schale in Salzwasser ›runzelig‹ gekocht und mit pikanter Soße serviert werden (s. Kanaren-Klassiker S. 193).

Eintöpfe: Beliebt sind *potaje* und *puchero*, ersterer ein Gemüseeintopf, der zweite sättigender mit mehreren Gemüse- und Fleischsorten. *Ropa vieja* (alte Wäsche) wird zusätzlich mit Kichererbsen zu einem harmonischen Ganzen komponiert.

Nachtisch: Klassiker sind Karamellpudding *(flan)*, Schoko-Mousse *(mousse de chocolate)* und Eis mit Mandelcreme *(bienmesabe)*. Mehl aus geröstetem Getreide (Gofio, ein Relikt der Guanchen-Kultur) wird mit Sahne oder Honig zu köstlichem Eis oder Mousse.

Getränke: Zum Essen trinkt man Mineralwasser, Bier oder Wein – alle aus Gran Canaria!

Preiskategorien
Die Preise beziehen sich auf ein Hauptgericht mit Getränk bzw. Vorspeise:

€	bis 16 Euro
€€	16 bis 24 Euro
€€€	ab 24 Euro

Selbstversorger

In jedem größeren Ort gibt es bestens sortierte Supermärkte. Markthallen finden Sie in Las Palmas, Guía und Gáldar, auf Wochenmärkten (z. B. in San Mateo und Teror) wird gleichfalls Frisches geboten. Da Leitungswasser mit Vorsicht zu genießen ist, sollte man nur Mineralwasser mit oder ohne Kohlensäure (con gas/sin gas) trinken. Es gibt auch 5- und 8-Liter-Wasserflaschen.

Feiertage

1. Januar: Neujahr
6. Januar: Tag der Hl. Drei Könige
1. Mai: Tag der Arbeit
30. Mai: Tag kanarischer Autonomie
25. Juli: Sankt-Jakobs-Tag
15. August: Mariä Himmelfahrt
8. September: Inselfeiertag
12. Oktober: Entdeckung Amerikas
1. November: Allerheiligen
6. Dezember: Verfassungstag
8. Dezember: Mariä Empfängnis
25. Dezember: Weihnachten

Bewegliche Feiertage sind Gründonnerstag (Jueves Santo), Karfreitag (Viernes Santo) und Fronleichnam (Corpus Cristi). Jede Gemeinde kann dazu zwei lokale Feiertage festlegen.

Gesundheit

Apotheken

Farmacias öffnen in der Regel Mo–Fr 9–13 und 16–20, Sa 9–13 Uhr. Von Medikamenten, die man regelmäßig einnimmt, sollte man den Beipackzettel vorlegen können, damit das entsprechende spanische Präparat bestimmt werden kann. Der Nacht- und Bereitschaftsdienst wird an den Eingängen der Apotheken angezeigt.

Ärztliche Versorgung

Mit der europäischen Krankenversicherungskarte kann man sich als gesetzlich Versicherter kostenlos behandeln lassen. Man geht damit (und mit dem Personalausweis bzw. Pass) zum örtlichen Gesundheitszentrum Centro de Salud, wo man ambulant behandelt oder an einen Facharzt (nicht unbedingt deutschsprachig) weitervermittelt wird. Größere Zentren verfügen über einen Notdienst *(urgencia)* rund um die Uhr und überweisen auch ans staatliche Krankenhaus in Las Palmas bzw. an der Costa Canaria. Die Urlaubszentren des Südens verfügen darüber hinaus über eine große Zahl deutschsprachiger Ärzte sowie kleinerer Kliniken. Da die meisten von diesen nur privat arbeiten, ist es ratsam, vor dem Urlaub eine (private) Reisekrankenversicherung abzuschließen. Für die Kostenerstattung sind detaillierte Leistungs- und Medikations- sowie die Rechnungsbelege nötig.

Informationsquellen

Spanisches Fremdenverkehrsamt
(www.spain.info)

... in Deutschland:
Lichtensteinallee 1, 10787 Berlin T 030 882 65 43, berlin@tourspain.es;
Myliusstr. 14, 60323 Frankfurt, T 069 72 50 33, frankfurt@tourspain.es;
Postfach 151940, 80051 München, T 089 53 07 46-11, munich@tourspain.es

... in Österreich:
Walfischgasse 8, 1010 Wien, T 01 512 95 80-11, viena@tourspain.es

... in der Schweiz:
Seefeldstr. 19, 8008 Zürich, T 044 253 60 50, zurich@tourspain.es

Die lokalen Tourist-Infos auf Gran Canaria werden bei den Orten beschrieben. Dort werden Sie mit kostenlosen Inselkarten und Broschüren versorgt.

Im Internet:
Weitere Internetadressen finden Sie bei den einzelnen Kapiteln.
www.grancanaria.com Die Website der zentralen Touristikorganisation Gran Canarias gibt gute allgemeine Infos, wirbt für Aktivangebote und kommende Kulturveranstaltungen. Dazu ein Ausblick auf das Wetter der nächsten zehn Tage, Webcams, Videos und Fotogalerien.
www.grancanariacultura.com Hier werden die kommenden Veranstaltungen ausführlich vorgestellt.
www.lpavisit.com Die Website der Hauptstadt bietet Hotel- und Restaurant-, Shopping- und Sportführer, dazu einen Merkzettel, den man via Social Media mit Freunden teilen kann. Gut ist der Veranstaltungskalender, der bevorstehende Events vorstellt.
www.trip-to-go.com Auf meinem Travelblog finden Sie zahlreiche Artikel zu Gran Canaria. Ich empfehle schöne Landunterkünfte und Strandhotels, Wanderrouten und Gärten, die besten Kreativ-Workshops und Festivals.
www.miplayadelascanteras.com Tino Armas stellt Las Palmas' Paradestrand in Bildern und Filmen vor. Mit Webcam!

Internetzugang

In Hotels, Cafés und Restaurants, an Plätzen und Promenaden gibt es Gratis-WLAN. Die Gratis-Apps WiFi Finder (Android) und WiFi Mao (iOs) informieren über die am nächsten liegenden Möglichkeiten.

Kinder

Übernachten
Wie stark ein Hotel an Familien interessiert ist, können Sie an den angebotenen Ermäßigungen erkennen. Ein kinderfreundliches Haus kassiert für bis zu 6-Jährige gar nichts und beschränkt sich bei den Älteren auf einen Kinderfestpreis, d. h. einen selbst in der Hochsaison reduzierten Preis. Meist gibt es derlei Ermäßigungen in Anlagen, die auch Kinder-Pool, Spielplatz und Miniclub bieten. Beim Essen bedient sich der Nachwuchs am Büfett, für die ganz Kleinen gibt's Hochstühle.

Baden
Die kindertauglichsten Strände sind durch Wellenbrecher oder Riffs vor Brandung und Strömung geschützt (u. a. Patalavaca/Anfi Beach, Puerto Rico, Playa Amadores, Puerto de Mogán). Hier kann man – ebenso wie in Playa del Inglés – Bananaboat-Trips und Ähnliches unternehmen. Eine Alternative bietet Aqualand im Hinterland von Maspalomas mit beaufsichtigten Rutschen, Wellenbad und künstlichem Wildfluss (Ctra. Palmitos Km 3, Maspalomas, tgl. 10–17 Uhr, T 928 14 05 25, www.aqualand.es/grancanaria, Eintritt online 34 € / Kinder 5–10 Jahre 25 €, ab 11 Jahre voller Peis!).

J	F	M	A	M	J	J	A	S	O	N	D
20	20	21	22	22	24	25	26	26	26	24	22

Mittlere Tagestemperaturen in °C

| 16 | 16 | 17 | 17 | 18 | 20 | 21 | 22 | 22 | 21 | 19 | 17 |

Mittlere Nachttemperaturen in °C

| 19 | 18 | 18 | 18 | 19 | 20 | 21 | 22 | 23 | 23 | 21 | 20 |

Mittlere Wassertemperaturen in °C

| 6 | 7 | 7 | 8 | 8 | 9 | 10 | 9 | 8 | 7 | 6 | 6 |

Sonnenstunden/Tag

| 4 | 3 | 3 | 2 | 1 | 0 | 0 | 0 | 1 | 3 | 4 | 5 |

Regentage/Monat

So ist das Wetter in Las Palmas.

Parks & Tiere

Spektakulär sind der Palmitos Park im Süden und das Acuario Poema del Mar in Las Palmas. Spaß macht auch der Schaukelritt auf einem Kamel (in Maspalomas oder Barranco de Fataga, s. S. 100, S. 90). Für Touren auf dem Rücken eines Esels empfiehlt sich die Finca Burro Safari Las Tirajanas – auch einen Streichelzoo gibt es hier (s. S. 222). Mit Reptilien wartet der Parque de los Cocodrilos im Südosten auf (s. S. 69).

Spiel

Minigolf gibt es im Park Holiday World, dazu Riesenrad und Laserdome, Schiffschaukel und Karussell (Av. Touroperador TUI 218, Campo Internacional, www.holidayworldmaspalomas.com, tgl. 17–23, im Sommer ab 18 Uhr; gezahlt wird für einzelne Attraktionen). In Puerto Rico macht Angry Birds ein ähnliches Angebot (s. S. 122). In Sioux City bei Bahía Feliz ist eine Wildwest-Stadt nachgestellt: mit akrobatischen Reiteinlagen, Schießereien, Spannung und viel Staub (Cañón del Águila, GC-500 Abfahrt Playa del Águila, Di–So 10–17 Uhr, Eintritt 22/16 €, die Show dauert 90 Min., www.parquetematicosiouxcitypark.com).

Bootstouren unterschiedlichster Art, z. B. Piratentörns, U-Boot-Trips und Walsafaris starten in den Häfen des Südwestens (s. Tour S. 121).

Klima und Reisezeit

»Das beste Klima der Welt« – mit diesem Slogan werben die Kanaren. Fakt ist, dass die Temperaturen sowohl zwischen den Jahreszeiten als auch zwischen Tag und Nacht wenig schwanken. **Regel Nr. 1:** Das geflügelte Wort vom »ewigen Frühling« gilt allerdings nur für die Küste. Schon in mittleren Höhenlagen ab 500 m kann es im Winter empfindlich kühl werden und in der Gipfelregion – an ein bis zwei Tagen im Jahr – sogar schneien! **Regel Nr. 2:** Das Wetter ist an der Süd- und Südwestküste besser, d. h. wärmer und sonniger als an der Nordküste, wo häufig der feuchte Passatwind für die Ausbildung einer dichten Wolkendecke sorgt. In den Urlaubsorten des Südens kann man im Sommer mit durchschnittlich 28 °C am Tag rechnen, nachts fällt das Thermometer kaum unter 20 °C. In den Wintermonaten sind es etwa fünf, im Norden ein paar weitere Grad weniger.

Wann reisen?

Baden ist zu allen Jahreszeiten möglich: Die Wassertemperatur beträgt im Sommer 22–23 °C, im Winter und Frühjahr sinkt sie auf 18–19 °C. **Wandern** ist am besten von Februar bis Mai, wenn Wiesen und Hänge von vielfarbigen Blütenteppichen überzogen sind. Im Juli und August ist es zum Wandern meist zu heiß – bei fehlendem Schatten droht Hitzeschlag! Im Herbst, wenn sich nach ersten Regenfällen die ausgedörrten Hänge wieder grün färben, macht das Wandern wieder Spaß.

Wer seinen Urlaub kulturell anreichern will, schaut sich die Feste bei den einzelnen Orten an, am meisten los ist in Las Palmas: Höhepunkte sind das vierwöchige Musikfestival zu Beginn des Jahres, es folgen Karneval, das Opernfestival, im Juli Jazz, im Oktober moderner Tanz (Masdanza).

Kleidung und Ausrüstung

Was also kommt in den Koffer? Wer Urlaub an der Küste macht, braucht Sommerkleidung, sollte aber für den Abend auch Wärmeres dabeihaben – der Wind kann unangenehm auffrischen. Für Ausflüge in die Berge und in den Norden benötigt man Pullover oder eine Jacke. Und zum Wandern gut eingelaufene Wanderschuhe.

Lesetipps

Über die See, Marriette Navarro: Von Homers »Odyssee« bis Stevensons »Schatzinsel« die »überraschendste Seefahrergeschichte« (Denis Scheck). Mitten im Atlantik gewährt die Kapitänin eines Containerschiffs ihrer Mannschaft eine Schwimmsession im Meer. Nicht nur Glücksgefühle werden dabei frei, auch Seltsames passiert ...

Kleiner Atlas der Leuchttürme am Ende der Welt, José Luis González Macías (2023): Gran Canaria hat vier Leuchttürme – in Maspalomas, Sardina, Arinaga und Las Palmas. Bis auf den letzten können alle besucht werden. »Es liegt etwas Schönes und Wildes in diesen unmöglichen Bauwerken«, so der Autor, der 34 ihrer Art weltweit vorstellt. Sie werden mit schrägen Geschichten, Fernweh weckenden Skizzen und Seekarten porträtiert – kein Wunder, dass die Originalausgabe zum »schönsten Buch Spaniens« gewählt wurde!

Phantominseln, Dirk Liesemer. Hätten Sie gewusst, dass westlich den Kanaren die Insel Antilia liegt, nach der Kolumbus 1492 den von ihm ›entdeckten‹ Archipel Antillen benannte? Von den Kanaren sieht man an klaren Tagen auch Sankt Brendan, unter der das versunkene Atlantis schlummert. Und was ist der Haken an den Inseln? Es gibt sie nicht! 27 weitere fiktive Inseln stellt der Autor vor, die auf Karten verortet, von Augenzeugen beschrieben und von Königen in Besitz genommen wurden. Unterhaltsam ist zu lesen, wie aus Seemannsgarn unumstößliche Tatsachen wurden!

Atlas der abgelegenen Inseln, Judith Schalansky (2022). Die Autorin räumt mit dem paradiesischen Inselmythos auf. Anhand 55 Inseln erläutert sie – inhaltlich fantasievoll und stilistisch brillant –, wie seit dem 15. Jh. selbst das Abgelegenste erfasst und nutzbar gemacht wird, sei es wirtschaftlich, politisch oder militärisch. Dass die Lektüre so viel Genuss bereitet, liegt nicht nur am sarkastischen Ton der Autorin, sondern auch an der hochwertigen Aufmachung des Buches, das jede Insel mit einer poetischen, dabei wissenschaftlich exakten Karte vorstellt.

Spanisch für die Kanarischen Inseln, Izabella Gawin, Dieter Schulze: Wer sich aus den Ferienorten hinausbewegen möchte, ist mit dem praxisnah orientierten Büchlein bestens bedient: Es vermittelt Grundkenntnisse der spanischen Sprache und stellt Besonderheiten der multikulturellen kanarischen Variante vor: von *guagua* (Bus) bis *naife* (Messer) und *queque* (Kuchen).

Wanderbücher: s. »Königliche Wege« S. 284).

Reisen mit Handicap

Die Meerespromenaden von Las Palmas, an der Costa Canaria und Costa Mogán sind barrierefrei. In Las Palmas (auf der Höhe des Hotels Reina Isabels) wurde ein Strandzugang für Gehbehinderte geschaffen, mit Buggies werden sie von Baywatchern ins Wasser gefahren und wieder abgeholt. Viele Hotels bieten behindertengerechte Zimmer, doch 100 % barrierefrei ist nur das Exe Las Palmas. Empfehlungen bekommt man bei der Bundesarbeitsgemeinschaft des Klubs Behinderter und ihrer Freunde e. V. (T 069 970 52 20, www.cebeef.com). Dort kann man auch eine Broschüre anfordern, in der alle Veranstalter aufgeführt sind, die Reisen für Behinderte anbieten.

Reiseplanung

Stippvisite

Auch wenn Sie nur ganz, ganz wenig Zeit haben, sollten Sie wenigtens einmal das Gebirgsmassiv im Zentrum der Insel gesehen haben! Mit seinen tiefen, zerklüfteten Schluchten erinnert es an Peru, mit seinen terrassierten Steilhängen an Nepal ... Die Insel ist hier rau und wild, Lichtjahre entfernt von den Resorts im Süden wie von der Großstadt Las Palmas im Norden. Eine zweite Landschaft, die ›man gesehen haben muss‹, sind die Dünen von Maspalomas. Zwar liegen sie mitten im Feriengebiet – und dennoch: Die majestätischen Sandhügel vor dem Blau von Himmel und Meer strahlen Zauber aus. Ein archaisches, starkes Bild aus wenigen Farben und Formen.

Wie die Insel erkunden?
Da Mietwagen relativ günstig sind, empfiehlt es sich, wenigstens einmal die Insel auf eigene Faust zu erkunden. Der Vorteil des eigenen Autos: Sie bestimmen selbst, wohin Sie fahren, wann Sie eine Pause machen und zurückkehren.

Mit dem Bus kommen Sie nur längs der Küsten gut voran, Verbindungen ins Landesinnere sind rar. Der einzige Zubringer vom Süden ins Inselzentrum ist die Linie 18 – besonders wichtig für Wanderer. Sie startet am Faro Maspalomas und führt via Fataga und San Bartolomé ins Bergdorf Tejeda. Von dort könnten Sie mit der Buslinie 305 weiter hinauf zur Wetterscheide nach Cruz de Tejeda fahren.

Während Residenten alle öffentlichen Verkehrsmittel gratis nutzen können, gibt es für Touristen nur wenige Ermäßigungen (s. Busse S. 244).

Der Klassiker: einmal rund um die Insel:
Fahren Sie vom Süden auf der Autobahn GC-1 in Richtung Norden und machen Sie einen großen Bogen um **Las Palmas.** Der Ausschilderung nach Gáldar/Agaete folgend, gelangen Sie auf die Nordautobahn GC-2. Lohnenswert ist ein Abstecher (ausgeschildert) auf der GC-291 zum **Cenobio de Valerón:** Unter einem gewaltigen Felshang stapeln sich Dutzende von Höhlen, in denen einst das Getreide der Ureinwohner lagerte. Über **Guía** mit hübschem historischem Kern geht es nach **Gáldar,** das mit einem großen archäologischen Park aufwartet. Nächste Station ist das ›weiße Dorf‹ **Agaete,** in dessen Hafen **Puerto de las Nieves** man eine Verschnaufpause einlegen und den grandiosen Blick auf die Steilküste genießen kann. Weiter geht es auf der GC-200, die ab El Risco als vierspurige Tunnelstraße bis fast **La Aldea de San Nicolás** reicht – ein kleiner Abschnitt der einstigen legendären Klippenstraße führt zum Mirador del Balcón (s. Lieblingsort S. 148). Dann wendet sich die Straße von der Küste ab und schraubt sich in unzähligen Serpentinen durch die wilde Bergwelt, bevor sie – vorbei an **Mogán** – im attraktiven **Puerto de Mogán** wieder die Küste er-

Zeitgenössisches, frisches Design im Hotel Bed & Chic in Las Palmas

Reiseplaner

Jan	Feb	Mär	Apr	Mai	Jun	Jul	Aug	Sep	Okt	Nov	Dez
Hauptsaison				Nebensaison					Hauptsaison		

Ganzjährig: Baden, Tauchen, Golfen, Windsurfen (Top-Saison: Juli/Aug.), Wellenreiten (Top-Saison: Sept.–Dez.)

Wandern — Wandern

Mandelblüte in den Bergen · Die Natur ›explodiert‹ · Heiß, trocken, Landschaft in Ockertönen

○ **Februar/März** Karneval à la Rio
○ **März/April** Semana Santa (Ostern)
○ **Januar/Februar** Internationales Musikfestival in Las Palmas
○ **5.1.** Umzug der Hl. Drei Könige in Las Palmas
○ **Februar** Transgrancanaria – Inseldurchquerung zu Fuß
○ **7.1.** Der Winterschlussverkauf beginnt

○ **Juli/August** Temudas: Tanz-, Theater- und Musikfestival in Las Palmas
○ **Juli** Wind & Waves Festival
○ **16.7.** Fiesta del Carmen: große Fiesta in Fischerorten
○ **23.6.** San Juan: Johannistag mit Feuerwerk
○ **7./8.9.** Virgen del Pino: große Pilgerfahrt nach Teror
○ **11.9.** Schlammschlacht in Puerto de la Aldea
○ **4.8.** Bajada de la Rama: archaische Riesen-Fiesta in Agaete

○ **Ende November** ARC-Segelregatta
○ **Anf. Oktober** Masdanza: Festival des modernen Tanzes
○ **November:** WOMAD-Musikfestival
○ **Weihnachten** Krippen überall, am Canteras-Strand aus Sand

reicht. Hier können Sie entscheiden, ob Sie über die Autobahn GC-1 oder auf der alten, aussichtsreichen Küstenstraße GC-500 in den Süden zurückfahren (ca. 240 km, Tagesausflug).

Kleine Warnung: Die Insel wirkt klein, doch man kommt nicht schnell auf ihr voran: Schluchten, die sich vom 2000 m hohen Zentrum in alle Himmelsrichtungen senken, verwandeln jede Fahrt in ein längeres Abenteuer. Gehen Sie davon aus, dass Sie nur 40 km pro Stunde schaffen, auf abgelegenen Bergstrecken noch weniger.

Eskapaden: Vom Süden ins Inselinnere

Von Playa del Inglés geht es auf der GC-60 hoch in die Berge. Im malerischen **Fataga** lohnt ein erster Stopp, bevor sich die Straße in vielen Kehren hinaufschraubt nach **San Bartolomé**, gleichfalls ein schmuckes Dorf. Nächste Station ist **Ayacata,** wo Sie auf die GC-600 überwechseln und vorbei am **Roque Nublo,** dem ›Wolkenfels‹, zum **Pico de las Nieves** fahren. Vom ›Schneegipfel‹, Gran Canarias höchstem Berg, bietet sich ein tolles Panorama!

Anschließend fahren Sie ein Stück zurück und biegen in die GC-150 ein, die längs des Kamms nach **Cruz de Tejeda** führt. Am zentralen Pass, an dem sich mehrere Straßen kreuzen, blicken Sie in die Tiefe der Caldera und fahren weiter ins ›Mandeldorf‹ **Tejeda.** Auf der GC-60 geht es über zahlreiche Kurven südwärts. Nach ein paar Kilometern lohnt ein Abstecher zum **Roque Bentayga,** wo ein Interpretationszentrum über die Kultur der Ureinwohner informiert. Wieder auf der GC-60, fahren Sie bis Ayacata, wo Sie in die GC-605 einbiegen und vorbei am Stausee **Cueva de las Niñas** der schmalen Straße abwärts bis Mogán folgen. Nach einem Stopp in **Puerto de Mogán** fahren Sie zur Südküste zurück (130–140 km, Tagesausflug).

Sicherheit und Notfälle

Warnungen

Wo Touristen sind, gibt es auch Diebe. Ihr bevorzugtes Revier sind Flughafen, Kaufhäuser, belebte Straßen, Strände und Festplätze – all jene Orte, an denen Trubel herrscht. Deshalb:

Deponieren Sie im Hotelsafe Ihre Wertsachen und Dokumente! Lassen Sie keine Gegenstände sichtbar im Auto liegen! Nehmen Sie nur so viel Geld wie nötig mit! Wollen Sie baden, lassen Sie den Strandnachbarn Ihre Tasche bewachen!

Wer bestohlen wird, muss, um Schadensersatz bei der Versicherung geltend machen zu können, ein Polizeiprotokoll vorweisen. Am besten besorgt man sich beim Konsulat das zweisprachige Formblatt »Schadensmeldung« *(denuncia)* und bringt es ausgefüllt zur Polizeistelle (Guardia Civil), wo die Bestätigung erfolgt. Sind die Personalpapiere verloren, wird Ersatz nur dann vom Konsul ausgestellt, wenn ihm die Anzeige- und Verlustbestätigung der örtlichen Polizeibehörde, dazu zwei Passfotos und möglichst eine Kopie des gestohlenen Ausweises vorliegen.

Notruf

Inselweit gilt die Rufnummer **112** für alle Notfälle: Polizei, Unfallrettung und Feuerwehr. Der Anschluss ist 24 Std. besetzt, man spricht Deutsch oder Englisch.

Sperrung aller Girocards (ehemals EC-Karten) sowie mancher Kreditkarten und Handys: **+49 116 116.** Eine Liste aller angeschlossenen Kartenherausgeber steht unter www.sperr-notruf.de.

Diplomatische Vertretungen

… in Deutschland:
35007 Las Palmas, Calle Albareda 3–2, T 928 49 18 80, www.las-palmas.diplo.de

... in Österreich:
28046 Madrid, Paseo de la Castellana 91/9°, T 91 556 53 15, www.bmeia.gv.at/oeb-madrid

... in der Schweiz:
28001 Madrid, Calle Núñez de Balboa 35, T 914 36 39 60, www.eda.admin.ch/madrid

Telefonieren

In Spanien gibt es keine Vorwahlnummern. Nach Gran Canaria wählt man von Deutschland, Österreich und der Schweiz aus 0034 für Spanien, dann folgt die neunstellige Nummer des Teilnehmers. Das eigene Mobiltelefon lässt sich auf Gran Canaria problemlos nutzen. Infos über die Gebühren erteilen die Anbieter.

Internationale Vorwahlen
Deutschland: 0049
Österreich: 0043
Schweiz: 0041

Übernachten

Ferienresorts
Die meisten Urlauber wohnen zwischen San Agustín und Puerto de Mogán: in den Hotels und Apartmenthäusern des Südens. Manche haben ein Pauschalarrangement gebucht, oft auch online Flug und Unterkunft separat. Viele Unterkünfte liegen in Strandnähe, einige freilich auch mehrere Kilometer landeinwärts. Vor jeder Buchung sollte man die Lage des Hotels prüfen und, sofern es sich um ein Haus fern der Küste handelt, nachfragen, ob ein kostenloser Busservice zum Strand eingerichtet ist.

Wellness- und Sporthotels
Viele Hotels werben mit Wellness-Einrichtungen. Professionell geführt sind die Spas in den Hotels Gloria Palace in San Agustín und Playa Amadores. In Maspalomas sind das Hotel Palm Beach und das Grand Hotel Residencia, in Meloneras das Villa del Conde und das Hotel Costa Meloneras zu empfehlen. Im Norden haben in Ageate/Puerto de las Nieves die kleineren Hotels Roca Negra und Puerto de las Nieves kleine Spas.

Auf ein aktives Publikum haben sich Unterkünfte in den Bergen spezialisiert: Im Hotel Rural Las Tirajanas (San Bartolomé) sind geführte Wanderungen und Nordic Walking angesagt, auch gibt es Mountainbike- und Rennradtouren sowie ein Wellness Center mit Sauna).

An die Hotels Abora Interclub Atlantic (San Agustín), Abora Buenaventura (Playa del Inglés) und Cordial Mogán Playa sind Tauchschulen angeschlossen. Surfer gehen nach Pozo Izquierdo und Bahía Feliz. Tennis erlernt man im Hotel Costa Meloneras (Meloneras).

Abseits des Tourismus
In den letzten Jahren entstanden Landhotels, Pensionen und Privatzimmer abseits des Massentourismus. Küstennah wohnt man im Tal von Agaete oder im Landwirtschaftsort La Aldea de San Nicolás. Das attraktivste Bergdorf ist Tejeda. Und die Hauptstadt Las Palmas ist gut bei airbnb & Co. vertreten.

Landhäuser und -höhlen
In ländlichen Regionen werden auf Wochenbasis schön gelegene Fincas vermietet. Bedenken Sie, dass es von November bis April je nach Höhenlage kühl werden kann, und in der Regel gibt es nur kleine, mobile Elektroheizungen!

Eine eigenwillige Wohnalternative sind Höhlen. Sie liegen in spektakulären Landschaften und vermitteln mit ihren runden, oft weiß getünchten Innenwänden Gemütlichkeit. Höhlenunterkünfte finden Sie z. B. im Barranco de Guayadeque, in Artenara und Acusa Seca.

Agenturen

Gran Canaria Fincas (Buchungszentrale des Fremdenverkehrsamts): T 928 33 41 75, www.grancanarianaturalandactive.com

Low Budget

Auf Gran Canaria entstehen viele alternative Hostels. Sie kommen dem Bedürfnis junger bzw. jung gebliebener Reisender entgegen, die sich fragen: »Wozu viel Geld für eine Übernachtung ausgeben, wenn ich ohnehin den ganzen Tag unterwegs bin?« In der Unterkunft treffen sich Gleichgesinnte und erhalten Tipps aus erster Hand, haben eine Gemeinschaftsküche und Gratis-WLAN. Unter www.hostelworld.com können sie gebucht werden.

An der Süd- bzw. Südwestküste findet man Doppelzimmer und Studios für 35 € p. P. einzig in Puerto de Mogán. Wer die Touristenstädte meiden und preiswert übernachten will, wird fündig in La Aldea de San Nicolás, Agaete, Las Palmas und Tejeda. Herbergen befinden sich in Pozo Izquierdo und La Aldea de San Nicolás.

Hostels sind unter www.hostelworld.com gelistet. Wer ein privates Apartment mieten will, schaut unter www.airbnb.com bzw. www.wimdu.com nach. Und auch Couchsurfing-Angebote findet man auf Gran Canaria.

Camping

Der modernste Platz ist **Camping Playa de Vargas** im Inselosten (s. S. 69). Weitere Anlagen befinden sich in **El Pinillo** (s. S. 116) und an der **Playa del Asno/Tasártico** (s. S. 142), s. www.clubccgc.com.

Wildes Campen ist auf der Insel verboten, doch sind für ›reduziertes Camping‹ in freier Natur (ohne Dusche/Laden/Bar) 13 *zonas de acampada* offiziell ausgewiesen. Die Erlaubnis, dort kostenlos zu zelten, bekommt man im ›Edificio Insular 1‹ in Las Palmas, gut 100 m nördlich des Busbahnhofs Parque San Telmo. Bitte den Personalausweis vorlegen, den gewünschten Termin angeben (max. eine Woche) und die Zahl der Personen.

Buchung auch online oder per Mail möglich bei: Cabildo/Permisos de Acampada, Calle Bravo Murillo 23, (Eingang Calle Pérez Galdós), T 928 21 92 29, www.grancanaria.com > Camping, oiac@grancanaria.com, Mo–Fr 9–13 Uhr.

SLOW TRAVEL

Familiäres Bed & Breakfast und Boutique-Hotels, Höhlenhäuser und Haciendas, Fincas im Grünen und am Meer – auf **www.trip-to-go.com/slow-travel-gran-canaria** werden schöne Unterkünfte vorgestellt. Auch ihre Betreiber lernen Sie kennen!

Preiskategorien

In diesem Reisebuch werden bei den Unterkünften die jeweils günstigsten Preise für zwei Personen im Doppelzimmer (mit Frühstück) bzw. im Apartment angegeben.

€	bis 70 Euro
€€	70 bis 120 Euro
€€€	ab 120 Euro

Der Umwelt zuliebe

Die Umwelt schützen, die lokale Wirtschaft fördern, intensive Begegnungen ermöglichen, voneinander lernen – nachhaltiger Tourismus übernimmt Verantwortung für Umwelt und Gesellschaft. Die folgenden Websites geben einige Tipps, wie Sie Ihre Reise nachhaltig gestalten können.

www.forumandersreisen.de Die Reiseveranstalter des Forums Anders Reisen bieten ungewöhnliche Reisen weltweit; Nachhaltigkeit wird durch einen gemeinsamen Kriterienkatalog gewährleistet.

www.wirsindanderswo.de Die Zeitschrift stellt auf ihrer Website nachhaltige Reiseangebote und Unterkünfte vor und gibt originelle Unterkunftstipps.

www.zukunft-reisen.de Das Portal des Vereins Ökologischer Tourismus in Europa erklärt, wie Sie ohne Verzicht umweltverträglich und sozial verantwortlich reisen.

Verkehrsmittel

Flüge
Die Gesellschaften Binter (www.bintercanarias.com) und CanaryFly (www.canaryfly.es) fliegen mehrmals täglich von Gran Canaria zu den Nachbarinseln. An Wochenenden, Feiertagen und in den Ferienzeiten sind viele Flüge sehr gut gebucht.
www.binternet.com
www.canaryfly.es

Busse
Busse (kanarisch *guagua*) sind bequem und verkehren zwischen allen wichtigen Orten, nur im Bergland sind Verbindungen selten. Fahrpläne der Busgesellschaft GLOBAL bekommt man online unter www.guaguasglobal.com.

Einzeltickets gibt es nur beim Fahrer; die günstigere Magnetfahrkarte TransGC ist für Touristen leider nicht praktikabel: Nach Abgabe des Passbilds, der Ausweiskopie und eines Formulars im Busbahnhof San Telmo in Las Palmas muss man eine Woche auf die Ausstellung warten! Rabatt gibt es ansonsten nur mit dem Zehnerticket Tarjeta Bono AB (zwischen zwei Orten) oder dem Wochenendticket Tarjeta Ida y Vuelta (zwischen Maspalomas/Puerto Rico und Las Palmas).

Erhältlich sind die Tickets am Busbahnhof San Telmo in Las Palmas sowie an weiteren »Sales Points« (www.guaguasglobal.com/en/tarifas/puntos-venta/). Fragen Sie am besten in der Touristeninfo nach dem nächsten Verkaufspunkt!

Taxis
Taxifahren ist etwa so teuer wie in Mitteleuropa. Abgerechnet wird nach dem Taxameter, bei längeren Fahrten auch nach einer einsehbaren Tarifliste. Taxistände sind erkennbar an dem weißen ›T‹ auf blauem Schild. Freie Taxis haben ein grünes Signal auf dem Dach oder das Schild ›Libre‹ an der Frontscheibe. **Taxistände** gibt es vor größeren Hotels, an Einkaufszentren und wichtigen Parks.

Fähren
Für einen Kurzausflug nach Teneriffa eignet sich die Olsen-Express-Fähre ab Agaete/Puerto de las Nieves (6–8 x tgl., 1 Std. 15 Min., *one way* ab 50 €), etwas teurer ist die Armas-Fähre ab Las Palmas (2 x tgl., 2 Std. 30 Min.), dort aber vorher fragen, an welcher Mole sie startet! Weitere Verbindungen gibt es mit Morro Jable und Puerto del Rosario (Fuerteventura) und mit Arrecife (Lanzarote).
www.fredolsen.es
www.navieraarmas.com

Mietwagen
Mit einem Leihwagen das grandiose Inselinnere zu erkunden gehört zu den besten Erlebnissen eines Urlaubs. Viele buchen ihren Wagen bereits vor der Abreise, andere machen dies vor Ort am Flughafen oder im Urlaubsort.

Als beste kanarische Firma hat sich CICAR mit Filialen am Flughafen, in Playa del Inglés, Las Palmas und Puerto de las Nieves profiliert. Abgesehen von der Weihnachtszeit sind gut gewartete Fahrzeuge stets in ausreichender Zahl vorhanden, evtl. bekommt man hier für den gleichen Preis einen besseren Wagen (Reservierung von Deutschland T 0034 928 82 29 00, www.cicar.com).

Um ein Auto zu mieten, muss man ein Jahr im Besitz eines gültigen Führerscheins und 21 Jahre alt sein. Vorzulegen sind Personalausweis/Pass und nationaler Führerschein, gezahlt wird mit

Kreditkarte (sonst Kaution). Für einen guten Kleinwagen zahlt man ab 30 € pro Tag inkl. Steuer und Versicherung, Rabatt wird bei einer Miete ab drei Tagen.

Vor Übernahme des Wagens prüfe man die Verkehrssicherheit: Stellt man Mängel fest, scheue man sich nicht, das Fahrzeug umzutauschen oder zurückzugeben. Besonders zu achten ist auf Reifen, Bremsen und Beleuchtung, Seitenspiegel und Scheibenwischer, das Vorhandensein von Ersatzreifen und Warndreieck. Machen Sie den Vermieter vor Fahrtbeginn auf sonstige Mängel wie Beulen und Kratzer aufmerksam. Registrieren Sie den Benzinstand und liefern Sie das Auto mit gleicher Tankfüllung ab. Sprit ist ca. 20 % günstiger als in Deutschland.

Nehmen Sie den Mietvertrag immer mit und notieren Sie sich die Geschäftszeiten und das Pannentelefon der Firma.

Verkehrsregeln

Wenn nicht gesondert geregelt, gilt in Ortschaften 50 km/h, auf Landstraßen 90 km/h, auf Schnellstraßen 100 km/h und auf der Autobahn 110 km/h Höchstgeschwindigkeit. 100 m vor Kuppen ist Überholen verboten, ebenso auf Straßen, die nicht mindestens 200 m weit zu überblicken sind.

Es besteht Anschnallpflicht, für Kinder unter drei Jahren sind Kindersitze vorgeschrieben. Tagsüber muss mit Abblendlicht gefahren werden – doch keiner hält sich daran. Telefonieren ist nur mit Freisprechanlage erlaubt, die Promillegrenze liegt bei 0,5, für Führerscheinneulinge bei 0,3.

Vor unübersichtlichen Kurven auf engen Bergstraßen sollte man hupen (bei Dunkelheit Lichthupe) und auf Hupzeichen aus der Gegenrichtung achten. Einheimische hupen oft vor dem Überholen auf Landstraßen und betätigen bei Dunkelheit die Lichthupe zusätzlich zum Blinker. Da sie meist schneller fahren als Touristen, sollte man ihnen das Überholen erleichtern. Linksabbiegen ist oft durch eine Abbiegeschleife zwingend geregelt. Ein gelb angestrichener Bordstein bedeutet Parkverbot (Abschleppgefahr), die Farbe Blau signalisiert Parken mit Parkschein. Falschparken und andere Verstöße gegen die Verkehrsordnung werden mit hohen Geldstrafen geahndet. Im Bergland besteht nach Regen und Sturm erhöhte Steinschlaggefahr.

Im Falle einer Panne oder eines Unfalls ist das Tragen einer reflektierenden Warnweste vorgeschrieben, vor und hinter dem Fahrzeug sind Warndreiecke aufzustellen. Die Polizei erreicht man unter dem **Notruf 112,** auch die Verleihfirma ist zu verständigen. Privates Abschleppen ist verboten. Bitte stets die Autonummern aller am Unfall Beteiligten sowie deren Namen, Anschrift und Versicherung notieren. Rat in Notsituationen bekommt man von den Automobilclubs.

ADAC: T 0049 89 22 22 22, www.adac.de
ÖAMTC: T 0043 12 51 20 00, www.oeamtc.at
TCS: T 0041 58 827 22 20, www.tcs.ch

In Las Palmas entstehen immer mehr Radwege. Verleihstationen gibt es aber auch in den Ferienresorts im Süden.

Sprachführer Spanisch

AUSSPRACHE

c vor a, o, u wie k: z. B. casa (= Haus), gesprochen: kasa
ch wie tsch: z. B. Chira (= Stausee im Inselinnern), gesprochen: Tschira
qu wie k: z. B. quiosco (= Kiosk), gesprochen: Kiosk
j wie ch in ›ach‹: z. B. Jardín Canario (= ›Kanarischer Garten‹ in Tafira), gesprochen: Chardin Kanario
ll wie lj: z. B. Valle de Agaete (Tal im Nordwesten), gesprochen: Walje de Agaete
ñ wie nj: z. B. Presa de las Niñas (Stausee im Inselzentrum), gesprochen: Presa de las Ninjas
Bestimmte Doppelvokale werden getrennt artikuliert: So wird Puerto de las Nieves (Fischerdorf im Nordwesten) ausgesprochen: Puerto de las Njewes

Allgemeines

Guten Morgen/Tag	buenos días
Guten Tag (nachmittags)	buenas tardes
Guten Abend/ Gute Nacht	buenas noches
Auf Wiedersehen	adiós
Bis bald	Hasta luego
Entschuldigung	disculpe, perdón
hallo, grüß dich/Sie	hola, ¿qué tal?
bitte	por favor
danke	gracias
ja/nein	sí/no
Wie bitte?	¿perdón?

Unterwegs

Bahnhof	estación
Flughafen	aeropuerto
Bus/U-Bahn	autobús/metro
Auto	coche
Haltestelle	parada
Parkplatz	aparcamiento
Fahrkarte	billete
Tankstelle	gasolinera
Eingang	entrada
Ausgang/-fahrt	salida
rechts	a la derecha
links	a la izquierda
geradeaus	todo recto
hier/dort	aquí/allí
Auskunft	información
Stadtplan	mapa de la ciudad
Postamt	correos
geöffnet	abierto/-a
geschlossen	cerrado/-a
Kirche	iglesia
Museum	museo
Brücke	puente
Straße/Platz	calle/plaza

Übernachten

Doppelzimmer	habitación doble
Einzelzimmer	habitación individual
mit Dusche/Bad	con ducha/baño/
Balkon	balcón
Toilette	servicio
mit Frühstück	con desayuno
Halbpension/ Vollpension	media pensión/ pensión completa
Gepäck	equipaje

Einkaufen

kaufen	comprar
Geschäft/Markt	tienda/mercado
Geld	dinero
Geldautomat	cajero automático
bar	en efectivo
Kreditkarte	tarjeta de crédito
Lebensmittel	comida
teuer/billig	caro/barato
wie viel	¿cuánto?
bezahlen	pagar

Notfall

Apotheke	farmacia
Arzt/Zahnarzt	médico/dentista
Hilfe!	¡socorro!
Unfall	accidente
Krankenhaus	hospital, clínica
Polizei	policía
Schmerzen	dolores
Notfall	emergencia

Zeit

Stunde/Tag	hora/día
Woche/Monat/Jahr	semana/mes/año
heute/gestern	hoy/ayer
morgen	mañana
morgens	por la mañana
mittags	al mediodía
nachmittags	por la tarde
Montag	lunes
Dienstag	martes
Mittwoch	miércoles
Donnerstag	jueves
Freitag	viernes
Samstag	sábado
Sonntag	domingo

Zahlen

1	uno	18	dieciocho
2	dos	19	diecinueve
3	tres	20	veinte
4	cuatro	21	veintiuno
5	cinco	30	treinta
6	seis	40	cuarenta
7	siete	50	cincuenta
8	ocho	60	sesenta
9	nueve	70	setenta
10	diez	80	ochenta
11	once	90	noventa
12	doce	100	cien
13	trece	101	ciento uno
14	catorce	150	ciento-cincuenta
15	quince		
16	dieciséis	200	doscientos
17	diecisiete	1000	mil

WICHTIGE SÄTZE

Allgemeines

Ich spreche kein Spanisch.	No hablo español.
Sprechen Sie Deutsch, Englisch?	¿Habla alemán, inglés?
Ich verstehe nicht.	No entiendo.
Ich heiße …	Me llamo …
Wie heißt du/heißen Sie?	¿Cómo te llamas/se llama?
Wie geht's?	¿Qué tal? ¿Cómo estás?
Danke, gut.	Muy bien, gracias.

Unterwegs

Wo ist …?	¿Dónde está …?
Wie komme ich nach …?	¿Por dónde se va a …?
Wann kommt …?	¿Cuándo llega …?

Notfall

Können Sie mir bitte helfen?	¿Me podría ayudar, por favor?
Ich brauche einen Arzt.	Necesito un médico.
Mir tut es hier weh.	Me duele aquí.

Übernachten

Haben Sie ein Zimmer frei?	¿Tiene una habitación libre?
Ich habe ein Zimmer bestellt.	He reservado una habitación.

Einkaufen

Was kostet …?	¿Cuánto cuesta…?
Wann öffnet/schließt …?	¿Cuándo abre/cierra …?

Im Restaurant

Die Speisekarte bitte	La carta, por favor
Was empfehlen Sie?	¿Qué recomienda?
Die Rechnung bitte	La cuenta, por favor

Kulinarisches Lexikon

Frühstück

churros con chocolate	Fettgebäck mit Trinkschokolade
embutidos	Wurstwaren
fiambres	Aufschnitt
huevo	Ei
huevo frito	Spiegelei
huevo revuelto	Rührei
jamón	Schinken
leche	Milch
mantequilla	Butter
miel	Honig
pan	Brot
panecillo	Brötchen, Semmel
queso tierno (fresco)	Frischkäse
queso duro (curado)	Hartkäse
rebanada	Schnitte, Scheibe
tortilla	Omelett mit Kartoffeln

Zubereitungen

ahumado	geräuchert
a la plancha	auf heißer Metallplatte gegart
bien hecho	durchgebraten
blando	mild, weich
con mojo picón (rojo)	mit scharfer Soße
con mojo verde	mit Kräutersoße
empanado	paniert
frito	gebacken, gebraten
maduro	reif
manteca de cerdo	Schweineschmalz
medio hecho	halb durchgebraten
nata	Sahne, Rahm
sabroso	saftig, schmackhaft
salsa	Soße
tierno	zart, weich

Gewürze

aceite de oliva	Olivenöl
azúcar	Zucker
mostaza	Senf
pimienta	Pfeffer
sal, salado	Salz, salzig
vinagre	Essig

Suppen

cocido	gekocht, Eintopf
consomé	Kraftbrühe
escaldón	Gofio-Gemüsebrühe
gazpacho	kalte Gemüsesuppe
potaje	Gemüseeintopf
puchero	Gemüseeintopf mit Fleisch

Beilagen

arroz	Reis
gofio	Speise aus geröstetem Getreide
papas arrugadas	›Runzelkartoffeln‹
papas fritas	Pommes frites
pastas	Nudeln

Gemüse

ajo	Knoblauch
alcachofa	Artischocke
batata	Süßkartoffel
berenjena	Aubergine
garbanzo	Kichererbse
guisante	Erbse
hierbas	Kräuter
hongos/setas	Pilze
judías verdes	grüne Bohnen
lechuga	grüner Salat
papa	Kartoffel
pepino	Gurke
perejil	Petersilie
pimiento	Paprika
zanahorias	Karotten

Fleisch

albóndigas	Fleischbällchen
asado	Braten, gebraten
aves	Geflügel
bistec	Beefsteak
cabra, cabrito	Ziege, Zicklein
carajaca	Leber in Pfeffersoße
chuleta	Kotelett
cochinillo	Spanferkel
conejo	Kaninchen
cordero	Lamm
escalope	Schnitzel
estofado	Schmorbraten
gallina	Huhn
guisado	Schmorfleisch
lomo	Lende
pato	Ente
picadillo	Gehacktes
pollo	junges Huhn
parrillada	vom Grill, Grillplatte
salchichas	kleine Bratwürste
solomillo	Filet
de cerdo	vom Schwein
de res/vaca	vom Rind
de ternera	vom Kalb

Fisch und Meeresfrüchte

almeja	Venusmuschel
atún	Thunfisch
bacalao	Kabeljau
bogavante	Hummer
bonito	kleine Thunfischart
caballa	Makrele
calamares (en su tinta)	Tintenfische (in der eigenen Tinte)
camarones	kleine Krabben
cangrejo	Krebs
cigala	kleine Languste
dorada	Goldbrasse
gambas	Garnelen
langostinos	große Garnelen
lenguado	Seezunge
mariscos	Meeresfrüchte
mejillones	Miesmuscheln
merluza	Seehecht
mero	Zackenbarsch
pez espada	Schwertfisch
pulpo	Oktopus, Krake
rape	Seeteufel
raya	Rochen
salmón	Lachs
sancocho	gesalzener Fisch mit Kartoffeln
vieja	Papageienfisch
zarzuela	Fisch und Meeresfrüchte in Soße

Obst und Desserts

aguacate	Avocado
almendra	Mandel
bienmesabe	Mandel-Honig-Creme
bizcocho	süßes Gebäck
flan	Karamellpudding
frangollo	Maispudding
fresas	Erdbeeren
helado	Speiseeis
higos	Feigen
limón	Zitrone
macedonia (de frutas)	Obstsalat
manzana	Apfel
melocotón	Pfirsich
naranja	Orange
pasteles	Kuchen, Gebäck
piña	Ananas
plátano	Banane
pomelo	Pampelmuse
sandía	Wassermelone
tarta	Torte
turrón	Mandelgebäck
uva	Weintraube

Getränke

café solo	Espresso
café cortado	Espresso mit Milch
café con leche	Milchkaffee
caña	Bier vom Fass
cerveza	Bier
guindilla	Sauerkirschlikör auf Rumbasis
vino blanco	Weißwein
vino rosado	Roséwein
vino tinto	Rotwein
zumo	frisch gepresster Saft

Das

Aus Feuer geboren

Wie Gran Canaria entstand — Eines Tages wird es noch mehr Kanarische Inseln geben: Der neueste Unterwasservulkan, El Discreto genannt, berührt fast schon die Meeresoberfläche vor El Hierro.

»Eine zweite Insel schlummert noch tief im Meer zwischen Gran Canaria und Teneriffa«, erklärt Juan Carlos Carracedo, Direktor der Vulkanologischen Station des Archipels. Wie diese neuen Inseln entstand auch Gran Canaria. Sie ist aus dem Meeresboden emporgewachsen. Ein in 100 km Tiefe aktiver Magmaherd, ein Hot Spot, schleuderte aus dem Erdmantel heißes, geschmolzenes Gestein nach oben. Es kühlte im Wasser ab und baute sich zu einem Vulkangebirge auf, das irgendwann über den Meeresspiegel hinauswuchs. So kam es, dass vor 13,8 Mio. Jahren Gran Canaria das Licht der Welt erblickte. Faszinierend sich vorzustellen, dass die Insel, die wir sehen, nur die Spitze eines gigantischen, im Meer versunkenen Berges ist …

Sieben – aber nicht auf einen Streich

Über dem ortsfesten Hot Spot bewegt sich die afrikanische Kontinentalplatte kontinuierlich Richtung Osten. So kommt es, dass die Kanarischen Inseln nicht gleichzeitig entstanden – ihr Alter nimmt von Ost nach West ab. Mit 24 Mio. Jahren sind Lanzarote und Fuerteventura die ältesten und inzwischen durch Abtragung auch die niedrigsten Inseln. Das Nesthäkchen der Kanaren ist El Hierro mit einem Alter von nur 1 Mio. Jahren. Übrigens wandert die afrikanische Platte noch immer ostwärts, zurzeit ca. 2 cm pro Jahr.

Sie speien kein Feuer, aber schön sind die Drachen der Kanaren. In jeder Blattzunge, glaubten die Ureinwohner, lebe der Geist eines Ahnen.

Schüttelkosmos

Allerdings vermag die Hot-Spot-Theorie nicht zu erklären, warum es auch auf den alten Inseln immer wieder zu Vulkanausbrüchen kommt. Offenbar halten sie über Seitenkanäle noch immer Kontakt zum Magmaherd. Auf Gran Canaria brach zuletzt vor 1800 Jahren die Erde auf und ließ in Bandama einen perfekten Kegel entstehen. An seinem Fuß liegt ein ebenso perfekter Krater, ein sog. Maar, ein ehemaliger vulkanischer See, der beim Zusammentreffen von heißer Magma und Grundwasser entstand. Mit 3000 Jahren nur wenig älter ist der Schwarze Berg, der Montañón Negro im Inselnorden, der vom Fuß bis zum Kopf mit bröckeligem Lavagrus bedeckt ist.

Der letzte Ausbruch auf den Kanaren ereignete sich 2021/22 auf der Insel La Palma: Die Erde bebte, Straßen brachen weg und das Meer kochte. Zehn Jahre zuvor war Ähnliches auf El Hierro geschehen. Auf Vulkaninseln ist die Erde freilich permanent in Bewegung. So werden auf den Kanaren fast jede Woche kleinere Beben der Stärke 1–4 auf der Richterskala registriert. Allerdings sind diese so leicht, dass man sie selten spürt.

Krater, Schluchten, Felsnadeln

Sichtbare Überreste der lange vergangenen vulkanischen Tätigkeit sind die Calderas, die Riesenkrater, in Gran Canarias Inselzentrum. So stark sind die Caldera de Tejeda und die Caldera de Tirajana erodiert, dass sie aussehen wie ein »versteinertes Gewitter« (Miguel de Unamuno). Aus ihren Flanken ragen die Felsfinger der Roques empor: ehemalige Vulkanschlote, deren härteres Zentralgestein widerstand, während der weichere Außenmantel von Regen und Wind in Millionen von Jahren abgetragen wurde. Geologische Wahrzeichen der Insel sind der Roque Nublo und der Roque Bentayga – beide wurden von den Ureinwohnern als heilige Berge verehrt. Ins Vulkangestein haben Wind und Wetter tiefe Schluchten gefräst. Vom zentralen Gebirgsmassiv, der Cumbre, ziehen sie sternförmig zur Küste hin – die Barrancos. Im Süden und Westen der Insel sind diese Kerbtäler besonders steil und felsig, im fruchtbaren und regenreicheren Norden werden auf ihren terrassierten, grünen Flanken Obst und Gemüse angebaut.

Landschaft lesen

Von mehreren Aussichtspunkten hat man einen guten Blick auf Vulkanlandschaften. Im Nordosten ragt der Kegel des Bandama auf, von dessen Gipfel man in den zugehörigen Krater schaut – wer Lust hat, kann sogar in ihn hinabsteigen (s. S. 64). Ein zweiter, kreisrunder Krater mit Aussichtsterrasse ist Pinos de Gáldar im Norden (s. S. 176). Die Caldera de Tejeda überblickt man am besten vom Mirador Degollada Becerra (GC-150 Km 2,4, s. S. 199). Die Caldera de Tirajana im zentralen Bergland bei San Bartolomé sieht man von jedem beliebigen Punkt südlich des Passes Cruz Grande. ∎

VOLCANO MONITORING **V**

Wo haben sich Erdbeben auf den Kanaren ereignet, in welcher Tiefe und Intensität? Die Seite gibt darüber Aufschluss: www.ign.es

---

Auch der graue Greis Roque Bentayga war den Ur-Canarios heilig. Auf seinem Gipfelplateau brachten sie ihren Göttern Opfer dar.

32

Jahre alt ist eine Kanarierin im Durchschnitt bei der Geburt ihres ersten Kindes (in Deutschland 29,8).

4.000.000

ausländische Besucher kommen pro Jahr nach Gran Canaria und geben insgesamt knapp 4 Mrd. Euro aus. Pro Urlauber sind das ca. 136 Euro pro Tag.

200

Kilometer sind es von Gran Canaria bis zur Küste des afrikanischen Kontinents.

65

entimeter hoch sind Absätze, die eine Queen beim Kar l trägt – bitte nicht llen!

24.000

Studenten sind an der Universität von Las Palmas eingeschrieben. Dazu kommen etwa 300 Erasmus-Studenten aus der Europäischen Union.

15

Meter hoch ragen die Dünen bei Maspalomas auf und vermitteln damit schon fast ein Sahara-Feeling.

538

Pflanzen sind endemisch, d. h. ›echte‹ Canarios, die es nur hier und nirgends sonst auf der Welt gibt, u. a. der Besen-Schöterich und die Nymphendolde.

1.000

Kilometer können Sie in Gran Canaria auf ausgewiesenen Wanderwegen zurücklegen – mindestens! Deswegen werden viele Besucher zu Wiederholungstätern.

97

Prozent der Canarios verdienen offiziell weniger als 30 000 € im Jahr, haben aber keine Heizkosten, öffentlicher Verkehr ist gratis, Flug und Schiff sind stark subventioniert.

265

Euro gibt ein Canario im Durchschnitt für Weihnachtsgeschenke aus. Bei den Deutschen sind es 466 Euro.

83

Prozent ist das Pro-Kopf-Einkommen der Canarios seit 1987 gestiegen.

74

Menschen ertranken auf den Kanaren allein im Jahr 2022, die meisten waren Touristen. Im selben Zeitraum gab es 49 Verkehrstote.

Wasser – ein edler Tropfen

Bilderbuchblick vom Mirador de Sorrueda